경청,
영혼의 치료제

THE LISTENING LIFE

경청, 영혼의 치료제

지은이 애덤 S. 맥휴
옮긴이 윤종석
펴낸이 김혜정
기획위원 김건주
책임편집 송복란
표지·본문디자인 최택
마케팅 윤여근 정은희
제작 조정규
초판 1쇄 인쇄 2018년 1월 23일
초판 3쇄 발행 2023년 11월 7일
펴낸곳 도서출판 CUP
출판신고 제2017-000056호(2001.06.21)
주소 (04549) 서울특별시 중구 을지로 148, 8층 803호(을지로3가 중앙데코플라자)
전화 02-745-7231
팩스 02-6455-3114
이메일 cupmanse@gmail.com
홈페이지 www.cupbooks.com

ISBN 978-89-88042-88-5 03230 Printed in Korea.

파손된 책은 구입하신 서점에서 바꾸어 드립니다.

우리는 제대로 들어주는 이가 없어서 아프다

치유는 경청에서 시작된다!

경청,
THE LISTENING LIFE

영혼의 치료제

애덤 S. 맥휴 지음 | 윤종석 옮김

CUP

이 책은 내가 사실은 잘 듣는 사람이 아니었음을 깨닫게 해주었다. 나름 경청하며 살아왔다는 생각이 착각이었음을 아프게 직시하였다. 또한 우리의 경청의 본은 왕이신 하나님에게서 찾아야 한다고 알려주었다. 하나님이 과연 잘 들으시는 분인가 오래 씨름해 온 내게 좋은 통찰이 되었다. 홍수에 마실 물이 없는 것과 같은 이 소리 과잉의 시대에, 우리의 영혼을 사로잡아 조용한 경청의 자리로 초대하는 이 책은 사막의 오아시스처럼 반가운 책이다. 많이 읽혀야 할 책이다.

— 김종호 | 목사, 한국기독학생회 IVF 대표

프랑스 떼제에 매년 수만 명의 젊은이가 찾아오는 까닭은 아름다운 예배와 더불어 언제나 자기 얘기를 사심 없이 들어주는 사람이 있기 때문이다. 경청은 우리 공동체의 가장 중요한 사역의 하나다. 동시에 그것은 모든 그리스도인들과 교회에 주어진 선물이기도 하다.

한국 교회에 말은 넘쳐나지만 과거와 달리 생명과 변화의 동력은 현저히 줄었다. 오늘날 교회의 위기는 적어도 부분적으로는 경청의 부족 혹은 부재에서 왔다고도 할 수 있겠다. 그런데 침묵과 경청은 우리에게 절실히 필요하면서도 실천하기 어려운 과제이자 도전이다. 많은 사람들은 그 훈련을 받지 못했고 주위에서 좋은 모범을 찾아보기도 쉽지 않다.

이 책의 지은이는 탄탄한 성경 이해를 바탕으로 경청을 배우고 실천하기 위한 친절한 지침을 전해준다. 짧고 적절한 인용과 예화는 책 읽기에 더욱 빠져들게 한다. 배움과 깨침을 위한 적절한 질문은 좋은 길잡이와 같다. 하나님과 깊은 친밀함을 추구하는 사람은 창조 세계의 신음을 외면하지 않으며 가난한 이들의 아픔과 외침에 귀 기울인다는 건강한 영성이 이 책에 스며 있다. 우리가 진정 경청을 배우고 실천해 간다면 우리 자신과 교회에 근본적인 변화가 시작될 것이다.

이 책을 읽는 동안 독자들은 몇 번이고 무릎을 치며 깨달을 것이며 책장을 덮는 순간 경청의 새 여정을 시작하려는 다짐이 마음에 가득 차게 될 것이다. 현재와 미래의 목회자와 지도자, 부모와 교사, 크고 작은 그룹의 리더들에게 매우 유용하리라 믿는다.

— 신한열 | 떼제공동체 수사

이 책은 기독교 영성의 진수인 '경청'을 이해하고 실천하기를 원하는 사람들과 공동체를 위한 탁월한 안내서다. 저자는 성경과 기독교 영성 전통을 통해 일관되게 흐르는 경청의 영성을 친절하게 설명한다. 하지만 무엇보다 이 책이 지닌 탁월함은 저자 자신이 오랫동안 경험한 원목생활과 목회사역을 통해 만난 많은 환자들과 신자들을 통해 얻은 생생한 현장에서의 경험을 기초로 했다는 점이다.

저자는 이 책을 경청의 영성을 이해하고 실천하기를 원하는 사람들만을 대상으로 쓰지 않았다. 이미 하나님을 경청하는 삶을 살아가는 신앙인들과 공동체들이 직면하고 있거나, 직면할 수 있는 여러 의문과 어려움에 대해서도 친절하게 답하고 있다.

— 김홍일 | 성공회 사제, 한국살렘영성훈련원 운영위원장

경청은 고요하게 집중하는 노력이 필요하고, 보다 집중할 때 그것이 인격적이라는 놀라운 경험이 된다. 경청만 제대로 해도 문제의 80퍼센트 이상이 해결된다고 한다. 이토록 중요함에도 불구하고 경청을 다룬 많은 책들과 강연이 놓친 것이 있다면, 기술적인 노력과 과정으로 보았다는 점이다. 이 책에서 애덤 S. 맥휴는 경청은 단지 기술이나 훈련으로 가능한 실행이기보다 존재양식과 삶의 태도라 말하는데, 이 책의 가장 중요한 가치이기도 하다.

이 책에서 말하는 경청은 목회와 상담, 교육의 현장뿐만 아니라, 우리의 일상을 만족할 만하게 변화시킬 것이다. 경청은 우리 자신의 삶의 자세를 온유하고 신중하며 성경의 지혜를 갈망하게 할 것이며, 무엇보다 우리에게 말하는 어떤 존재-하나님이나 성령님 혹은 우리의 가족, 이웃, 그리고 우리를 괴롭히는 누군가조차도-를 인정할 수밖에 없는 겸허함과 존중이 우리 자신의 중요한 기본자세이도록 늘 깨닫고 통찰하도록 거룩한 긴장을 줄 것이다.

— 유선덕 | 박사, 국민대 문화교차학 연구소

애덤 맥휴는 내성적인 사람이 세상을 경험하는 방식에 관한 담론에 중요한 일익을 담당해 왔다. 이 책의 위력은 내성적인 사람과 외향적인 사람 모두에게, 얕은 물에서 헤엄치는 세상에서 깊은 경청의 자리를 확보하게 해준다.

— 수잔 케인 (Susan Cain) | 《콰이어트: 시끄러운 세상에서 조용히 세상을 움직이는 힘》 저자

경청은 우리가 주고받을 수 있는 최고의 선물 중 하나다. 들으면 시각이 바뀐다. 애덤 맥휴의 방식대로 들으면 그야말로 세상이 달라질 수 있다.

— 루스 헤일리 바턴 (Ruth Haley Barton) | Transforming Center 설립 대표, 《하나님을 경험하는 고독과 침묵》 저자

애덤 맥휴는 귀담아들을 만한 대변자다. 그의 책은 예수께서 말씀하신 "들을 귀"를 가꾸려는 모든 사람에게 좋은 선물이 될 것이다.

— 존 오트버그 (John Ortberg) | 멘로파크 장로교회 담임목사

달라스 윌라드와 N. D. 윌슨과 짐 개피건의 목소리를 한데 모아 놓을 수 있다면 그게 바로 애덤 S. 맥휴다. 그의 글은 심오하면서 서정적이고 좋은 의미에서 자신을 비하한다. 다 읽은 책을 또 읽고 싶은 경우는 내게 드문데 이 책이 그중 하나다. 이 경이롭고 중요한 책에 감탄을 보내며 내가 아는 모든 이에게 건네고 싶다.

— 에밀리 P. 프리먼 (Emily P. Freeman) | 《나를 일으키는 백만 가지 방법》 저자

내게 꼭 필요하기에 오히려 때로는 선뜻 펼치기 어려운 책이었다! 이 책은 내 영혼을 잠잠하게 하여 하나님 앞에 가만히 있게 해주었다. 소음을 가라앉히고 닫혔던 문을 열어 듣게 해주었다. 들으면서 깨닫거니와 하나님의 음성을 듣고 서로의 말을 들을 때 우리는 사랑의 은혜 속으로 돌아간다. 책장마다 묻어나는 맥휴의 지혜는 서서히 우리를 더 깊은 삶으로 데려간다. 하나님의 음성을 경청하면 서로와 자신의 말을 듣는 법도 배울 수 있다. 인간은 두 부류가 있다. 말하는 사람과 듣는 사람이다. 말하는 사람은 이 책을 천천히 읽으며 경청에 대한 교훈을 잘 들을 필요가 있다. 듣는 사람은 새로운 깨달음을 통해 듣는 훈련이 더 깊어질 것이다.

— 스캇 맥나이트 (Scot McKnight) | 노던 신학대학원 신약학 교수

내 말을 들어줌으로써 나 또한 듣는 사람이 되도록 가르쳐 준 세 사람—

마크 로버츠와 스티브 스터키와 도나 헤릭에게

차례

추천사 ___ 4

들어가는 말_ 우리는 잘 듣지 못한다 ___ 12

1장_ 경청이 가진
      치유의 힘 ___ 19

1부
하나님과 우리
사이의 경청

2장_ 하나님은
      들으신다 ___ 43

3장_ 침묵 속에 말씀하시는
      하나님 ___ 67

4장_ 성경이 우리를
      읽는다 ___ 107

5장_ 창조세계가 들려주는
      하나님 ___ 129

2부
이웃과 우리
사이의 경청

6장_ 경청하는 존재가
      되려면 ___ 163

7장_ 우는 사람과
      함께 울라 ___ 193

8장_ 좋은 경청은 자신을
      들어야 시작된다 ___ 213

9장_ 설교보다 듣기에
      힘써야 ___ 245

나오는 말_ 경청이라는 선물 ___ 257

주 ___ 259

:: 들어가는 말 ::

우리는 잘 듣지 못한다

듣는 게 먼저다. 자신도 모르게 인생에서 제일 먼저 시작되는 일은 듣기다. 자궁 속에서부터 태아는 부모의 목소리를 듣는다. 태어나서도 몇 달 동안은 부모가 자기에게 말하고 속삭이고 노래해 주는 소리를 듣다가 어느 날 그대로 따라 한다. 한번에 한 음절씩 엉성하게 시작한다.

외국어를 정복하려면 먼저 다른 사람들이 말하는 소리를 들어야 한다. 그래야 귀에 들리는 대로 따라 할 수 있다. 음악의 거장들은 어려서부터 음악에 흠뻑 젖어 화음의 진행과 선율을 듣는다. 그것이 내면에 고여 있다가 어느 날 각자의 악기에서 소리가 되어 나온다. 성장기의 대부분을 우리는 교실에서 교사의 말을 듣고, 집에서 부모의 말을 듣고, 교회에서 성경 이야기를 들으며 보낸다.

창세기에서 태곳적의 우주를 보면 무형의 혼돈 상태인데도 신기하게 귀가 있다. 그래서 우주가 맨 처음에 하는 일은 어둠을 뚫는 하나님의 음성을 듣는 것이다. 하나님이 빛을 명하시자 우주는 듣고

경청, 영혼의 치료제

순종한다. 이 경청의 행위를 통해 질서와 조화가 공허한 수면을 몰아낸다. 이렇게 듣는 세상을 지으시던 하나님이 엿새째에 인류의 조상을 창조하시는데, 그들이 맨 처음에 하는 일도 듣는 것이다. 그들이 들은 복의 말씀대로 이 땅은 하나님의 형상을 품고 그분의 음성을 듣는 사람들로 충만해져야 한다. 경청은 인간의 근간이다.

성경 전체에서 듣는 행위는 하나님 백성의 중핵을 이룬다. 그들을 모아 태동시킨 것도 그분의 음성이고 계속 단합시킨 것도 그분의 말씀이다. 그들은 그분의 약속과 심판과 교훈과 경고와 위안과 권고를 듣는다.

이스라엘의 기도 생활에서 중심이 되는 쉐마는 **들으라**는 말로 시작된다. "이스라엘아, 들으라. 우리 하나님 여호와는 오직 유일한 여호와이시니"(신 6:4). 히브리어 단어 **쉐마**는 "듣는다"는 뜻이다. 유대인 아이들은 아침에 일어날 때와 잠들 때에 이 말씀을 외우도록 교육받는다. 새벽부터 저녁까지 경청을 통해 삶이 빚어지는 것이다.

제자가 되려면 들어야 한다. 경청은 제자도의 첫 행위다. 어부들이 그물을 내려놓고 예수를 따른 것도 그분의 부르심을 들었기 때문이다. 경청은 또 제자도의 핵심이다. 제자들도 갈릴리부터 예루살렘까지 들으며 따라갔다. 바울이 지적했듯이 믿음도 먼저 들어야 가능하다. 과연 믿음은 들음에서 난다. 들어보지도 못한 대상을 어떻게 믿을 수 있느냐고 그는 반문한다. "그러므로 믿음은 들음에서 나며 들음은 그리스도의 말씀으로 말미암았느니라"(롬 10:17). 사도 야고보는 청중에게 듣기는 속히 하고 말하기는 더디 하라는 유명한 조언을 남겼다(약 1:19). 옛 지혜에도 보면 "사연을 듣기 전에 대답하는 자는 미련하여 욕을 당하느니라"(잠 18:13)는 경고가 나온다. 이는 삶의 당연한 순리다. 듣고 나서 말하라. 배우고 나서 가르치라. 부름을 듣고 나서 이끌라. 말씀을 소화하고 나서 설교하라.

그런데 언젠가부터 우리는 삶의 당연한 순리를 거스르기 시작한다. 듣기도 전에 내 생각을 말하고 내 주장부터 편다. 상대가 하려는 말을 이미 훤히 안다는 듯 상대의 말허리를 자른다. 내가 차지하는 시간이 상대에게 허용하는 시간보다 많아진다. 해당 주제에 대해 우리는 더 배울 게 없는 전문가로 자처한다. 기도할 때도 하나님이 주시려는 것을 여쭙기보다 내가 원하는 것을 가르쳐 드린다. 우리는 발언과 공유를 통해 참여하고, 입장 표명을 통해 자신의 정체를 내세운다. 듣는 이들이 누구이며 그들에게 무엇이 필요한지도 모른 채 공공연히 자신의 메시지를 외친다. 타인을 대할 때도 들어야 할 독특한 이야기를 지닌 인간이 아니라 일로 본다. 우리는 기독교의 큰 사명이 종의 자세로 듣는 게 아니라 설교하는 것이라 여긴다. 말만 많고 듣기에는 인색한 게 우리다.

이렇게 계속 순리에 역행하면 어느새 우리는 참된 경청이 필요 없는 삶에 빠져든다. 교회나 동네를 옮길 때도 내 생각과 비슷한 사람들로 가득한 곳만 찾아다닐 수 있다. 견해 차이에서 비롯되는 부조화를 피하려고 신학적, 사회적 동질 집단을 만들어 내는 것이다. 그러면 자신의 신념이 굳어지고 질문이 소멸된다. 인터넷의 보급에 따른 큰 희망이 있었다. 대화가 확산되면서 신학과 세계관과 정책과 견해가 각기 다른 사람들이 서로 배우고 성장하고 소통하리라는 것이었다. 그러나 소셜 미디어 덕분에 사람들은 오히려 뜻이 맞는 집단끼리 모이고, 그 불운한 결과로 사람들의 신념은 더 완고해지고 극단화되고 각기 고립되었다. 이렇게 우리의 "진리"는 저마다의 작은 구석으로 파고든다.

그리하여 성경에 그려진 신앙의 권속은 뿔뿔이 흩어진 야영지로 변한다. 사람들은 각자 불을 쬐고 각자 함성을 지르고 각자 세운 지도자의 말만 듣는다. 다른 진영과의 교류는 서로 화살을 쏠 때뿐이다.

심리학 교수 데이비드 베너(David Benner)의 말처럼 경청 능력의 성장을 막는 주된 걸림돌은 우리 대부분이 이미 스스로 잘 듣는 사람이라 생각하는 데 있다.[1] 이 책은 우리 대부분이 잘 듣는 사람이 **아니라**는 가정에 근거했다. 내가 아는 심리치료사들에 따르면 많은 내담자가 상담을 받으러 오는 이유는 단순히 자신의 가장 중요한 인간관계 속에 들어주는 사람이 없기 때문이다. 전문 상담의 가치를 깎아내릴 마음은 없지만 상담자들에게 들어달라고 치르는 돈이 해마다 수백만 달러라는 사실은 그만큼 이 부분에서 우리가 빈곤하다는 증거다. 말하는 사람만 있고 정말 들어주는 사람은 찾아보기 힘들다.

경청하는 법을 배워야 함은 말만 많아서는 결코 우리가 원하는 관계를 이룰 수도 없고 원하는 사람이 될 수도 없기 때문이다. 우리가 동경하는 친밀함은 일방적 대화를 통해서 또는 경쟁처럼 느껴지는 교류를 통해서는 실현될 수 없다. 우리가 갈망하는 변화도 내면의 온갖 소음을 입 밖으로 낸다고 이루어지는 게 아니다. 우리의 정체를 발견하려면 다른 목소리들과 별개로 내 목소리만 찾아서는 안 되고, 다른 사람들을 도와 그들의 목소리를 찾도록 해주어야 한다.

우리가 경청을 배움은 사랑하는 법을 배우고 싶어서다. 우리는 후히 베푸는 법과 사람들을 내 삶 속에 참으로 영접하는 법을 배우기 원한다. 이야기를 하는 사람만이 아니라 이야기를 듣는 사람이 되기 원한다. 변화의 문이 열리도록 고요한 내면을 찾아 가만히 있기 원한다. 우리가 경청하는 법을 배움은 더 인간다워지고 싶어서다.

내가 경청에 대해 진지해진 것은 다른 식으로는 여자의 관심을 끌 만큼 내 외모가 준수하지 못함을 알고 나서부터였다. 자랑삼아 하는 말은 아니다. 대학 시절에 친구에게서 《화성에서 온 남자 금성에서 온 여자》라는 책을 빌렸는데[2] 사실은 그런 책을 읽는 게 부끄러워 그녀의 기숙사 방에서 말없이 가져왔다. 그 책이 아직도 내게 있는데, 거기서 나는 여자란 듣는 존재이고 남자란 문제를 해결하는 존재임을 배웠다. 나중에는 성에 대한 그런 선입견을 버렸지만, 그때는 덕분에 매사에 고치려 들던 것을 그만두고 그냥 사람들과 함께 있고자 했다. 시선을 맞추고 표현을 바꾸어 말하고 경청의 감탄사를 발하여 여자들의 마음을 얻고자 했다.

관계 초기의 첫 몇 달 동안은 듣기가 쉽다. 물론 상대의 이견을 끊지 않고자 의지력을 총동원하여 의자의 팔걸이를 움켜쥔 채 혀를 깨물고 있노라면, 앞날의 대화가 난감하게 느껴진다. 그럴 때면 하나님이 정해주신 귀와 입의 비율 2:1이 한없이 불공평해 보인다. 그러나 진정한 경청 작업은 바로 그때부터 시작된다. 말하기 전에 듣는 훈련을 **계속** 실천하는 일은 관계 초기에 듣는 일과는 전혀 다른 문제다.

이 책의 배후 질문은 이것이다. 어떤 상황에 접근할 때든 우선 들으려는 마음으로 한다면 우리의 관계는 어떻게 달라질까? 우리 자

경청, 영혼의 치료제

신은 어떻게 달라질까? 하나님을 대할 때 듣는 자세로 나아간다면 어떻게 될까? 자연과의 관계를 듣는 관계로 보면 어떻게 될까? 대인관계에서도 입보다 귀를 쓰면 어떻게 될까? 자신의 감정을 통제하기 전에 먼저 감정의 말을 귀담아 들으면 어떻게 될까?

목사와 원목과 영성 지도자로서 경청은 늘 내 사역의 중심이 되어왔지만 그래도 경청의 메시지는 내게 여전히 필요하다. 흔히들 목사는 자기가 가장 들어야 할 말을 설교한다고 한다. 내가 이 책을 쓰는 것도 나부터 이 말을 들어야 하기 때문이다. 경청만큼 내 삶을 변화시킨 것은 없음을 상기해야 한다. 나를 변화시킨 것은 경청을 통해 들은 내용—사람들의 말과 이야기와 속삭임—만이 아니라 경청의 행위 자체다. 상대가 하나님이든 사람이든, 잘 들으려면 편히 앉아 집중한 상태에서 상대에게 발언권을 준 뒤 대화의 흐름을 상대의 뜻에 맡겨야 한다. 그 자체에 변화의 위력이 있다.

《성 베네딕도 규칙(Rule of St. Benedict)》은 6세기 때부터 많은 수도원 공동체의 생활 지침이 된 유명한 책인데, 제일 첫마디가 바로 **들으라**는 단어다. 우리도 경청을 삶과 신앙의 모든 영역에서 본래의 첫 자리에 돌려놓으면 좋겠다. 경청은 삶의 준비 단계에만 하는 일이 아니다. 마치 일정한 나이에 이르면 거기서 벗어나도 된다는 듯이 말이다. 경청은 우리의 관계 속에 좀 더 주입해야 할 좋은 약만도 아니다. 경청은 우리의 영성, 관계, 그리스도의 몸 된 사명, 문화나 세상과의 관계에서 중심이 되어야 한다. 무슨 일에 임할 때든 먼저 듣는 게 우리의 목표여야 한다. 우리는 경청하는 삶에 동참하도록 부름받았다.

1장

경청이 가진
치유의 힘

인생을 바꾸어 놓을 책의 목록을 뽑는다면 아마 어원사전은 들어가지 않을 것이다. 그런 해괴한 소리를 할 책상물림은 별로 없을 것이다. 하지만 고백건대 내가 깨달은 가장 중대한 교훈이 단어의 기원을 분석한 묵직한 어원사전에서 왔다. 도서관 책상에 쿵 하고 올려놓은 그 대사전 때문에 필시 책상 다리에는 금이 갔겠지만, 내 사고 속에 존재하던 금은 오히려 메워지기 시작했다. 경청에 분열을 치유하는 힘이 있다는 거야 우람한 사서의 도움으로 그 책을 펴기 전부터 이미 알던 바였다. 경청은 대립하여 갈라진 사람들을 이어주고, 교착 상태를 학습의 기회로 바꾸어주고, 속수무책인 듯싶은 상황에서 해법을 찾아낼 수 있다. 그러나 **들음**과 **행함**이라는 이름난 원수지간의 불화까지도 경청을 통해 치유될 수 있을 줄은 미처 몰랐다.

그 둘은 성경 여러 곳에 숙적으로 등장하는데 그때마다 유력한 우승 후보는 행함 쪽이다. 바울은 율법을 듣는 자가 의인이 아니요 율법을 **행하는** 자가 의롭다고 했다. 야고보는 듣기만 하고 행함은 필요 없다고 스스로 속이는 이들에게 경고를 발했다. 예수는 산상수훈을 마치실 때 그분의 말씀을 듣고도 그대로 행하지 않는 이들을 모래 위에 지은 집에 빗대셨다.

들음 자체는 믿을 게 못 되며 행함이 성도의 표지라는 명백한 경고다. 들음은 행함이라는 깊은 바다로 흘러드는 좁은 지류처럼 보인다. 그러나 어원사전에서 배운 바로는 들음과 행함은 본래 하나인데 인간이 둘로 완전히 갈라놓은 것이다. 사전의 교훈에 따르면 **듣는다**는 말과 **순종한다**는 말은 어근이 같다. 라틴어로 "순종한다"는 단어는 "듣는다"는 단어가 없이는 존재할 수 없다. "순종"으로 번역되는 단어의 문자적 의미는 "아래로부터 듣는다"이다. 순종이란 깊은 경청이요 전인적 경청이다. 귀와 마음과 팔다리로 듣는 것이다.

이러한 어원의 쾌거는 라틴어에서 그치지 않는다. 경청과 순종의 밀접한 관계는 성경 원어인 헬라어와 히브리어에도 나타난다. 성경에서 "경청하다" 또는 "듣다"라는 단어는 "순종하다" 또는 "유의하다"로 옮겨도 무방하며 실제로 그런 예가 자주 나온다. 그뿐 아니라 헬라어 신약성경에서 "순종하다"와 "순종"으로 번역된 어휘들의 어근은─당신의 짐작대로─**듣는다**는 말이다. 경청과 순종은 보란 듯이 불가분으로 얽혀 있다. 오죽하면 들은 대로 행하지 않는 사람은 사실상 듣지 않은 것이라고까지 말할까. 신학교 교수 하워드 헨드릭스(Howard Hendricks)의 말마따나 "성경적으로 말해서, 듣고도 행하지 않는 것은

경청, 영혼의 치료제

아예 듣지 않는 것과 같다."[1]

경청에는 청각 이상이 필요하다

경청과 순종의 상호작용을 우리 삶 속에서도 늘 볼 수 있다. 소리는 우리에게 "명령하는" 힘이 있어 우리 안의 반응을 불러내고 부득이 주의하게 만든다. 특정한 소리는 시각적 자극과 달리 불가피한 침투성이 있고, 우리 몸에 소리를 차단하는 "귀 꺼풀"은 없다.[2] 청각은 인체의 경보장치다. 신경과학자 세스 호로위츠(Seth Horowitz)에 따르면 우리 뇌는 위험한 소리를 10분의 1초 만에 처리하여 "심장박동이 빨라지게 하고, 어깨를 움츠리게 하며, 소리의 출처가 나를 덮쳐 잡아먹지는 않을지 둘러보게 만든다."[3] 우리 몸은 특정한 소리에 저절로 반응하거나 순종한다. 누가 아파서 비명을 지르면 우리 몸이 즉시 그쪽으로 휙 돌아간다. 뒤에서 구급차의 경적 소리가 들리면 우리는 거의 본능적으로 길가로 비킨다. 착암기 소리는 일방적으로 나만의 세상에 침입하여 사고의 흐름을 방해한다. 요컨대 소리는 우리의 주의를 끈다.[4] 시끄럽고 혼잡한 실내에서 누가 내 이름을 말하면 설령 나한테 말한 게 아니더라도 우리의 고개가 그쪽으로 돌아간다. 게다가 음악은 또 어떤가. 우리를 사로잡는 노래의 선율에 감동하지 **않을** 수 없다. 다들 알다시피 음악의 위력은 우리의 기분을 바꾸어 놓고, 감정을 자극하며, 결정과 행동까지 하게 만든다. 음악은 명령이 되고 우리 몸과 정서는 거기에 반응한다. 춤은 음악에 대한 우리의 순종이다.

경청에 청각 이상이 소요됨은 우리의 일상 언어로도 늘 확인된다. 내가 부모들로부터 가장 많이 듣는 고충은 자녀가 말을 안 듣는다는 것이다. 내 친구 마크의 팔팔한 두 살배기 아들 윌은 마크의 표현으로 "독립을 주장하는 시기라서 우리가 하는 말의 정반대로 한다. 말을 듣게 하기가 더 힘들어졌다." 자녀가 말을 안 듣는다는 부모들의 말은 자녀가 순종하지 않는다는 뜻이다. 누군가는 운전할 때 옆 사람이 권하는 길로 가지 않았다가 길을 잃고는 이런 타박을 듣지 않았을까? "그러니까 내 말을 들었어야지!" 역시 "내가 가라는 대로 갔어야지"라는 뜻이다. 듣는다는 것은 늘 즐겁기만 한 일은 아니다.

심리학자이자 결혼 연구가인 존 가트먼(John Gottman)에 따르면 행복한 결혼을 측정하는 주요 기준의 하나는 부부가 서로에게 기꺼이 영향을 받는지 여부다.[5] 각 배우자는 부부관계를 통해 변화되는가, 아니면 기존의 자기 방식을 더욱 고집하는가? 타인의 영향을 받는다는 것은 참된 경청의 확실한 지표다. 당신의 귀를 따라 선택하며 행동하고 있다는 뜻이기 때문이다. 새삼스러운 말이지만 경청은 결혼생활에도 중요한 셈이다.

신약학자 스캇 맥나이트(Scot McKnight)가 지적했듯이 성경에 **듣는다**는 말은 1,500회 이상 나오며, 성경에 가장 자주 표현된 책망은 백성이 듣지 않는다는 것이다.[6] 이사야 48장 8절에 특히 신랄한 말씀이 나온다.

> 네가 과연 듣지도 못하였고 알지도 못하였으며
> 네 귀가 옛적부터 열리지 못하였나니

경청, 영혼의 치료제

이는 네가 정녕 배신하여

　　모태에서부터 네가 배역한 자라 불린 줄을 내가 알았음이라.

　귀가 닫힌 사람은 하나님의 명령에 복종하지 않으며, 따라서 배역한 자라 부른다.

　경청은 결코 수동적이지 않다. 행함이 나서서 일을 마무리할 때까지 시간을 벌거나 임시로 때우는 단계가 아니다. 성경적 경청이란 몸과 마음을 다하여 듣는 일로, 고막을 울릴 뿐 아니라 영혼에 반향하여 사지로 퍼져 나간다. 예수를 하나님의 말씀으로 본 요한의 유명한 은유는 그분의 비유와 설교만 아니라 성육신 생활 전체가 하나님의 사고의 표출이라는 뜻이다. 예수의 삶은 우리를 향한 하나님의 발언이다. 따라서 우리도 그에 걸맞게 삶으로 들어야 한다. 마음과 생각과 목숨과 힘을 다하여 예수께 반응하지 않는 한 참으로 듣는 게 아니다. 이런 경청은 일상의 현장에서 이루어진다.

들음과 경청의 차이

　지금까지 들음과 경청을 혼용했듯이 편의상 책 전체에도 두 단어를 번갈아 쓸 것이다. 성경에도 그 둘은 뚜렷이 구분되지 않는다. 그래도 선지자 이사야를 통해 "너희가 듣기는 들어도 깨닫지 못할 것이요"(사 6:9)라고 말씀하실 때는 주께서 그 둘을 구분하신 것 같다. 대체로 말해서 들음은 오감의 하나다. 귀로 지각되는 소리를 뇌에서 무의식중에 순간적으로 처리한다. 들음은 저절로 되는 일이다. 소리가 나면 부득이 신경이 쓰이므로 우리는 신체 반응을 통해 거기에 본능적으로 "순종한다."

반면에 경청은 우리 쪽에서 선택하는 일이며 주의를 집중하는 연습이다. 들음은 감각의 행위지만 경청은 의지의 행위다. 경청할 때는 귀만 아니라 생각과 마음과 자세까지도 대상에 집중한다. 경청은 의지적 순종이다. 지휘관의 집합 명령이 떨어지는 순간 병사들이 정렬하는 것과 같다.

권력과 특권을 퇴치하는 경청

흔히 경청은 우리의 관계를 더 원활하고 평화롭게 해주는 묘약으로 통한다. 잘 들으면 주변 사람들의 필요를 더 잘 알 수 있다. 그런 외적인 이유도 귀하고 꼭 필요하지만, 내 생각에 경청을 배워야 할 깊은 내적인 이유가 있다. 내 경우 경청이 힘들 때면 그런 개인적 동기가 나를 지탱시켜 주었다. 경청에 헌신하고 또 헌신한 것은 이를 통해 나부터 자신이 원하는 사람이 되어가기 때문이다.

제자도의 시작은 들음이다. 첫 제자들은 예수의 음성을 듣고 그물을 내려놓고 그분을 따랐다. 물론 제자도란 단번의 경청으로 되는게 아니라 지속적인 경청의 여정이다. 제자는 걸어 다니며 듣는 사람이다. 오늘의 교회에 제자도가 부족하다면 듣는 법을 배우는 데 강조점을 두어야 할지도 모른다.

경청, 영혼의 치료제

경청이 예수께 얼마나 중요했으면 첫 비유의 주제가 바로 그것이다(막 4:1-20). 마가복음에 보면 그분은 씨 뿌리는 자의 비유를 "들으라"는 말씀으로 시작하여 "들을 귀 있는 자는 들으라"는 말씀으로 맺으신다. 겉으로는 여러 종류의 땅에 골고루 씨를 뿌리는 농부가 등장하지만 사실은 여러 부류의 듣는 자에 관한 이야기다. 우선 길가와 같은 듣는 자들이 있다. 예수의 말씀을 아예 듣지 않고 피하고 무시하는 부류다. 돌밭 같은 듣는 자들은 말씀을 조금 받아들였다가 고생과 박해 같은 반대의 목소리 때문에 결국은 저버린다. 셋째로 가시떨기 같은 듣는 자들이 있다. 이 부류는 좀더 오래 듣지만 다른 매혹적인 소리—부의 축적, 현란한 재물—의 은근한 위력에 점차 말씀이 질식당한다. 끝으로 제대로 듣고 결실하는 이들은 말씀을 내면 깊이 받아들인다. 그러면 말씀이 씨의 본분을 다하여 꽃을 피우고 열매를 맺는다.

이 마지막 부류가 예수께서 말씀하신 "들을 귀 있는 자"들로 보인다. 그분은 귀를 깨우침의 기관으로 보고 경청과 이해를 연결시키신 것 같다. 들을 귀가 있는 사람은 예수의 가르침에 담겨 있는 더 깊은 의미에 주파수가 맞추어져 있다. 몇 구절 뒤에 예수는 제자들에게 어떻게 듣는지 주의하라고 타이르신다. 어떻게 듣느냐에 따라 이해의 수준이 달라지기 때문이다.

각 부류의 차이점은 경청에 들이는 노력의 양에 있는 것 같다. 이해가 부족하면 질문으로 보충하면 된다. 참으로 듣는 이들은 나중까지 예수의 주변에 모여 비유의 해석을 여쭙는다. 하나님은 바로 이런 경청을 원하신다. 그들은 어떻게든 깨우치려고 질문 공세를 퍼붓는다. 안면만 있고 잘 모르는 옛 친구처럼, 더 깊고 명확하게 알고자 예수의 발치에서 말씀을 곱씹고 소화한다. 질문도 하나로 끝나지 않고 몇 번이고 연거푸 묻는다. 상대가 지칠 때까지 묻는다.

많은 성경학자들이 지적했듯이 씨 뿌리는 자의 비유는 여러 듣는 부류를 묘사할 뿐만 아니라 분열 자체로 귀결된다. 예수의 비유는 귀가 어두운 이들을 가려낸다. 재미삼아 유명한 새 랍비를 보고 듣기만 하려던 이들은 예수의 가르침이 끝난 후 흩어져 버리고, 참으로 듣는 이들만 남는다.

이 비유를 여러 해 동안 대학생들에게 가르치면서 나는 강의실의 상황이 본문의 상황과 필연적으로 닮아 있어 놀라곤 했다. 수업이 끝나면 학생들이 대부분 기숙사로 돌아가지만 한두 명이 남아 자꾸 질문하거나 필기했다. 예수께서 말씀하신 내용과 그것이 자신의 삶에 미치는 의미를 알고자 애쓴 것이다. 이 학생들이야말로 들을 귀가 있는 사람이 아닐까 하는 생각이 늘 들었다.

경청하면 제자가 된다. 제자란 주님을 따르며 배우고 복종하는 사람이다. 경청하면 또한 종이 된다. 종이란 듣고 순종하는 사람이 아니고 무엇인가? 종에 대한 예수의 유명한 말씀을 이렇게 고쳐 써도 의미가 달라지지 않는다. "이방인의 집권자들이 임의로 주관하고 그 고관들이 말하기 바쁜 줄을 너희가 알거니와 너희 중에는 그렇지 않을지니 누구든지 크고자 하는 자는 듣는 자가 되고 너희 중에 누구든지 으뜸이 되고자 하는 자는 모든 사람의 말을 들어야 하리라"(막 10:42-44 참조). 예수의 전복된 나라에서는 형세가 역전되어, 지시하는 위치에 있는 이들이 경청해야 한다. 이방인의 세계에서는 아랫사람이

경청, 영혼의 치료제

윗사람의 말을 듣지만 예수의 나라에서는 역방향이다.

우리는 말로 상황을 지배하려 할 때가 너무 많다. 그러나 제대로 경청하면 권력이 발을 붙일 수 없다. 헌신적 경청은 권력과 특권을 퇴치하는 데 특효가 있다. 경청하는 종은 대화를 장악하지 않는다. 종은 관심을 자신에게서 돌려 상대의 필요와 유익에 집중시킨다. 섬기라는 부름이야말로 복음의 핵심이다. 스스로 낮아져 자신의 의제와 자존심을 비우고 주님과 타인에게 복종하라는 부름이다. 섬기는 경청은 현존하는 연습이다. 방해될 만한 요소를 치우고, 이 순간이나 대화가 어떠해야 한다는 내 주관도 버린다. 섬기는 경청은 겸손의 행위다. 상대가 누구이든 내가 듣고 배우러 왔음을 인정한다. 섬기는 경청은 순복의 행위다. 말의 무기, 선입관, 성급한 조언, 내 쪽으로 화제를 돌리고픈 마음을 다 내려놓는다. 대화의 조건과 방향을 내 손에서 놓는 것이다.

우리는 경청에 대해 말하기를 좋아한다. 그게 실제로 듣는 일보다 쉽다. 입으로는 다들 경청을 말하지만 경청은 귀와 생각과 마음으로 하는 섬김이다. 경청은 섬기는 행위이며 섬김은 어렵다. 섬김에는 영화가 없다. 종이 본분을 다해도 아무도 알아주지 않는다. 예수를 본받아 종이 되고 싶다면 경청할 줄 알아야 한다.

어떤 소리를 들을 것인가

이상한 일이 벌어졌다. 예수께서 제자들 몇을 데리고 산에 오르셨는

데, 오르실 때는 평소와 같던 얼굴이 산 위에서는 표백한 듯 하얗게 변하여 햇빛 속의 다이아몬드처럼 반짝였다. 이어 묘하게 낯익은 불청객 몇이 파티에 끼어들었다. 얼굴이 빛나는 그들도 왠지 산꼭대기가 아주 편해 보였다. 극적인 장면에서 늘 그랬듯이 이번에도 베드로가 주눅 들지 않고 계획을 꾸몄다. "주님, 주께서 모세와 엘리야와 함께 마시며 옛일을 논하시니 역사상 이처럼 웅대한 재회는 없었나이다. 하여 제가 야고보와 요한과 함께 움막이라도 지어 파티를 계속하면 어떻겠나이까." 그러나 이어진 것은 성경에 걸맞은 규모의 어색한 침묵이었다.

말하는 구름 덕분에 다행히 상황이 덜 이상해졌다. 구름이 일행을 덮으며 그 속에서 우레 같은 음성이 들렸다. "이는 내 사랑하는 아들이니 너희는 그의 말을 들으라." 모세와 엘리야는 일찍 하루를 파했다(막 9:1-8 참조).

시각효과도 극적인데다 카메오로 선지자들까지 출연했지만, 변화산 이야기의 관건은 결국 경청이다. 정확히 말해서 우리가 경청해야 할 **대상**이다. 우리가 들어야 할 가장 중요한 소리는 예수의 음성이다. 하나님이 신임하시는 음성이기 때문이다. 우리는 어떻게 듣는지 주의해야 한다. 세상살이에 소음이 너무 많기 때문이다. 시키는 대로 하라고 우리를 부르는 소리가 무수히 난무한다.

몇 년 전 내 친구 부부인 마이크와 클로디어와 함께 점심을 먹은 일을 잊지 못한다. 그들이 아프리카 남동부의 말라위라는 작은 나라에서 돌아온 지 얼마 되지 않던 때였다. 어느 식당 체인점의 칸막이 좌석에 앉았는데 메뉴가 27페이지나 되었다. 메뉴 책자를 손에 들자마자 그들은 전조등에 쏘인 유명한 아프리카산 영양(羚羊)처럼 멍한 표정을 지었다. 웨이터가 주문을 받으려고 몇 번이나 다녀갔지만 그들은 너무 많은 가짓수에 압도되어 하나를 정하지 못했다. "말라위에는 치킨밖에 없거든요. 여기는 종류가 너무 많은데 다 아주 맛있어 보여서요." 클로디어의 설명이었다.

뷔페처럼 무한한 가짓수의 소리가 우리 사방에서 다 아주 그럴 듯하게 들린다. 우리 영혼을 노리는 온갖 불협화음이 알게 모르게 늘 노래를 부르며 저마다 충만한 약속으로 우리를 미혹한다. 마케팅 전문가들에 따르면 대도시에 사는 미국인은 하루에 5,000번이나 광고에 노출된다.[7] 세상이 이렇다 보니 우리는 얼마든지 골라 들을 자유가 있다. 이 소리가 약속을 지키지 못하면 더 큰 만족을 주겠다는 다른 소리를 언제고 들으면 된다. 그 결과 우리가 주의를 지속할 수 있는 기간은 더 짧아지고 입맛은 더 별스럽고 까다로워진다. 더 큰 행복을 약속하는 더 매혹적인 소리가 늘 어딘가에 있다는 생각 때문에 우리는 만족을 모르는 소비자가 될 수 있다.

우리가 어떤 사람이 될지는 다분히 어떤 소리를 골라 듣느냐에 달려 있다. 듣고 안 듣고 자체는 정말 선택 소관이 아니다. 인간은 누구나 특정한 소리에 순종하게 마련이며, 따라서 질문은 "나는 들을 것인가?"가 아니라 "어떤 소리를 들을 것인가?"이다. 그렇다고 좋은 소리와 나쁜 소리 중에서 골라 듣는 문제만은 아니다. 천사와 마귀가 등 뒤에서 속삭이는 것처럼 그렇게 간단한 문제라면 얼마나 좋겠는가. 문제는 우리가 **다른** 소리들도 듣기로 선택할 것이냐는 것이다. 그 소리는 나 자신의 소리와 같지 않다. 우리는 다른 문화, 다른 민족, 다른 배경, 다른 신념의 소리도 들을 것인가? 내 속을 휘저어 불안이나 죄책감이 들게 할지도 모르는 소리도 경청할 것인가? 자신과 닮은 소리만 골라 듣는다면 우리의 성장은 제한되고 영성은 위축될 것이다. 한두 개의 채널에만 주파수를 맞추어 두면 편할지는 몰라도 변화는 요원하다. 듣고 싶은 음성과 들어야 할 음성이 늘 같은 것은 아니다.

제대로 듣지 못하는 이유

요한계시록에 보면 씨 뿌리는 자의 비유의 어법 그대로 "귀 있는 자는 들을지어다"라는 예수의 후렴구가 되풀이된다. 라오디게아 교회에 보내는 메시지에 그분은 "볼지어다, 내가 문 밖에 서서 두드리노니 누구든지 내 음성을 듣고 문을 열면 내가 그에게로 들어가 그와 더불어 먹고"(계 3:20)라고 선언하신다. 참으로 듣는 사람은 그분의 음성을 듣고 그분을 안으로 모셔 들인다.

　이 본문에 우리가 생각해야 할 또 다른 이미지가 나온다. 경청은 곧 환대라는 것이다. 경청할 때 우리는 문을 열고 손님을 안으로 들인다. 나의 공간 속으로 타인을 맞이한다. 자신을 여는 것이다. 경청은 초대이며, 그 초대된 곳에서 사람들은 약점까지 내보이며 친해질 수 있다. 제대로 한다면 어떤 일이 벌어질지 우리도 모른다. 누가 무엇을 가지고 들어올지 모른다. 우리는 뜻밖의 상황에 마음을 열고, 낯선 이를 받아들이며, 예기치 못한 일을 듣는다. 변화에 자신을 여는 것이다. 예수는 그분의 음성을 듣는 이들 안에 오셔서 함께 먹겠다고 하셨

　　　　　　　　　　　　　　경청, 영혼의 치료제

는데, 그 문화에서 식사는 친밀한 행위였다. 사회적으로 격이 같은 사람들끼리 함께하는 일이었다. 함께 먹으면 관계가 평등해진다. 경청할 때도 마찬가지다.

요한계시록에 그려진 경청에는 문을 열고 타인을 받아들이는 것까지 포함된다. 그런데 솔직히 우리는 문을 닫아 둘 때가 많다. 몇 가지 이유를 들자면 다음과 같다.

사방이 소음 천지다. 이 세상의 삶은 때로 응급구조의 현장처럼 느껴진다. 경적은 불협화음을 내며 울려대고, 여기저기 비명 소리가 들리고, 개들마저 짖어대고, 여러 메시지가 교차된다. 소음을 피할 길이 없어 보인다. 《뉴 아틀란티스(*The New Atlantis*)》의 한 기고가는 개인용 이동통신―이메일, 문자, 동영상, 팟캐스트 등―을 통해 접하는 인정사정없는 자극을 "거대한 전자 소음"이라 칭했다.[8] 꼭 매 끼니를 시끄럽고 발 디딜 틈 없는 식당에서 먹는 것 같다. 자신을 보호하기 위해서라도 귀를 막고 싶어진다. 그래도 용케 새어드는 소음 때문에 참된 경청에 필요한 내면의 고요함을 가꾸기란 심히 어렵다.

많은 이들이 혼돈 중에 잠시 평온을 찾아 가만히 있기가 무척 힘들다고 탄식한다. 하지만 고요함의 부재는 그만큼 우리가 고요함에 저항한다는 증거일 수 있다. 시간을 내서 침묵하면 내 머릿속의 소음이 떠들어대기 시작할까 봐 두려운 것은 아닐까? 내 두려움과 회한과 불안의 음량이 커지는 것은 아닐까? 우리가 무의식중에 외부의 소음에 파묻혀 있기를 선택함은 내면의 말소리에 직면하기가 더 불편해서일 수 있다.

우리는 외롭다. 테레사 수녀(Mother Teresa)는 외로움이 서구 세계

의 나병이라며 어쩌면 콜카타의 빈곤보다 더 참담하다고 했다.[9] 우리
는 외로워서 화제를 내 쪽으로 돌리고, 자신에 대한 말이 과해진다.
외로워서 남에게 매달리며, 나의 필요를 채워주는 게 상대의 역할이
라 생각한다. 외로움 때문에 타인을 맞아들일 내 내면의 공간은 줄어
든다. 외로움 때문에 서로 듣지 않는 것은 비극이다. 누군가가 들어줄
때 이 우주에 나 혼자가 아님을 알고 크게 안심할 수 있기 때문이다.

변화가 두렵다. 들으려면 변화에 마음을 열어야 한다. 대화에 임
할 때 자신의 생각이 바뀔 가능성을 완전히 배제한다면 당신은 참으
로 듣지 않을 것이다. 다시 말해서 우리는 두려워서 듣지 않는다. 나
만 하더라도 기존의 신념과 대응 기제에 집착하는 성향이 있다. 그것
을 놓을 때 뒤따를 불안정하고 불확실한 결과가 두렵기 때문이다. 하
지만 정말 들을 각오가 되어 있다면 자신의 선택과 신념이 제한적일
수 있음을 인정해야 한다. 자신이 틀렸을 때는 그렇다고 말할 수 있어
야 한다.

우리는 단절되어 있다. 제대로 들으려면 주의를 기울여야 한다. 한
동안 자신을 내주어야 한다. 그런데 우리는 몸으로는 상대와 같이 있
어도 생각과 마음은 멀 수 있다. 바쁠수록 귀한 몸이라는 문화의 거
짓말을 내면화했을 수 있다. 일이 많고 활동이 많은 사람일수록 비중
이 크다는 것이다. 게다가 우리의 내면세계는 바깥세상의 미친 듯한
속도를 그대로 닮기가 너무 쉽다. 그래서 우리는 바쁘고 산만하며 늘
여러 가지 일에 매달리지만, 딱히 잘하는 일은 없다. 경청도 예외는 아
니다.

경청, 영혼의 치료제

경청을 방해하는 첨단기술들

요즘은 영성 작가가 되려면 모든 소중한 것을 망쳐놓는 첨단기기에 대해 최소한의 성토는 해야 될 것처럼 보인다. 로마 제국은 북방의 비스고트족이 쳐들어왔을 때 무너졌고, 현대의 서구 문명은 스티브 잡스(Steve Jobs)가 아이폰을 출시했을 때 무너지기 시작했다. 그렇다고 영적으로 성숙하려면 첨단기기를 멀리하고, 편지도 손으로 쓰고, 매일 숲속으로 멀리 산책을 나가야 한다는 말은 아니다. 최근에 나도 가족들과 스카이프로 화상 채팅을 하면서 내 고양이를 번쩍 들어 보여주며 인사하게 했다. 이런 게 없는 세상에 다시 살고 싶은 마음은 없다.

물론 첨단기기의 매개를 통해서도 불완전하나마 진정한 소통이 가능하다. 내가 온라인에서 처음 만난 많은 사람이 지금은 좋은 친구가 되었다. 게다가 온라인상의 각종 경이로운 도구를 통해 영성을 심화하고 교회의 옛 전통과 연결될 수도 있다.

그럼에도 나는 다른 한편으로는 인터넷으로 연결된 사회생활이 우리의 경청 능력을 떨어뜨린다고 확신한다. 개인용 이동통신 때문에 새로 열리는 문이 있는 만큼 닫히는 문도 있는데, 그중 하나가 바로 듣는 능력이다. 단적인 예로 최고의 경청에는 청각만 아니라 모든 감각이 수반되는데, 눈은 화면에 가 있고 손가락으로는 문자를 보내면서 옆 사람의 말을 온전히 들을 수는 없다.

그보다 눈에 덜 띄는 부분도 있다. 인터넷과 스마트폰과 소셜 미디어는 신경회로를 변경시켜 우리 뇌의 물리적 특성을 바꾸어 놓는다. 우리가 기기를 다루는 것 같지만 사실은 기기도 우리를 다룬다. 많은 신경학 연구로 예증되듯이 첨단기기는 우리 뇌를 개조한다. 그래서 한 가지에 집중하기가 더 어려워 보이는 정도가 아니라 정말 더 힘들다. 날마다 그런 기기에 빠져 있으면 뇌가 한꺼번에 몇 가지 일을 하려고 자동으로 촉수를 넓힌다. 그래서 어느 것 하나에도 관심을 집중하기가 어려워진다. 첨단기술 분야의 작가 린다 스톤(Linda Stone)은 우리 뇌가 "단편적 집중의 연속"에서 헤어나지 못하는 것 같다고 했다.[10] 다시 말해서 우리는 실제로 첨단기기의 특성을 닮아간다. 소셜 미디어의 생리가 우리 뇌에도 옮아 트위터, 찰나적 이미지, 속사포 같은 동영상 따위로 늘 머릿속이 어지럽다. 상이한 정보가 연발로 속속 튀어나와 어떤 때는 과부하에 걸린 회로처럼 된다. 첨단기기는 우리를 분열시키고, 온전히 현존하는 능력을 앗아간다.

일각의 지적처럼, 정보의 창이 커질수록 우리 사회의 지식은 기하급수적으로 늘지만 그렇다고 더 지혜로워지는 것은 아니다. 무한해 보이는 정보의 출처와 거기서 쏟아져 나오는 내용 때문에 우리는 무엇이든 맛만 볼 뿐 제대로 소화하는 것은 거의 없다. 게다가 듣는 내용도 자신이 원하는 것만 고르고, 생각을 바꾸도록 도전하는 목소리는 걸러낼 수 있다. 자기 교회 목사의 설교가 마음에 들지 않으면 듣고 싶은 설교를 해주는 팟캐스트를 찾으면 된다. 그러나 지혜란 깊은 관계적 지식이며 천천히 들어야 얻을 수 있다. 들은 내용을 내면에 삭혀서 우려내야 한다. 지혜를 기르려면 뜻밖의 내용을 제시하는 도전의 목소리도 듣고, 그 내용을 자신의 기존 신념과 비교해 보아야 한다.

개인용 첨단기기에 대한 나의 마지막 염려는 듣기 자체의 의미

경청, 영혼의 치료제

를 그것이 잘못 가르친다는 점이다. 이전의 캠퍼스 사역 동역자가 내게 이런 장면을 들려준 적이 있다. 그가 캠퍼스를 걷다가 수백 명의 학생을 지나쳤는데 더러는 무리 지어 다녔고 더러는 혼자 걷고 있었다. 그의 추산으로 전체의 60퍼센트가 이어폰을 꽂고 있었다. 첨단기기 때문에 듣기가 **폐쇄적** 행위로 비쳐질 때가 너무 많은 것 같다. 헤드폰은 내면세계에 주파수를 맞추는 데는 때로 도움이 될지 모르지만, 듣기가 얼마나 편파적이고 개인주의적일 수 있는지를 보여주는 상징물이 되었다. 듣는 방식 때문에 각자 고립되어 안에 갇힌다면 이는 잘못이다. 우리의 듣기는 환대의 행위였으면 좋겠다. 세상을 향해, 앞에 있는 사람을 향해, 문을 두드리시는 주님을 향해 자신을 여는 행위였으면 좋겠다.

아날로그식 듣기

레코드판 음악으로 회귀하는 사람들이 점점 늘고 있는데 지난해에 나도 그 대열에 합류했다. 내가 비주류 유행에 밝은 사람인지, 머잖아 저녁을 오후 4시에 먹을지, 가슴까지 올라오는 바지를 입을지 등을 놓고 우리 집에 논란이 많다. 어쨌든 나는 레코드판에 새겨진 아날로그 음향이 "더 푸근하다"는 말에 설득되었는데, 이는 저음의 정확도가 디지털 음악 파일에 녹음된 것보다 떨어지기 때문일 수 있다. 빈틈없이 정확하고 밋밋한 디지털 녹음보다는 레코드판이 내게는 그냥 더 생생하게 살아있고 더 인간적이다.

음반을 자주 뒤집어 주어야 하는 데는 꽤 적응이 필요했다. 정식 명칭인 LP(Long Play)판은 재생 시간이 길다는 뜻인데 사실은 한 면이 20분 정도밖에 되지 않으니 그 이름을 비웃을 사람도 있을 것 같다. 나는 연속 연주곡 목록이나 인터넷 라디오에서 중단 없이 흘러나오는 음악에 익숙해져 있었다. 그래서 처음에는 레코드판의 짧은 연주 시간이 귀찮았지만 음악을 듣는 방식에 변화가 필요함을 깨달았다. 지금은 퇴근하면 음반을 하나 걸어놓고 눈을 감은 채 다리를 쭉 뻗고 앉아 앨범의 한 면을 처음부터 끝까지 듣는다.

옛 기술의 특성상 그 시간 동안만은 주의를 집중하여 들어야 한다. 레코드판은 자주 뒤집어 주어야 하기 때문에 다른 일을 하면서 들으면 너무 산만해진다. 그래서 LP판을 들을 때는 거기에 오롯이 집중한다.

디지털 시대에 음악을 듣는 방식은 우리가 전반적으로 어떻게 듣는가와 많이 닮아 있다. 음악은 지금 하는 일의 부속물처럼 배경에 연속으로 깔린다. 우리를 따라다니는 사운드트랙으로, 삶에 첨가될 수는 있으나 대개 관심의 초점은 아니다. 그냥 효과용 소음일 때도 있다. 이와 비슷하게 우리의 전반적 경청도 지금 집중하고 있는 다른 일의 부속물이다. 사람들은 우리의 단편적 집중을 얻을 뿐이며 우리는 그들의 말을 곁가지로 들을 뿐이다.

레코드판으로 음악을 들으면서 나는 삶의 모든 영역에서 주의를 집중하여 듣는 법을 익혔다. 늘 듣기만 한다는 말은 아니지만 들을 때는 오롯이 거기에 집중한다. 무엇을 하고 있었든 그 일을 멈추고 앉아 그 시간 동안만은 화자에게 온전히 귀를 기울인다. 이처럼 듣기에 전념하는 시간이 몇 시간의 단편적 경청보다 귀하다. 그 차이는 도착할 때까지 엘리베이터 안에서 음악을 듣는 것과 세계 정상급 교향악단의 연주를 공연장에 앉아 듣는 것의 차이와도 같다.

주체와 객체의 경계를 허무는 소리

도처에 음악이 넘쳐나지만 그래도 우리가 살아가는 문화에서는 시각이 왕이다. 화소는 우리의 통화(通貨)이고 동영상과 이모티콘과 사진은 우리의 공용어다. 나이키와 애플은 더는 자신을 말로 설명할 필요가 없다. 아래로 파인 곡선 하나와 한 입 베어 문 사과 하나면 충분하고도 남는다.[11] 우리의 구어에도 시각에서 파생된 어휘가 놀랍도록 많다. 중역 회의실이나 교회개척 모임이나 리더십 분야에서 많은 시간을 보내는 사람은 **비전, 초점, 큰 그림, 구도, 명료성, 통찰** 같은 말을 듣게 된다. 모두 시각이나 보는 행위가 내포된 단어들이다. 보는 게 대세다.

우리는 눈을 정체와 연관시킨다. 눈은 영혼의 창이다. 눈을 친밀함과도 연관시킨다. 시선을 맞추는 것은 친밀함의 가장 확실한 표현이다. 타인 앞에서 무력하게 느껴질 때면 우리는 상대가 내 속을 꿰뚫어 본다거나 뚫어질 듯 쳐다본다고 표현한다. 상대의 귀에 빠졌다는 노래를 쓰는 사람은 없다.

시각과 지식의 관계는 예부터 내려온 공식이다. 고전 헬라어에서 "본다"는 단어는 그야말로 "안다"는 뜻이다. 철학자 헬라클레이토스(Heraclitus)는 "눈이 귀보다 정확한 증인이다"라고 주장했고, 아리스토텔레스는 "무엇보다 시각이 귀하다. … 시각은 지식의 주된 출처인 까닭이다"라고 단언했다.[12] 철학 교수 돈 아이드(Don Ihde)는 "그리스 사상에서 시각과 궁극적 실체는 아주 친한 사이"라고 했다.[13]

시각과 지식과 본질적 실체의 이런 연관성이 내게는 약간 뜻밖으로 다가온다. 눈에 보이는 바깥세상을 그 자체로는 거의 해석할 수 없기 때문이다. 사안의 의미를 조금이나마 깨닫고 더 깊이 탐색하는 일은 청각과 언어와 대화와 교육을 통해서 이루어진다.

시각의 은유만으로는 개인의 정체와 지식을 대변하기에 부족하다. 월터 옹(Walter Ong)이 지적했듯이 시각은 청각과 달리 대상을 분해한다. "인간은 한번에 한 방향밖에 볼 수 없다. 방이나 풍경을 둘러보려면 여기서 저기로 눈을 돌려야 한다."[14] 한쪽만 볼 수 있기에 시각은 얼마든지 통제가 가능하며, 나와 내가 보고 있는 대상 사이의 거리가 강조된다. 반면에 소리는 전체를 하나로 통합한다. 청각의 공간은 시각의 공간보다 통제가 어렵다. 소리는 우리를 에워싸고 안으로 쏟아져 들어와 푹 적신다.[15] 귀의 생리상 소리는 뇌 속 깊이까지 침투할 수밖에 없다. 소리는 주체와 객체 사이의 단단한 경계를 허물며, 우리는 경청을 통해 타인의 사고와 삶 속에 동참한다.

하나님은 들으시는 분이다

"보는 게 믿는 것"이라는 말이 있지만 대체로 성경에서는 듣는 게 믿

경청, 영혼의 치료제

는 것이다. 모세는 불붙은 떨기나무의 광경에 이끌려 그 지점으로 갔지만, 신발을 벗으라는 명령을 듣기까지는 그곳이 거룩한 땅임을 몰랐다. 그나저나 하나님을 눈으로 보았다가는 건강에 무척 위험할 수 있다. 경우에 따라 시각은 우상숭배와 연관되기까지 한다. 모세는 차세대에게 출애굽 이야기를 들려줄 때 하나님을 상징할 형상을 일체 만들지 말라고 거듭 경고했다. 그는 그들에게 "여호와께서 불길 중에서 너희에게 말씀하시되 음성뿐이므로 너희가 그 말소리만 듣고 형상은 보지 못하였느니라"(신 4:12)라고 상기시켰다. 하나님은 보이지 않는 분이다. 물론 자신을 가시적으로 나타내실 때도 있지만 역사를 통틀어 그분이 일관되게 자기 백성과 소통하신 방식은 이런저런 형태의 말이다. 우리는 순종하는 경청을 통해 그분의 계시를 받는다.

듣는 게 성경에서 우선시됨은 명약관화한 사실이다. 그러나 말씀으로 세상과 성경을 창조하신 하나님이 또한 **들으시는 분**인 것은 뜻밖이다.

1부

———

하나님과 우리 사이의 경청

2장

하나님은
들으신다

역사 속의 왕들에게는 위엄, 고매함, 영광, 주권 등의 온갖 거창한 수식어가 따라붙는다. 이런 극상의 귀족 앞에 남녀노소 없이 고개를 조아린다. 부자와 고관도 왕이 행차하면 바닥에 엎드린다. 임금이 공언할 때면 나팔이 울리고 왕실의 깃발이 올라가며 백성은 무릎 꿇고 숨을 죽인다.

경청하는 능력과 자세로 인해 칭송받은 왕은 거의 없을 것이다. 굳이 왕조의 연대기를 파헤치지 않아도 알 수 있듯이, 다른 감각은 예민한데 이상하게 귀만 어두웠던 왕들이 즐비하다. 나폴레옹은 러시아를 침공하지 말라는 참모들의 말을 무시했다가 섬으로 유배를 갔다. 조지 3세와 영국 의회는 징세에 반발하는 식민지의 점증하는 소요를 무시했다가 전쟁을 촉발했다. 《반지의 제왕》에서 사루만이 간달

프의 말을 들었더라면 뱀헛바닥과 함께 싸늘한 탑 속에 갇히는 일은 없었을 것이다. 성경의 책장마다 하나님의 말씀이나 그분의 대변자의 말을 듣지 않은 왕들의 피가 얼룩져 있다. 신의 고유한 권한을 찬탈하려는 모든 왕과 어쩌면 모든 인간의 위험한 미혹을 거기서 볼 수 있다. 셰익스피어의 여러 작품에서 보듯이 절대 권력을 장악하는 데 꼭 필요한 음모는 용케 고막을 파손시킨다. 결국 왕이 들을 수 있는 소리라곤 자신의 목소리뿐이다. 과대망상증 환자가 남의 말을 들을 줄 알고서야 과대망상증에 길릴 리가 있겠는가.

인간의 나라에서는 권력이 셀수록 남의 말을 들을 의무는 줄어드는 것 같다. 물론 예외도 있다. 윈스턴 처칠(Winston Churchill)은 "일어나 말하는 데도 용기가 필요하고 앉아서 듣는 데도 용기가 필요하다"고 했다. 그러나 왕의 알현실에 방음 장치가 되어 있다는 증거가 역사에 넘쳐난다. 전국에서 가장 호화로운 그 옥좌에 일단 앉으면 주변에 아첨꾼들만 모아둘 수 있다. 그들의 직무라고는 딱 하나, 왕이 시키는 대로 하는 것이다. 그들은 왕의 말을 들어야 하지만 왕은 누구의 말도 들을 필요가 없다. 인간 세계에서 권력과 경청은 대개 제로섬 관계다. 높은 자리로 올라갈수록 저 밑에서 벌어지는 일을 듣기가 힘들어진다. 권력은 아주 고성능의 귀마개다. "권력을 향해 직언하라"는 말이 괜히 있는 게 아니다. 권력자는 대체로 잘 들을 줄 모른다.

하늘의 왕이신 하나님의 주권적 발언권 행사는 놀랄 일이 아니다. 만국의 팡파르가 총동원된 가운데 어떤 주제에 대해서든 공언하실 자격이 있는 분이 있다면 바로 만군의 주님이시다. 참 왕이신 그분이 최초의 말씀을 하심으로 모든 언어가 기원했고, 장차 최후의 말씀을 하실 때는 모든 언어가 그분의 발아래 침묵할 것이다. 그러나 성경의 하나님이 들으신다는 사실은 우리의 허를 찌를 수 있다. 우주가 그분의 말씀으로 지탱되고 모든 은하와 별자리가 그 말씀에 순종한다. 그런데 이 지당하신 창조의 왕은 들으시는 분이다. 하나님은 누구의 말도 들으실 의무가 전혀 없다. 마음대로 권력을 휘두르시면 모두가 비켜날 수밖에 없다. 그런 주님이 권력을 완전히 뒤집어 인간을 경청의 상대로 대하심으로 우리를 깜짝 놀라게 하신다. 신민의 말을 이토록 후하게 들어준 왕실은 일찍이 없었다.

신흠정역(NKJV) 시편에 두 번 등장하는 파격적인 문구가 있다. "주의 귀를 낮추어" 달라고 간구하는 대목이다(시 31:2, 86:1). 이 기도에 함축된 의미를 생각해 보라. 지존자의 신민이라면 떨며 나아가 경의를 표해야 마땅하거늘 오히려 왕에게 **자기 쪽으로 몸을 낮추어** 달라고 청한다. 군주가 몸을 굽히고 고개를 숙여 종에게 맞추어 주는 장면이 연상된다. 왕이 종의 입에 귀를 대주니 종은 왕의 눈높이에서 말할 수 있다. 더 놀라운 것은 앞서 말했듯이 경청의 행위가 곧 순종의 행위라는 사실이다. 주께서 인간의 말을 들으시려면 말 그대로 "귀를 낮추어" 주셔야만 한다. 옛 신학자들은 이를 주님의 "비하"라 표현했는데 요즘 같은 부정적 어감은 없었다. 주님은 자신을 낮추어 한 사람의 특정한 고충을 들으실 뿐 아니라 우리가 구하는 대로 해주시기까지 한다. 이렇게 신민 앞에 무릎을 꿇는 왕이 또 누가 있겠는가?

어느새 우리는 복음의 신비의 한복판에 들어와 있다. 하늘의 왕은 말씀하실 뿐 아니라 들으시며, 순종을 명령하실 뿐 아니라 명령에 순종하신다. 섬기시는 속성이 있다 하여 그분이 우리 욕심의 노예가 되시는 것은 아니다. 그분은 노예근성이나 허울뿐인 의무감 때문에 섬기시는 게 아니라 자유로이 자원하여 종의 자세로 섬기신다. 그것이 그분의 속성인 까닭이다.

그분은 평범한 왕이 아니다. 성경의 첫머리부터 하나님은 권력을 독점하지 않고 나누신다. 하나님의 형상대로 지음받은 인간도 왕의 책임을 받아 그분과 함께 창조세계를 통치한다. 세상을 정복하며 주님을 세상에 대변한다. 인간에게 부여된 이 공동 통치권이 시편 8편에 이렇게 기술되어 있다.

> 그를 하나님보다 조금 못하게 하시고
>   영화와 존귀로 관을 씌우셨나이다
> 주의 손으로 만드신 것을 다스리게 하시고
>   만물을 그의 발아래 두셨으니(5-6절).

먼 훗날 부활하여 높아지신 예수는 제자들에게 그분을 대신하여 말하고 행동하라는 지상명령을 내리신다. 그들이 사명을 수행하는 동안 그분의 통치권이 성령을 통해 그들과 함께한다. 사도 바울은 디모데에게 참는 자들은 장차 그리스도와 함께 다스린다고 단언했다. 하나님 나라가 임할 때 모든 족속의 구원받은 성도가 땅 위에서 다스린다는 말이 요한계시록에도 나온다.

권력을 나누시는 하나님은 들으시는 분이다. 세상이 창조된 뒤에야 하나님께 경청이 필요해진 것이 아니다. 경청은 하나님의 존재와 속성 자체다. 그래서 그분의 소통은 일방적이지 않고 삼위일체의

경청. 영혼의 치료제

세 위격—성부, 성자, 성령—을 두르고 그 사이를 오간다. 그분이 삼위일체이시기에 경청은 바로 우주의 중심에 놓인다. 하나님은 사랑이시며 사랑은 경청을 요한다. 삼위 하나님의 친밀한 삶은 희생적인 상호 경청을 통해 유지된다. 그래서 인간의 모습으로 오신 아들은 자신이 원하는 대로 행하지 않고 아버지께서 명하시는 대로 한다고 말씀하셨다. 성령이 오셔서 사람들을 모든 진리 가운데로 인도하심도 그분이 들으신 대로 말씀하시기 때문이다. 삼위 하나님이 이루시는 창조와 구속과 선교를 보더라도 경청은 처음부터 세 분 관계에 중심이 되었다.

왕이 들으신다는 역설은 메시아에게서 절정에 이른다. 신약에 제시되는 왕권의 모습은 가히 충격적이다. 참 왕은 권력을 휘두르는 게 아니라 권력을 내려놓고 섬기신다. 질투에 차서 자신의 권력을 사수하려는 통치자일수록 사실은 권력이 부실한 사람이다. 예수는 하늘의 보좌를 버리고 자신의 권력과 특권을 비워 종이 되셨다. 그래서 경청은 복음의 핵심이다. 종에게 없어서는 안 될 속성이기 때문이다. 자신을 비우고 종의 역할을 맡아 타인에게 복종하는 삶은 성육신하신 그리스도께만 해당되는 게 아니라 참으로 듣는 모든 사람에게 해당된다.

예수는 섬김을 받으러 오신 게 아니라 섬기러 오셨다. 들어달라고 오신 게 아니라 들어주려고 오셨다. 그분은 스스로 작아져 다른 사람들에게 자리를 내주셨고, 자신의 귀를 낮추어 여태 들어주는 이 없던 목소리들을 존중하셨다. 그렇게 그분은 왕권의 의미를 완전히 고치셨다. 이 왕은 신민을 섬기고, 그들의 발을 씻어주시고, 그들이 모르는 필요까지도 다 들어주신다. 이 왕은 자기를 위해 백성의 죽음을 요구하는 게 아니라 자신이 백성을 위해 죽으신다. 그분이 사람들의 말을 들어주신 것도 종의 마음 때문이고, 십자가를 지신 것도 종의 마음 때문이다.

경청을 통해 시작된 구속사

성경은 우리에게 들려주신 하나님의 말씀이다. 그러나 그분이 들으시는 분이 아니라면 성경은 아주 짧아졌을 것이다. 왕께서 듣지 않으셨다면 후대에 남겨진 것은 창세기뿐이고 신앙의 대는 아예 끊겼을 것이다. 출애굽기에 나오는 히브리 노예들은 계속 바로의 영광을 위해 벽돌을 만들다 죽어갔을 것이다. 다행히 성경에는 하나님의 발언만 아니라 들으시는 행위도 나온다. 그들에게도 다행이고 우리에게도 다행이다.

히브리 백성이 이집트의 압제에서 해방된 일은 민족의 근간을 이루는 사건인데, 이 일은 황급히 그 땅을 탈출할 때 시작된 게 아니다. 유월절 식사로 시작된 것도 아니고, 모세와 아론이 바로의 궁중에 들어가 이 백성을 가게 하라고 요구할 때 시작된 것도 아니다. 심지어 미디안 광야에서 불붙은 떨기나무가 말할 때 시작된 것도 아니다. 출애굽은 하나님이 **들으실** 때 시작되었다. "이스라엘 자손은 고된 노동으로 말미암아 탄식하며 부르짖으니 그 고된 노동으로 말미암아 부르짖는 소리가 하나님께 상달된지라. **하나님이 그들의 고통 소리를 들**

경청, 영혼의 치료제

으시고 하나님이 아브라함과 이삭과 야곱에게 세운 그의 언약을 기억하사"(출 2:23-24, 강조 추가). 주님은 예전에 아벨이 흘린 피가 땅에서 부르짖는 소리를 들으셨듯이 압제에 시달리는 자기 백성의 비참한 소리도 들으셨다. 구속사의 수레바퀴는 경청의 행위를 통해 굴러가기 시작했다.

　　그날 이스라엘 왕과 이집트 왕 사이에 전쟁이 벌어지는데, 이 대결을 통해 누가 최고의 권력자인가만 아니라 누가 더 잘 듣는지도 밝혀진다. 역사의 무대 위에 펼쳐진 대규모의 경청 시합이다. 백성의 신음 소리를 들으시는 주님과 달리 바로는 듣기를 철저히 거부하는 자로 소개된다. "그러나 바로의 마음이 완악하여 그들의 말을 듣지 아니하니"(출 7:13)와 같은 말이 번번이 되풀이된다. 그는 노예들의 부르짖음도 듣지 않고, 하나님의 음성도 무시하고, 심지어 끔찍한 재앙에 시달리는 자기 백성의 고통에도 귀를 막는다. 깊은 차원에서 출애굽 이야기는 참 왕권의 특성과 권력의 속성에 대한 대화다. 가짜 왕은 압제와 권위주의적 통치로 권력을 내세우지만 참 왕은 어려운 사람들의 부르짖음에 감동하신다. 왕관은 들으시는 왕의 몫이다. 하나님은 노예의 신음 소리를 듣지 않으신 적이 없다.

어떻게 들어줄 수 있게 될까

내가 경청에 대해 진지해진 것은 예상치 못했던 사람들이 내 말을 들어주면서부터였다. 그때까지만 해도 내가 알고 있던 경청이란 다분히 신분과 관계된 것이었다. 특정한 자리나 역할 때문에 듣는다는 뜻이다. 내 생각에 경청은 직원이 사장에게, 자녀가 부모에게, 인턴이 멘토에게 보여야 할 책임이었다. 교사는 강의하고 상관은 일을 시키고 목사는 설교하며 나머지는 다 듣는다. 대체로 듣는 게 기본값이다.

인턴을 시작할 때도 으레 똑같으려니 했다. 안수를 받고 원목이 되려면 그 혹독하고 때로 고통스러운 자기성찰의 과정을 거쳐야 했다. 캘리포니아 주 오렌지 카운티의 세인트 조셉(St. Joseph) 병원에서 암환자들을 상대로 넉 달 동안 인턴으로 봉사했다. 환자들은 대부분 화학요법을 받는 중이거나 말기암의 고통에 시달렸다. 그들의 희망과 생기가 절망과 무기력으로 바뀌는 것을 너무 자주 보았다. 달리 어찌할 바를 몰랐으므로 대체로 나는 앉아서 들었다. 하루는 유방암으로 죽어가던 어느 환자의 병실 밖에 앉아 있는데, 그녀의 부모와 자매와 여섯 살 난 아들과 세 살배기 딸과 완전히 절망한 남편이 작별 인사를 하러 차례로 하나씩 안으로 들어갔다. 어느 오후에는 화학요법과 평생의 온갖 후회에 시달리던 한 노숙인 남자의 고해를 들어준 적도 있다.

나를 담당한 슈퍼바이저는 도나였다. 첫 주에 일대일로 만날 때 당연히 훈계와 교정과 충고를 들을 각오를 했다. 그런데 그날 내가 본 것은 다른 종류의 리더십이었다. 내 말을 들어주는 권위자를 만난 것이다. 도나의 관심은 나한테 이래라저래라 하거나 나를 자기 기준에 맞추는 데 있지 않고 **나 자신에게** 있었다. 그녀는 내 생각과 느낌이 어떻고, 관심사는 무엇이며, 가족은 누구이고, 어떤 사람이 되고 싶은지 등을 물었다. 내 말을 어쩌나 열심히 들어주던지 그렇게 장시간 내 이야기를 하기가 거북해졌다. 그녀 쪽으로 화제를 돌리려 하면 그녀는 노련하게 다시 내게로 방향을 바꾸었다.

　그해 가을 계속 도나를 만나면서 내가 그녀의 일이 아님을 깨달았다. 도나는 나의 고칠 점을 찾으려 한 게 아니라 나를 한 인간으로 보았다. 그녀가 내 말을 들어줄수록 나도 자신을 그렇게 보게 되었다. 이전의 멘토들에게서는 내가 병든 환자라는 메시지를 받았으나 나는 그런 존재가 아니었던 것이다. 그들은 어떻게든 내 영혼에 응급 수술을 하려는 듯 보였다. 하나님이 나를 사랑하신다는 말도 수없이 들어야 했다. 도나는 매주 만나면서도 내게 그런 말을 한 적이 없다. 그런데도 인턴을 마칠 때는 하나님의 사랑을 이전에 몰랐던 차원까지 알게 되었다. 내 안에 새로운 종류의 평안이 느껴지면서 사역을 향한 의욕이 새삼 넘쳤다. 그 동기는 공허함이 아니라 충만함이었다. 하나님의 가장 큰 선물 중 하나를 받았기 때문인데, 그 선물은 바로 누군가가 내 말을 참으로 들어준 일이었다.

　지난 몇 년간 내가 많은 사람에게 던진 질문이 있다. 예상치 못했는데 당신의 말을 들어준 사람이 주변에 있었는가? 대개는 한동안 곰곰 생각하는데 그만큼 참으로 들어준 사람이 드물다는 뜻일 것이다. 그래도 그들은 기억해 내서 어떤 권위자—부모, 교사, 목사, 상사 등—가 뜻밖에 자신의 말을 들어주었던 이야기를 한다. 그로 인해 자신에게 찾아온 변화도 말한다. 그런 대화를 많이 하다 보니 이제 나는 이렇게 말할 수 있다. 아무리 강의와 설교를 많이 듣고 책을 많이 읽고 훈계와 충고를 많이 받아도 누군가가 내 말을 들어줄 때의 그 변화의 위력에는 비할 바가 못 된다.

　도나 같은 사람들이 남의 말을 들어줄 수 있음은 그들 자신이

들으시는 하나님을 만났기 때문이다. 인턴 기간 동안 깨달았는데 도
나의 하나님은 나의 하나님보다 설교와 현학적 태도는 훨씬 적고 환
대는 훨씬 후하신 분이었다. 그녀는 시편 139편을 읽으며 하나님의 임
재를 피할 데가 없다는 사실에서 위안을 받았지만, 솔직히 나는 그게
두려웠다. 나의 하나님은 문에 귀를 바짝 대고 엿듣는 분이었다. 내
입에서 틀린 말이 나왔다 하면 당장이라도 그 잘못 때문에 "혼내시려
고" 말이다. 내가 도나에게 배웠듯이 자신의 공간 속에 우리를 맞아
들여 경청해 주시는 하나님을 만나면 하나님을 보는 눈과 우리 자신
을 보는 눈이 둘 다 바뀐다.

하나님의 들으심은 곧 행하심이다

하늘 아버지께서 우리의 말을 들어주심을 우리가 알 때, 그때부터 경
청은 시작된다. 인생의 순리는 듣는 게 먼저일 수 있지만 주님과의 관
계에서는 우리가 듣기 전에 늘 그분이 먼저 들어주신다. 하나님의 경
청은 단편적이거나 건성이 아니며, 우리가 지쳐 떨어질 때까지 장단이
나 맞추어 주시려는 지연술도 아니다. 우리의 왕은 얼굴과 귀를 우리
에게로 향하신다. 종이신 그분은 "너희에게 무엇을 하여주기를 원하
느냐"(마 20:32)라고 물으실 준비가 되어 있다.

　성경에서 하나님의 경청과 행위는 자주 동의어로 여겨진다. 그
분은 기도에 마음이 움직이실 뿐 아니라 외적인 응답까지도 경청과
맞물려 있어 둘을 혼용해도 될 정도다. 들으시는 대로 행동에 옮기시

　　　경청, 영혼의 치료제

니 참으로 능동적 경청이다. 흔히들 "귓등으로 듣는다"며 호소하는 불만이 하나님께는 해당하지 않는다. 바깥귀로만 듣고 속에까지 받아들이지 않는 것은 인간의 한계다. 하나님의 형상으로 변화되어 가려면 들음과 행함 사이의 괴리를 점차 좁혀 나가야 한다.

하나님께는 그런 괴리가 없다. 성경에서 하나님이 기도를 **들으셨다는** 말에는 적어도 그 기도대로 **행하셨다는** 의미가 암시되어 있다. 그렇지 않은 경우는 내가 알기로 없다. 우리라면 "하나님이 응답하셨다"고 말할 만한 대목에서 성경의 저자들은 "하나님이 들으셨다"고 표현할 때가 많다. 우리는 **응답**이라는 발화의 은유를 쓰겠지만 성경의 저자들은 청취의 은유를 써서 하나님이 응답하셨음을 나타낸다.

18세기 미국의 신학자 조나단 에드워즈(Jonathan Edwards)는 "기도를 들으시는 하나님"이라는 설교에서 참 하나님은 **기도를 들으신다는** 점에서 거짓 신들과 구별된다고 했다. 고대 국가들이 기도의 대상으로 삼은 신들은 "들을 수 없고 기도에 응답할 수 없다." 그러나 "지존하신 하나님의 속성은 바로 기도를 들으시는 것이다."[1] 우리 인간은 기도를 중얼거리거나 그냥 하늘을 올려다보기만 할 때도 매번 하나님이 들으실 것이라는 희망에 매달린다. "기도의 능력"이란 바로 기도를 들으시는 능력을 갖추신 그분께 있다. 에드워즈는 하나님이 기도를 들으신다는 의미를 이렇게 상술했다. 첫째, 하나님은 기도하는 이들의 간구를 **받으신다.** 둘째, 하나님은 받으신 기도에 걸맞게 **행하신다.** 하나님의 경청에는 기도를 받으심과 행동으로 옮기심이 내포되어 있다.

구약의 히브리어 저자들은 대구법이라는 수사법을 자주 쓴다. 하나의 요지를 다음 행에 반복하여 강조하되 단어만 달리하는 것이다. 예컨대 시편에는 "듣는다"는 말이 더 능동적인 동사인 "구원하다"
와 으레 혼용된다. 시편 55편이 대표적인 예다.

> 나는 하나님께 부르짖으리니
>> 여호와께서 나를 구원하시리로다.
> 저녁과 아침과 정오에
>> 내가 근심하여 탄식하리니
>> 여호와께서 내 소리를 들으시리로다.
> 나를 대적하는 자 많더니
>> 나를 치는 전쟁에서
>> 그가 내 생명을 구원하사 평안하게 하셨도다.
> 옛부터 계시는 하나님이
>> 들으시고 그들을 낮추시리이다(시 55:16-19).

저자는 첫 구절의 "구원하시리로다"를 다음 구절에서 "들으시
리로다"로 대체한 뒤 다시 "구원하사 평안하게 하셨도다"를 거쳐 결
국 "들으시고"로 돌아간다. 이 전체를 압축한 표현이 "들으시고 그들
을 낮추시리이다"이다. 이처럼 들음의 동사와 행함의 동사를 편하게
넘나들 수 있음은 그 둘이 하나님의 속성 속에 워낙 하나로 융합되
어 있기 때문이다. 물론 성경의 저자들이 하나님의 경청과 행위를 구
분할 때도 있으나 그때조차도 양쪽이 딱 부러지게 나뉘는 것은 아니
다. 성경의 경청은 증거를 남긴다. 더 정확히 말하자면 경청의 과정은
행위로 완성된다. 경청이 들숨이라면 행위는 날숨이며, 양쪽 모두가

없이는 목숨을 부지할 수 없다.

하나님은 하염없이 들으신다

성경에서 만나는 하나님은 질문하시는 분이다. 수사적 질문일 때도
있으나 대개는 진정으로 알고자 하시는 개방형 질문이다. 우리는 가
끔 음흉한 목소리에 맞닥뜨릴 때가 있는데, 내가 믿기로 하나님의 음
성과 그런 소리의 핵심적 차이는 질문의 방식에 있다. 성경에 악이 처
음 등장하는 장면에서 뱀은 여자에게 이렇게 묻는다. "하나님이 참
으로 너희에게 동산 모든 나무의 열매를 먹지 말라 하시더냐"(창 3:1).
뱀은 진실을 살짝 비틀어, "동산 각종 나무의 열매는 네가 임의로 **먹
되** 선악을 알게 하는 나무의 열매는 먹지 말라"(창 2:16-17, 강조 추가) 하
신 하나님의 베푸심을 왜곡했다. 유혹하는 마귀가 교활한 유도 질문
으로 하나님의 선물을 반격한 것은 불신을 조장하여 관계를 막기 위
해서였다.

  이것을 그 다음 장면에 나오는 하나님의 질문과 비교해 보라.
"네가 어디 있느냐." 한때 나는 이 장면을 하나님이 배은망덕한 자녀
를 추격하시는 것으로 보았다. 질문은 숨어 있는 그들을 끌어내 혼내
기 위한 것이었다. 그러나 이제는 그분의 질문이 관계를 저버린 피조물
에게 다시 관계의 손을 내미시는 초대의 말로 들린다. 당연히 하나님
은 그들이 어디 있는지 아신다. 그런데도 그들에게 반응할 기회, 그분
과 다시 대화할 기회를 주신다. 마귀의 질문은 도발하고 갈라놓기 위

한 것이었지만 하나님의 질문은 쌍방 간의 참된 대화를 이끌어내기 위한 것이다. 놀랍게도 그분은 우리의 반응에 진심으로 관심이 있으시다.

예수는 질문으로 진정한 개방적 대화를 유도하셨다. 특히 참된 구도자들을 만날 때 그러셨다. 마가복음의 한 전환점에서 예수는 제자들에게 이런 결정적 질문을 던지신다. "너희는 나를 누구라 하느냐." 베드로의 옷자락을 붙잡고 "이 촌뜨기야, 내가 바로 메시아이니라!"라고 소리치신 게 아니다. 그분이 어려운 질문도 서슴없이 하신 것은 사람들 스스로 결론에 이르기를 원하셨기 때문이다.

예수의 질문에 장난기가 묻어날 때도 있다. 누가복음의 끝부분에 보면 환멸과 슬픔에 젖어 예루살렘을 떠난 두 제자의 노정에 그분이 합류하시는 장면이 나온다. 그들은 메시아를 만난 줄로 알았으나 그의 삶은 십자가의 침묵으로 끝나고 말았다. 이때 낯선 사람이 약간 생글생글한 눈빛으로 끼어들어 묻는다. "너희가 길 가면서 서로 주고받는 이야기가 무엇이냐." 그들은 어이가 없다. 요즘 거기서 된 일을 혼자만 알지 못하다니 동굴에라도 살다 왔단 말인가? 낯선 사람은 어깨를 으쓱해 보이며 "무슨 일이냐"고 (윙크하며) 되묻는다. 유머와 기쁨이 있는 대화이며 예수는 반전을 망치지 않으려고 참으신다. 다짜고짜 내막을 직접 밝히실 마음이 없다. 그래서 그들에게 지금 느끼는 실망과 긴장을 표현할 시간을 주신다. 경청하는 사람에게는 이것이 가장 큰 도전 중 하나다. 즉 상대가 현재의 감정과 풀리지 않은 긴장을 표현할 수 있도록 자신의 반응을 미루는 것이다. 예수는 자신의 대답을 유보한 채 질문을 던지심으로써, 약점까지 내보일 수 있는 솔직하고 친밀한 관계 쪽으로 이끌어 가신다. 게다가 이를 즐기기까지 하시는 듯 보인다.

하나님의 경청 능력은 하도 심오하여 교리적으로 문제가 될 때도 있다. 아브라함이 소돔의 운명을 놓고 주님과 "흥정하던" 일을 생각해 보라. 신기하게도 그는 그 도시의 주민들을 향한 하나님의 진노를 용케 누그러뜨렸다. 이스라엘 민족이 금송아지를 만들어 배교했을 때 모세의 설득으로 하나님이 뜻을 돌이켜 약속을 지키신 일은 또 어떤가. 대대로 신학자들은 이런 이야기를 해석하느라 용을 써야 했다. 하나님은 신인동형으로, 즉 뜻을 돌이켜 양보하시는 분으로 표현된다. 그런 그분을 어떻게 해석하든지 한 가지 결론만은 분명하다. 하나님은 하염없이 들어주시며 자기 백성의 간구에 깊이 감동하시는 분이다.

예수의 경청 학교

예나 지금이나 교회는 예수처럼 말하려 애쓴다. 그분이 가르치는 곳마다 무리가 몰려들었으니 그럴 만도 하다. 성경에 빨간 글씨로 표시된 그분의 말씀은 영이요 생명이어서 용서를 베풀고 병자를 치유하고 죽은 자를 살린다. 예수는 우리에게 말씀하시는 아버지의 화신이다. 그러나 동시에 우리의 말을 기꺼이 들어주시는 아버지의 현현이기도 하다. 하나님은 예수를 대언자로 예정하셨을 뿐 아니라 또한 들으시는 분으로 세우셨다. 왕이신 그분이 세상에 기쁜 소식을 선포하시려면 먼저 깨어지고 속박된 세상의 나쁜 소식부터 들으셔야 한다. 그런 그분을 온전히 닮으려면 우리도 예수의 경청 학교에 입학해야 한다.

폭이 넓다. 예수는 폭넓게 들으셨다. 그분의 경청에서 가장 놀라운 점은 **방식**이 아니라 **대상**일 것이다. 예수는 남이 무시하는 사람들—빈민, 병자, 천민, 외국인, 죄인—의 말을 으레 들어주셨다. 그 사회의 많은 권력자들은 그런 사람들의 부르짖음을 들을 줄 몰랐다. 마치 너무 멀어서 들리지 않는다는 듯이 말이다. 그러나 예수의 청각은 가장 먼 듯한 사람들의 소리에까지 미세하게 조정되어 있었다. 그분은 스스로 발언권을 내세우는 이들에게는 귀를 내주지 않으셨지만 가장 작은 목소리는 만사를 제쳐두고 들으셨다.

여리고의 맹인 바디매오가 도와달라고 외칠 때 무리는 그의 입을 막으려 했다. 그러나 복음서의 저자인 마가에 따르면 예수는 "머물러 서"셨다. 머물러 서는 동작이야말로 경청의 시작일 것이다. 여리고의 주민들은 맹인 곁을 지나갈 때 더 빨리 걸었지만 예수는 예루살렘으로 가시던 중인데도 걸음을 멈추셨다. 그리고 바디매오에게 "네게 무엇을 하여주기를 원하느냐"(막 10:51)라고 물으셨다. 세상에 이보다 더 아름다운 질문이 있을까? 이것은 종의 질문이다. 예수는 치유를 갈망하는 모든 이들에게 이 질문을 던지시고 우리의 반응을 들으신다.

깊이가 있다. 예수의 경청은 깊이 들어갔다. 예리하게 꿰뚫는 특성이 있어 무언의 속뜻까지 능히 들으셨다. 〈스타워즈〉에 나오는 제다이의 경청 기술이 그분께 있었다. 이면으로 파고들 때 그분이 즐겨 쓰신 기법 중 하나는 질문에 질문으로 답하신 것이다. 상대의 동기를 파악하는 데 특효라서 상대는 약간 미칠 것 같을 수도 있다. 어떤 율법

경청, 영혼의 치료제

교사가 "선생님, 내가 무엇을 하여야 영생을 얻으리이까"라고 묻자 예수는 "율법에 무엇이라 기록되었으며 네가 어떻게 읽느냐"라고 되물으신다. 질문을 질문으로 받아 그의 선수에 응수하신 것인데, 그 바람에 율법교사는 자신의 불순한 의도를 드러낼 수밖에 없었다. 그는 답을 구했다기보다 자기를 옳게 보이려 했다.

예수의 경청은 근원적 필요를 간파하는 능력도 예리하다. 그분은 사람들이 내보이는 종교적 겉모습에 좀처럼 휘둘리지 않으시고 기어이 더 깊은 차원으로 들어가 상대의 참된 갈망을 탐색하신다. 예수께서 야곱의 우물가에서 사마리아 여인을 만나시는 요한복음 4장에는 두 개의 대화가 동시에 진행된다. 사마리아 여인은 말을 주고받으면서도 겉돌 뿐이지만 예수는 더 깊이 들으신다.

유명한 설교자 브렌다 솔터 맥닐(Brenda Salter McNeil)이 사마리아 여인을 "샘(Sam)"이라 부르는 것을 들은 뒤로는 나도 이 이야기를 읽을 때면 그녀가 샘으로만 생각된다. 샘은 예수와의 대화를 문자적 차원에 묶어두려 애쓴다. 마실 물, 두레박, 산 외에는 이 낯선 유대인 남자와 말을 섞을 마음이 전혀 없다. 반면에 예수는 그녀의 일상과 얼룩진 과거 이면의 내적 동요를 들으신다. 말의 배후에서 들려오는 감정과 두려움을 들으신다. 창피함과 따돌림 때문에 한낮의 땡볕을 이고 혼자 물을 길러 다녀야 하는 저간도 그분은 능히 들으신다. 수많은 관계가 깨어지는 동안 그녀를 따라다닌 남모르는 실망과 사무친 그리움도 그분은 들으신다. 그분의 경청은 미답의 땅까지 과감히 파헤친다.

오랜 세월 나는 우물이라는 배경을 이야기의 부수적 요인으로만 생각했다. 어쩌면 우물을 판 족장 야곱보다 예수가 더 우월하다는 상징 정도였다. 하지만 깊이를 알 수 없이 파들어간 그 우물이 또 하나의 등장인물로서, 표면 아래서 벌어지고 있는 대화를 상징한다면 어떨까? 우물은 이야기 배후의 이야기를 상징하고, 샘의 삶에 우물처럼 파인 필요와 갈망을 대변한다. 샘은 대화를 표면의 얕은 물동이에만 담아두려 하지만 예수는 그녀의 영혼에 움푹 파인 깊은 사연까지 들으시고 은밀한 고통을 겉으로 불러내신다. 그분이 약속하시는 물은 그 깊은 상처의 자리에서 영생하도록 솟아날 것이다. 그리하여 그녀를 어두운 우물에서 이끌어내 빛 가운데 둘 것이다.

곁에 함께한다. 예수께서 사역 전체를 통해 예증하시듯이 참된 경청은 깊은 환대의 행위다. 그분의 경청 방식에서 물리적 근접성은 매우 중요하다. 그분은 사람들을 곁으로 불러 앞자리 중앙에 두신다. 이는 사회의 변방에서 살아가던 이들에게 특히 감격스러운 일이다. 세리나 창녀를 자신의 공간 안에 맞아들이실 때마다 그분은 문화적, 종교적 지도를 새로 그리신다. 밑바닥 인생들은 가운데로 들여지고 교만한 종교 지도자들은 주변으로 밀려난다. 무시당하던 이들의 목소리를 들어주시는 것만으로도 그분은 그들의 사회적 지위를 격상시켜 주신다.

예수는 상대에게 온전히 집중하여 들으시는 분이다. 한 귀로만 들으시는 적이 없다. 무리 중에서 한 미지의 인물이 그분의 옷자락을 만졌을 때 그분은 자신의 치유력이 기적을 일으킨 것으로 만족하고 계속 갈 길을 가신 게 아니라 자신을 만진 여인을 기어이 만나셨다. 그분이 사연의 전말을 청해 들으신 것은 정보를 얻기 위해서가 아니라 여인을 알아주시기 위해서였다. 어떤 부자가 예수를 찾아와 어떻

경청, 영혼의 치료제

게 하면 영생을 얻을 수 있느냐고 물었을 때도 그분은 얼른 충고 한마디 주어 보내지 않으셨다. 그를 받아들여 사랑하셨고 감동을 받으셨다. 자신의 전 존재로 그의 말을 들어주셨다.

사역 첫 5년 동안 나는 예수처럼 말하려 애썼다. "가르침의 은사"를 가지고 신학교에서 달려나와 곧장 첫 부임지의 강단에 섰다. 일요일마다 교인들 앞에서 정말 잘 말했다. 그러나 지난 5년간은 예수처럼 들으려 애썼다. 훨씬 많은 노력을 요하는 과정이다. 우선 내 말을 들어주시는 그분께 주목했는데, 그럴수록 그분을 더 사랑할 수밖에 없었다. 내게 진리를 말씀하시는 주님은 선하시고 옳으시다. 내 말을 들어주시는 주님은 은혜요 신비요 영광이다. 예수처럼 듣는 데 전념하다 보니 어느새 나는 그분의 일에 더 열중하고 있었고, 신기하게도 이제 말도 훨씬 더 그분처럼 하게 되었다.

하나님이 듣지 않으실 때

하나님의 속성에서 경청과 행위는 하나로 묶여 있는데, 이는 우리에게 위안이 되는 동시에 솔직히 고민도 안겨준다. 이런 의문이 제기되기 때문이다. 하나님이 침묵하실 때는 어떻게 되는가?

이런 갈등으로부터 자유로운 사람은 아무도 없으며 테레사 수녀도 평생 이 문제로 씨름했다.[2] 하나님의 경청과 행위가 맞물려 있다보니 이 질문은 한층 더 우리를 곤혹스럽게 만든다. 내가 기도해도 하나님이 행하지 않으신다면 그분이 듣지 않으신다는 뜻인가? 내가 어떤 식으로든 막고 있어서 그분이 내 삶 속에 역사하실 수 없다는 뜻인가? 내게 문제가 있어 그분과의 관계가 단절된 것인가?

교회에서 흔히들 하는 말로는 하나님이 모든 기도를 들으신다지만 이는 성경으로 뒷받침하기 어려운 말이다. 주께서 듣지 않으시는 분명한 사례들이 있다.

- "네 노랫소리를 내 앞에서 그칠지어다. **네 비파 소리도 내가 듣지 아니하리라.** 오직 정의를 물같이, 공의를 마르지 않는 강같이 흐르게 할지어다"(암 5:23-24. 강조 추가).
- "여호와의 손이 짧아 구원하지 못하심도 아니요 귀가 둔하여 듣지 못하심도 아니라. 오직 너희 죄악이 너희와 너희 하나님 사이를 갈라놓았고 **너희 죄가 그의 얼굴을 가리어서 너희에게서 듣지 않으시게 함이니라**"(사 59:1-2. 강조 추가).
- "사람이 귀를 돌려 율법을 듣지 아니하면 그의 기도도 가증하니라"(잠 28:9).
- "또 너희는 기도할 때에 외식하는 자와 같이 하지 말라. 그들은 사람에게 보이려고 회당과 큰 거리 어귀에 서서 기도하기를 좋아하느니라. 내가 진실로 너희에게 이르노니 그들은 자기 상을 이미 받았느니라. 너는 기도할 때에 네 골방에 들어가 문을 닫고 은밀한 중에 계신 네 아버지께 기도하라. 은밀한 중에 보시는 네 아버지께서 갚으시리라. 또 기도할 때에 이방인과 같이 중언부언하지 말라. 그들은 말을 많이 하여야 들으실 줄 생각하느니라. 그러므로 그들을 본받지 말라. 구하기 전에 너희에게 있어야 할 것을 하나님 너희 아

경청, 영혼의 치료제

버지께서 아시느니라"(마 6:5-8).

- "하나님이 죄인의 말을 듣지 아니하시고 경건하여 그의 뜻대로 행하는 자의 말은 들으시는 줄을 우리가 아나이다"(요 9:31).

구약의 하나님이 들으시는 대상과 신약의 성자 예수께서 즐겨 들으시는 대상은 똑같이 회개하는 사람, 겸손한 사람, 가난한 사람, 진실한 사람이다. 반대로 압제하는 사람, 불의한 사람, 회개하지 않는 사람, 의로운 척하는 사람의 기도는 하나님의 알현실 문턱을 넘지 못한다. 악단의 연주곡이 거짓되고 불의하면 주님은 춤추지 않으신다. 하나님의 귀는 들을 줄 아는 이들 쪽으로 향하는 것 같다. 권력을 남용하는 이들은 주님의 책망이나 남의 부르짖음을 들을 의향이 없다는 뜻이므로 하나님도 그들의 말을 듣지 않으신다. 하나님이 기도를 들어주신 대상은 자만에 찬 바리새인이 아니라 회개하는 세리다.

그래서 대화에 자백이란 선물이 필요하다. 자백하지 않은 죄가 하나님과 우리 사이의 경청을 막을 때가 있다. 우리도 대개 그때를 안다. 기도하려 할 때마다 죄가 떠오르기 때문이다. 어떤 때는 하나님 앞에 가려면 먼저 타인에게 자백하고 화해해야 한다. 자신의 죄가 사해졌음을 온전히 받아들이려면 남의 죄부터 용서해야 할 때도 있다. 다행히 회개에는 하나님의 귀가 항상 열려 있다.

영혼의 어두운 밤

항상 그렇게 단순하다면 얼마나 좋을까. 하나님이 때때로 듣지 않으시는 듯한 이유가 매번 자백하지 않은 죄 때문이라면 차라리 낫겠다. 그러나 앞서간 성도들 중에서 하나님께 흔들림 없이 충실했는데도 그분이 부재하신 듯하여 괴로워한 이들의 경험은 그것으로 설명되지 않는다.

기도는 우리 쪽에서 하늘로 올라가는 사다리라기보다 디트리히 본회퍼(Dietrich Bonhoeffer)의 말처럼 하나님이 우리 안에서 하시는 일이다. 괴롭거나 혼란스러울 때 우리가 하나님을 등지지 않는다면, 내가 믿기로 이는 하나님도 우리를 등지지 않으셨다는 증거다. 기도하거나 그냥 간절한 눈빛으로 하늘을 올려다보는 사람에게는 그 기도가 곧 하나님의 한결같은 임재를 증언해 준다. 설령 버림받은 기분이 들지라도 말이다.

많은 신앙의 현인들이 일깨워 주듯이 하나님의 임재를 **경험하는** 것을 그 임재 자체와 혼동해서는 안 된다. 성경에 일관되게 나타난 하나님은 땅끝까지라도 자기 자녀를 찾아가시고, 그들에게 귀를 여시고, 부모가 자식을 사랑하듯 그들을 뜨겁게 사랑하며 보호하신다. 그분은 세상 끝 날까지 임마누엘, 곧 우리와 함께하시는 하나님이다.

괴로운 침묵의 시기에는 자칫 하나님이 눈도 마주치지 않고 싸늘하게 노려보는 것처럼 생각되기 쉽다. 그러나 내 경우는 그냥 하나님이 괴로워하는 내 곁에 앉아 조용히 듣고 계시다고 생각하면 위안

경청, 영혼의 치료제

이 된다. 어색하고 불안하게 느껴지는 침묵이 사실은 충만하고 온유한 침묵일 수도 있다. 경청이 무위(無爲)의 상태가 아님을 잊지 말라. 하나님은 우리의 말을 들으실 때 능동적으로 우리 쪽을 향하신다. 결과가 꼭 우리의 바람대로 되지 않더라도 말이다. 또 하나 기억할 사실은 하나님이 기도를 들으신다 하여 우리가 요구하는 대로 노예가 되지는 않으신다는 것이다. 기도의 말은 고유의 위력으로 하나님의 풍향계를 바꾸어 놓는 주문(呪文)이 아니다. 하나님이 정확히 우리가 구한 대로 주지 않으실 때는 우리 안에 다른 일을 하고 계시다는 신호일 수 있다. 신뢰, 의존, 겸손, 인내, 지혜, 그분과의 친밀한 관계 등을 길러주시는 중일 수 있다.

내 경우 특정한 일에 대한 나의 긴박감을 도저히 하나님께는 퍼뜨릴 수 없다. 시내에 나가 있는 우리 병원의 앰뷸런스를 하나님이 일일이 다 쫓아다녀 주셨으면 좋겠는데 주님은 내 삶의 상황에 나만큼 몰두하거나 노심초사하지 않으시는 듯 보인다. 그럴 때면 미칠 것 같다. 어떤 때는 하나님의 침묵이 **속도를 늦추라**는 메시지처럼 들리기까지 한다. 그래서 나는 여러 해 동안 소리 못지않게 침묵을 듣는 법도 배웠다. 침묵 속에 단서가 있기 때문이다. 유난히 부산한 자녀를 다루는 내 친구 부부의 방식과 다르지 않다. 그들은 아이를 꾸짖거나 억지로 앉히는 게 아니라 제풀에 지치도록 놓아둔다. 아이는 부모가 정해놓은 테두리 안에서 소리를 지르고 펄쩍펄쩍 뛰고 빙빙 돌다가 결국 당분이 떨어져 푹 쓰러진다. 때로 하나님도 내가 모든 좌절이며 억울하다는 절규며 논리정연한 말로 사실상 성질을 부리다가 지칠 때까지 그냥 두지 않으실까 싶다. 그러면 나는 결국 녹초가 되어 어쩌면 그제야 들을 준비가 될 것이다.

그리스도인이라면 누구나 경험하는 영혼의 어두운 밤이라는 게 있다. 이를 가장 잘 설명한 사람은 16세기의 신비가인 십자가의 성 요한(St. John of Cross)이다. 이 개념에 따르면 신앙의 초기에는 하나님의 음성이 새 신자의 삶 속에 뇌성처럼 울린다. 기도는 찌릿찌릿하고, 성경 읽기는 영혼의 만찬이며, 신앙생활은 가만히 있어도 주님 앞으로 데려다주는 자동 보도(步道)와 같다. 그러다 어느 시점이 되면 누군가가 불을 끈다. 이 단계를 흔히 감각의 어두운 밤이라 한다. 하나님의 임재를 느끼는 "감각"이 거의 사라져 버린다. 그분의 영광이 눈에 보이지 않고, 그분의 위로가 귀에 들리지 않으며, 그분의 상처가 손에 만져지지 않는다. 불같이 뜨겁던 연애가 미지근한 결혼생활로 변한다. 결혼기념일에 근사한 식당에서 마주앉았으나 딱히 할 말이 없는 부부와 같다.

성 요한도 권면했듯이 여기서 포기하면 안 된다. 정작 사랑의 고된 작업은 관계의 이 단계에서 시작되기 때문이다. 하나님이 그분의 임재를 느끼는 감각을 거두심은 우리가 거창한 외형을 구하고 그분의 영광에 취하는 게 아니라 **그분 자신**을 구하게 하시기 위해서다. 설령 경청하시는 하나님의 임재가 우리에게 느껴지지 않아도 그분은 듣고 계시며 우리의 회의와 고뇌 속에서 말없이 일하신다. 기도에 직접 응답은 안 하실지 몰라도 그분은 우리 삶 속을 말없이 걷고 계신다. 우리를 더 가까이 부르시며 우리 안에 새로운 일을 행하신다.

경청, 영혼의 치료제

3장

침묵 속에
말씀하시는
하나님

두 산의 이야기다. 선지자 엘리야는 열왕기상 중반쯤에 무대에 홀연히 등장한다. 자신감 있고 당당하며 그의 입술에 주님의 말씀이 있다. 그는 하나님의 명령에 나무랄 데 없이 순종한다. "내가 까마귀들에게 명령하여 거기서 너를 먹이게 하리라"와 같은 이상하고 구미에 당기지 않는 지시에도 따른다. 그는 주님의 말씀을 듣고 주님은 그의 말을 들으신다. 그는 이스라엘이 기근에 시달리리라 하신 하나님의 예고를 그대로 믿고, 주님은 그가 메마른 땅의 가뭄을 거두어 달라고 기도하자 작지만 강력한 비구름으로 응답하신다.

엘리야 이야기의 전반부는 갈멜 산에서 절정에 이른다. 이스라엘 민족은 그 산에서 하나님을 거역하고 다산의 신 바알을 숭배했다. 담대한 선지자는 두 신의 우주적 대결을 제안한다. 양쪽 숭배자들의 대결이기도 하다. 나는 나의 신에게 제단을 쌓을 테니 너희도 너희의 신이라는 자에게 제단을 쌓으라고 엘리야는 도전한다. 누가 불꽃으로 말하는지 보자는 것이다. 불을 비처럼 내려 제물을 사르는 쪽이 참 하나님이다. 바알의 선지자들이여, 어서 덤비라.

갈멜 산을 영화에 담는다면 광각 촬영법이 동원되고 웅장한 음악이 깔릴 것 같다. 엘리야가 산정을 활보하며 적들을 조롱한 뒤 기도하자 하늘에서 불이 내려온다. 이 장면은 느린 동작으로 처리될 것이다. 불꽃이 제물을 삼키고 선지자들의 싸움이 뒤따르자 바알의 추종 세력은 필사적으로 달아난다. 엘리야에게 갈멜 산은 승리의 정상이요 하나님의 정의와 진리의 절정이다. 그의 사역은 거기서 정점을 맞고 선지자의 소명은 최고조의 아드레날린을 뿜어낸다.

한 장 뒤로 가면 다른 산에 전혀 다른 엘리야가 등장한다. 초인의 위용은 간데없고 금방이라도 쓰러질 듯 연약한 인간의 모습이다. 산 위에 있는데도 내리막처럼 느껴지고, 그의 예언 사역은 슬럼프에 빠진다. 갈멜에서 그가 한바탕 일을 벌인 후로 왕비 이세벨이 이 주인공을 죽이기로 맹세했다. 이제 굴속에서 홀로 떨고 있는 그는 자신감을 잃고 잔뜩 겁에 질려 있다. 영화 속의 이 장면은 우수에 젖은 발라드풍이 되어 그의 침울한 눈빛과 절망스러운 한숨을 줌렌즈에 담아낼 것이다.

엘리야가 떨고 있는 이 산은 그냥 광야의 아무 봉우리 중 하나가 아니다. 수세기 전 갓 해방된 히브리 민족도 주께서 돌판에 율법을 쓰실 때 바로 이 산 앞에서 떨었다. 누가 시키지도 않았는데 선지자는 이세벨의 사나운 이빨을 피해 하필 호렙 산으로 왔다. 옛 사람들이 시

경청. 영혼의 치료제

내 산으로 부르던 곳이다. 두 내러티브의 유사성을 놓치기 어렵다. 엘리야는 이스라엘을 떠나 광야로 밤낮 사십 일을 걸었는데, 이는 히브리 민족이 요단 강을 건너기 전 40년간 걸었던 길의 역순이다. 그는 아마도 그 시대로 돌아가고 싶었던 모양이다. 그때는 하나님의 부르심도 분명했고, 이스라엘의 사명도 목전에 있었고, 어떤 신을 섬길지에 대한 의문도 없었다.

제1막에서는 하나님이 이 산에서 연기와 우레와 불 속에 나타나셨고 백성은 이를 감당하지 못했다. 그들이 지도자에게 중재를 애원하여 모세가 거룩한 산에서 하나님을 만났다. 하나님이 모든 충만하신 영광으로 모세 곁을 지나가시되 산정의 바위틈에 그를 숨기신 극적인 사건도 있었다. 필멸의 인간이 자칫 그 영광을 보고 죽지 않도록 배려하신 것이다. 그래서 이번 제2막에서 엘리야에게 굴에서 나와 "여호와 앞에서 산에 서라"는 음성이 들려왔을 때 그는 굳이 성경을 펴보지 않아도 무슨 일인지 알았다. 주님은 은혜로우시고 노하기를 더디 하시는 분이지만 그래도 이런 일은 인간을 한순간에 소멸시킬 수 있다. 그 다음 장면은 길게 인용할 만하다.

여호와께서 지나가시는데 여호와 앞에 크고 강한 바람이 산을 가르고 바위를 부수나 바람 가운데에 여호와께서 계시지 아니하며 바람 후에 지진이 있으나 지진 가운데에도 여호와께서 계시지 아니하며 또 지진 후에 불이 있으나 불 가운데에도 여호와께서 계시지 아니하더니 불 후에 세미한 소리가 있는지라. 엘리야가 듣고 겉옷으로 얼굴을 가리고 나가 굴 어귀에 서매 소리가 그에게 임하여 이르시되 "엘리야야, 네가 어찌하여 여기 있느냐"(왕상 19:11-13).

열왕기상의 저자는 과거의 장면을 능숙하게 되살려 낸다. 광풍, 요란한 지진, 큰 불 등 시내 산의 모든 특수효과가 엘리야 앞에 무섭게 줄줄이 재현되는데 이번에는 주님이 그 가운데 계시지 않는다. 루스 헤일리 바턴(Ruth Haley Barton)은 굴 밖에서 벌어지는 소란이 엘리야의 내면세계를 괴롭히는 동요를 그대로 닮았다고 보았다.[1] 그 후에 엘리야는 침묵을 듣고서야—**침묵을 들었다**—주님임을 알았다. 대기권의 공기가 다 빨려 나가고 오직 그분의 임재만 남았다. 이는 온화한 침묵이 아니라 뺨을 철썩 올려붙이는 그런 침묵이다.

주님은 엘리야를 혼돈에서 안식으로 데려가신다. 이는 하나님이 주시는 "정지"의 선물이다. 이 이야기의 은유와 어법은 출애굽에서 따왔지만 창조 이야기의 느낌도 본문에서 감지된다. 바깥의 대기에서나 엘리야의 내면생활의 기류에서나 자연의 원초적 맹위는 고요히 잦아든다. 그렇게 소용돌이치는 혼돈 속에서는 엘리야가 하나님의 음성을 듣기 어렵다는 것을 그분은 아신다. 그래서 선지자에게 침묵으로 접근하신다. 그의 영혼이 침묵에 잠기자 그제야 하나님의 음성이 들려온다. 하나님이 호렙 산에서 이런 의외의 일을 하셨다 해서 엘리야의 상황이 달라진 것은 아니다. 여전히 이 선지자는 피에 굶주린 왕비에게 쫓기는 지명 수배자였다. 그럼에도 신기하게 이번의 교류로 모든 것이 달라진다. 절망과 패배의 자리였던 그 산에서 용기와 소명이 되살아난다.

하나님은 최선의 때에도 말씀하시고 최악의 때에도 말씀하신

경청. 영혼의 치료제

다. 엘리야와 함께 정상에 올라가 승리의 순간에 함성을 지르시는 그 분이 또 바닥에 내려가 절망의 순간에 그의 마음을 가라앉혀 주신다. 주님은 불 속에서도 말씀하시고 침묵 속에서도 말씀하신다. 천둥처럼 외치고 나직이 속삭이신다. 질문하고 선포하신다. 그분의 음성은 적대적인 군중 속에서도 들려오고 혼자 있을 때도 들려온다. 대외 활동과 예언적 시연을 통해 말씀하시는 하나님이 묵상과 고독 중에도 말씀하신다. 엘리야는 달라스 윌라드(Dallas Willard)의 말마따나 "대화하는 우주" 속에 살았고 우리도 마찬가지다.[2] 우주는 속속들이 인격적인 곳이다. 우주를 다스리시는 하나님이 우주 안에서 우리와 소통하기를 원하시기 때문이다.

우리는 진정한 관계를 두려워한다

확신컨대 과학과 첨단기술의 우리 시대는 비인격화라는 재앙을 몰고 왔다. 우주의 중심에 고동치는 심장박동이 있어 만물에 생명과 의미를 부여하건만, 우리는 통제 욕구에 사로잡혀 만물을 기계로 전락시킨다. 세계의 생명이 얼굴과 목소리와 귀를 잃으면 우리의 세계관은 추상적 인과관계에 의존한 채 무정한 자의적 세력에 지배당하게 된다. 그래서 우리는 삶을 기계적 원리 안에 가두려 한다. 결과에 아랑곳없이 내 목적을 위해 환경을 이용한다. 사람을 볼 때도 그에게서 무엇을 얻어낼 수 있을까, 어떻게 그를 조종하여 내 목표를 이룰 것인가라는 관점에서 본다. 인간을 컴퓨터처럼 바이트와 프로그램과 대역폭으로 기술하거나, 내게 걸리적거리지 않게 적당한 꼬리표를 붙여 깔끔한 범주 속에 쑤셔 넣는다. 우리의 소통은 화면을 매개로 이루어진다. 개인용 첨단기기에 양질의 시간을 바치다 보니 아예 우리 삶마저 화면의 크기로 작아질 때가 너무 많다. 도덕은 가시적 규정과 상투적 정답이 지시하는 대로이며, 이를 떠받치는 근거는 나는 옳고 너는 틀린 흑백의 세계다. 종교도 인격신께 온 마음을 드리는 게 아니라 교리 체계에 대한 지적 동의로 변한다.

엘리야 이야기에 담긴 메시지와 우리의 비인격적 문화의 내러티브는 극과 극을 달린다. 사실은 성경 전체의 메시지가 그렇다. 성경의 저자들이 한목소리로 선포하듯이 우리가 살고 있는 우주는 얼굴과 사귐과 대화와 친밀함이 있는 곳이다. 비인격적 관점은 사실 진보가 아니라 고대 국가들의 우상숭배에 해당한다. 선지자 예레미야는 옛 이스라엘에게 단언하기를 우상은 "둥근 기둥 같아서 말도 못하며 걸어 다니지도 못하므로 사람이 메어야 하느니라. 그것이 그들에게 화를 주거나 복을 주지 못하나니 너희는 두려워하지 말라"(렘 10:5)고 했다. 우상은 인격이 아니므로 진짜가 아니다. 우주를 통치하시는 분은 말하고 행동하고 움직이시는 인격신이다.

팀 켈러(Tim Keller)의 이론에 따르면 허다한 무리가 기독교를 거부하는 이유는 기독교가 **너무 인격적이라서** 그렇다. 우주의 배후인 초월적 동력은 인격체라서 능히 알려지실 수 있고 또 알려지기를 원하신다. 그 동력은 겉모습까지 있어 예수 그리스도의 얼굴 속에 빛나는데, 이런 수준의 인격성은 많은 이들에게 과도한 침해로 느껴진다. 차라리 우리는 추상적 개념의 통제 가능한 신을 선호한다. 그런 신은

경청, 영혼의 치료제

진정한 관계라는 무서운 전망으로 우리를 위협하지 않기 때문이다.

하나님의 음성을 들을 마음이 있는가

하나님은 속성상 말씀하시는 분이다. 그래서 우리는 즐겁게 안심할 수 있지만, 솔직히 아주 위험해지기도 한다. 그 자리는 푸근한 모태 안이면서 또한 아슬아슬한 벼랑 끝이다. 우리 혼자가 아니고 하나님의 음성이 땅끝까지 울려 퍼진다는 사실은 우선 우주가 더없이 안전한 곳임을 일깨워 준다.[3] 우주가 참으로 "충만한" 곳임을 깨달으면 외로움은 어느 정도 위력을 잃는다. 괴롭고 골치 아픈 의문도 주님의 임재 앞에서는 녹아내린다. 완전히 없어지지는 않을지라도 말이다. 그러나 말씀하시는 주체가 우리의 상상으로 투사해 낸 신이 아니라 **참 하나님이라는** 사실은 무서운 일이다. **그분이 무슨 말씀을 하실지 우리가 전혀 통제할 수 없기** 때문이다. 달갑지 않은 내용이 들려오면 어찌할 것인가? 이런 신의 말씀을 제대로 들으려면 뜻밖의 일과 모험과 변화와 고난에까지 마음이 활짝 열려 있어야 한다. 하나님이 말씀하시는 시점이 못마땅하면 또 어찌할 것인가? 참으로 들으려면 기다리고 신뢰하는 법을 배워야 하며, 때에 따라 준비되기도 전에 움직여야 한다.

이 주제와 관련된 가장 흔한 질문은 아마 "내게는 왜 하나님의 음성이 들리지 않는가?"이겠지만, 진짜 문제는 "나는 왜 하나님의 음성을 들을 **마음이 없는가?**"일 것이다. 성경에 나타난 하나님은 무수히 많은 통로로 인류에게 꾸준히 말씀하시건만 우리는 듣지 않아 그분께 질책을 당한다. 시편의 저자는 "너희가 오늘 그의 음성을 듣거든 … 너희 마음을 완악하게 하지 말지어다"(시 95:7-8)라고 당부한다. 영적으로 막힌 귀는 물리적 청력의 문제가 아니라 마음이 유연하지 못한 결과다. 우리는 친밀한 인격적 우주에 살고 있는 만큼 마음을 열고 듣도록 부름받았다.

경청에 이처럼 인격적 자세가 요구되다 보니 우리는 자신을 보호하려고 벽을 쌓는다. 경청하면 무력감이 겉으로 드러나기 때문에 심리적, 신학적 논리를 동원하여 자신의 주관적 힘을 되찾으려는 것이다. 우리는 하나님이 각 개인의 삶 속에 직접 말씀하신다는 개념에 신경 쓸 필요가 없다며 그 이유를 흔히 이렇게 설명한다. 우리에게 필요한 계시는 성경에 이미 다 들어 있다는 것이다. 옛날의 신자들은 하나님의 음성을 다른 통로로 들을 필요가 있었을지 모르지만 그분의 말씀이 정경(正經)으로 굳어진 지금의 우리는 그렇지 않다는 말이다. 하나님의 다른 소통 방식을 강조하면 성경의 충족성에 의문을 제기하는 거라고 말하는 이들도 있다.

하나님의 소통 방식을 수천 년 전 파피루스에 기록된 문어로 국한한다면, 염려컨대 우리 신앙은 일부 주석성경만큼이나 먼지투성이가 될 수 있다. 성경의 권위를 존중한다 해서 지금도 교회에 직접 말씀하시는 그분의 구어에 재갈을 물려야 하는 것은 아니다. 성경 뒤에 숨어 현 순간의 그 음성을 막아서는 안 된다. 성경이 "하나님의 말씀을 만날 수 있는 영원한 장소"라는 달라스 윌라드의 말은 맞지만, 나는 거기에 그분이 늘 이동 중이시라고 덧붙이고 싶다. 하나님이 자신을 계시하시는 수많은 방식은 성경 자체에도 증언되어 있다. 성경을 전체적으로 해석하기만 한다면, 하나님의 직접적 말씀은 성경에 어긋나지 않으며 종종 성경 저자들의 글을 통해 우리 삶 속에 들려온다. 그렇지만 성경에 온전히 복종하려면 성경이 증언하는 하나님—자기 백성과의 생생한 관계 속에 살아가시는 그분—의 음성을 들어야 한다. 그래야만 성경의 신성이 보존된다.

하나님의 음성에 익숙해지는 길은 성경 말씀을 듣는 것이다. 우리는 창조주요 구속자요 공급자이신 그분을 대면하여 입과 귀로 소통한다. 하나님의 음성을 듣는 다른 통로가 성경 때문에 막히는 게 아니라 오히려 열려서 어디서나 그 음성을 알아들을 수 있어야 한다. 어떤 의미에서 성경은 우리 귀를 하나님의 음색에 맞게 조율해 주는 소리굽쇠다. 성경을 통해 우리는 그 음성의 특질과 음조와 억양에 그리고 이를 통해 표현되는 그분의 성품에 조율된다. 그리하여 거짓 음성들 사이에서 그분의 참된 음성을 식별할 수 있다.

하나님이 우리에게 말씀하실 수 있는 방식이나 장을 제한하지 않도록 조심해야 한다. 때로는 그 방식에 대한 서로 다른 주장이 다양한 기독교 전통의 차이점인 듯 보인다. 어떤 교회는 하나님이 공예배를 통해 가장 명료하게 말씀하신다고 말하고, 어떤 교회는 세례와 성찬을 통해 가장 충만하게 말씀하신다고 말한다. 어떤 전통은 하나님이 지도자 한 명을 통해 말씀하신다고 주장하고, 어떤 전통은 단체의 합의를 통해 말씀하신다고 주장한다. 어떤 교단은 하나님이 성경을 통해서만 말씀하신다고 보고, 어떤 교단은 우리에게 전수된 전통을 통해서도 말씀하신다고 본다. 누구는 하나님이 고요한 묵상 중에 말씀하신다 하고, 누구는 요란한 방언 중에 말씀하신다 한다. 어떤 교회는 하나님이 다변이시라 하고, 어떤 교회는 강하고 과묵하시다 한다.

하나님은 지금도 우리에게 직접 말씀하신다. 이 개념을 부정하는 신학적 반론이 많거니와 내가 보기에 이는 그럴듯한 논리로 두려움을 가리려는 연막이다. 이 두려움이라면 나도 안다. 인류를 향한 하나님 특유의 소통만큼 매혹적이고 신비로운 주제는 없을 것이며, 거기에 매료되다 못해 오용할 수 있는 소지는 누구에게나 있다. 고금을 막론하고 인간들은 단지 하나님의 음성을 들었다는 이유로 온갖 끔찍하고 파괴적인 일을 저질렀다. 전쟁을 일으킨 양측 모두 주님의 감화를 받았다고 주장하는가 하면, 교회를 하나로 묶어주는 역사적 신앙고백에 어긋나는데도 하나님의 계시로 새로운 진리를 깨쳤다고 주장한 이들도 있다. 독재자의 권력에 현혹된 아첨꾼의 무리가 카리스마적인 지도자를 하나님의 대언자로 추대하기도 했다. 이런 범죄가 역사 속에만 아니라 지금도 계속되다 보니 다음과 같은 단순한 공식이 신빙성을 얻게 되었다. "하나님이 내게 말씀하셨다"라는 말은 곧 "나는 미친 사람이다"라는 말과 같다는 것이다.

이 두려움은 집단이 만들어 내는 경청의 위계로 표출되기도 한다. 하나님의 음성을 듣는 특권을 특정인에게 맡기는 것이다. 귀가 가장 영적이라는 지도자를 세워 하나님의 말씀을 대표로 듣게 한다. 누이 좋고 매부 좋은 일이다. 그 사람(거의 항상 남자다)은 권력과 재물이 쌓여서 좋고 나머지 공동체는 하나님의 음성을 직접 듣지 않아도 돼서 좋다. 사람들은 "천국의 사냥개"에게 추적당하지 않을 수만 있다면 아무리 큰돈이 들어도 아까운 줄을 모른다.[4] 하나님이 말씀하신다는 개념을 정말 두려워하는 이들이 많다. 자신의 통제권이 심각하게 위협받기 때문이다. 하지만 사실은 하나님이 **내게** 말씀하지 않으실까 봐 더 두려운 게 아닐까? 제멋대로 살아가는 이 미물이 무엇이기에 우주의 창조주께서 굳이 내게 말을 붙이신단 말인가? 듣는 일을 남에게 맡기면 그나마 나를 외면하시는 그분의 침묵을 견뎌야 할 일은 없어진다.

단언컨대 하나님의 음성을 듣는 데 적당량의 두려움은 꼭 **있어야** 한다. 창조주께서 말씀하시면 피조물은 몸을 떤다. 그분의 말씀을 남한테서 전해 듣지 않고 본인이 직접 듣는다는 것은 위험한 일이다. 게다가 알다시피 우리는 스스로 속이는 성향이 있어, 사실은 자신의 희망과 두려움과 꿈인데 하나님에게서 왔다고 생각하기가 아주 쉽다.[5] 그러나 두려움 때문에 하나님의 음성에 귀를 막아서는 안 된다. 그분의 음성을 듣는 삶에 가득 따라오는 감격과 기쁨과 모험을 두려움 때문에 놓쳐서도 안 된다. 경청하는 삶을 살아가려면 뜻밖의 일에 마음을 열어야 한다. 일상의 흐름이 끊길 수도 있다. 계획했던 길은 아니지만 그 길 끝에 자칫 놓칠 뻔했던 숨 막히는 절경이 나오기도 한다.

그분의 음성으로 충만한 우주

성경의 하나님은 인간과 워낙 폭넓게 소통하시므로 입증 책임은 그분의 말씀이 끝났다고 주장하는 쪽에 전적으로 있다. 신구약을 통틀어 하나님이 사용하시는 소통의 통로는 무수히 많다. 하늘에서 나는 소리, 돌판에 기록한 말, 설교와 예언, 기도 응답, 시각적 예증, 조언과 합의, 생각, 꿈, 환상, 상징, 타인의 말, 피조물의 표적, 천사, 음악과 노래, 은사, 떡을 뗌과 강물에 잠김, 상식, 죄의 자각, 양심의 감화 등이며, 물론 말하는 나귀도 빼놓을 수 없다. 하나님이 어떻게 말씀하시며 그분의 음성을 어떻게 식별하는가에 대한 체계적 논의는 성경에 없다. 성경은 하나님이 다양하고 신비로운 뜻밖의 방식으로 말씀하심을 전제할 뿐이다. 그분은 바깥에서 말씀하시고 안에서 말씀하신다. 물으시고 답하신다. 소음 중에 말씀하시고 침묵 중에 말씀하신다. 우주는 하나님의 음성으로 충만하다.

하나님의 음성 및 피조물과의 소통에 관한 한 내 입장은 개방적이다. 그분은 알려지기 원하시며 수많은 방식으로 자유로이 말씀하신다. 그분의 음성을 듣는 그 모든 방편은, 내가 믿기로, 정당하다. 그분의 음성을 듣는 게 이 책의 전체 주제인 까닭도 우주가 그분의 음성으로 충만하기 때문이다. 하나님의 음성은 어떤 통로를 통해서든 들려올 수 있다. 나의 이런 주장은 장로교로서는 더할 나위 없이 카리스마적이다. 그러나 하나님을 참 주권자로 고백하려면 그분의 소통 방식이 무제한이어야 하며, 그 방식의 가짓수는 결코 성경에 증언된 것 이하일 수 없다.

물론 하나님의 음성을 잘못 들은 사람들로 과거는 얼룩져 있고, 그래서 우리도 신경이 쓰인다. 그렇다고 하나님께 재갈을 물리는 것은 답이 아니다. 야구의 선조들은 머리에 공을 맞았다 해서 시합을 취소하거나 공의 경도를 낮춘 게 아니라 헬멧을 쓰고 방망이를 휘둘렀다. 답은 하나님의 음성을 해석하는 안전장치를 갖추는 것이다. 우리에게 말씀하시는 하나님의 능력과 수단을 제한하는 과잉방어는 금물이다.

대신 그분의 소통에 대한 해석과 그에 따른 우리의 행동을 제한해야 한다. 하나님의 소통을 여과 없이 받되 거기에 대한 우리의 반응에는 정교한 여과장치가 필요하다.

선조들의 지혜를 총합해 보면 우리에게 들려오는 내용의 진정성을 시험하는 시금석으로 세 가지가 강조된다. 성경과 조화를 이루어야 하고, 공동체를 통해 확인되어야 하며, 잠시 멈추어 숙고해야 한다.

첫째로, 우리가 듣는 내용은 성경의 하나님과 같아야 한다. 성경에서 접하는 그분의 음성과 모순된다면 이는 진짜가 아니라는 증거다. 더 구체적으로 말해서 우리는 그리스도라는 여과장치를 통해 들어야 한다. 알다시피 예수는 성경이 자신에 대해 말하며 자신을 가리켜 보인다고 말씀하셨다. 하나님의 기록된 말씀은 그분의 살아있는 말씀으로 성육신하신 예수의 인격 속에 농축되어 있다. 그분 안에서 우리는 참 하나님의 음성을 듣고 있으며, 다른 모든 소통은 그 음성과 조화를 이루어야 한다. 자화자찬, 자아의 영광과 부, 타인에 대한 권력을 내세우는 모든 음성은 하늘 아버지께로부터 온 게 아니라 거짓의 아비에게서 온 것이다. 자기를 비우는 십자가로부터 우리를 멀어지게 하는 음성도 마찬가지다. 무엇이든 성령의 열매―사랑, 희락, 화평, 인내, 자비, 양선, 충성 등―의 특성이 결여된 음성은 주님의 음성일 수 없다.

둘째로, 우리는 혼자 듣지 않는다. 경청하는 공동체에 속하여 함께 들으며, 이로써 서로 듣는 내용을 시험한다. 경청은 공동체의 작업인 만큼 하나님의 지시를 단독으로 듣는 이들에 대한 의혹은 당연한 것이다. 그분의 음성을 혼자 고립되어 듣는 사람은 자아에 함몰될 수밖에 없다. 하나님이 개인에게 말씀을 주심은 그 자신을 위해서만 아니라 공동체의 유익을 위해서다. 모두의 믿음을 굳건하게 하시고 소명을 확증해 주시기 위해서다. 따라서 우리는 서로의 반응을 통해 상대가 들은 내용을 평가해 주고 내가 받은 말씀을 확인해야 한다.

셋째로, 들은 내용을 숙고해야 한다. 종종 하나님의 음성은 아주 묵직하여 자칫 우리는 즉각 행동에 돌입하기 쉽다. 담당 장교가 사납게 명령하면 병사들은 벌떡 일어날 수밖에 없다. 그러나 하나님의 말씀은 대개 새로운 대화의 시작이지 끝이 아니다. 물론 내용이 뜻밖이고 우리의 성미에 어긋날 수 있으나 대개 상식과 신중한 논리를 짓밟지는 않는다. 게다가 아쉽게도 하나님은 말씀하실 때 전체를 다 명확히 밝히지 않는 경향이 있다. 미래의 지평을 훤히 보이기보다 한 걸음씩 인도하시는 것이다. 그래서 그분의 음성을 심사숙고해야 한다. 모든 감각과 역량을 동원하여 숙고의 과정에 임해야 한다. 이성, 감정, 직관, 타인에게 미칠 영향, 이런 반응에 요구될 향후의 결정 등을 다 고려해야 한다. 인내는 우리의 동맹군이며 성급한 행동을 막아주는 방어막이다. 하나님께 직접 듣는 말씀을 신중히 대하려면 기다려야 할 수도 있다.

명료하지 못하다면 기다리라

캐시는 아일랜드로 가라는 소명을 어느 패스트푸드점에서 우연히 남의 말을 통해 들었다. 휴가를 나온 어느 아일랜드 선교사가 옆자리

경청, 영혼의 치료제

에서 친구에게 자기 사역에 대해 말하고 있었다. 거기에 매혹된 캐시는 이후 며칠 동안 그 생각을 떨칠 수 없었고 지금까지도 마찬가지다. 그녀는 그 선교사를 수소문하여 두 시간 동안 만났고, 그 대화를 통해 "하나님이 내게 아일랜드 사람들을 사랑하는 마음을 주셨으며 그 마음이 여태 떠나지 않고 있어요"라고 고백했다. 내면의 소명감이 점점 커지자 그녀는 사람들을 모아 경청에 도움을 받아야 함을 알았다.

퀘이커교도인 캐시는 그쪽 전통에서 말하는 "명료화 모임"을 소집했다. 일단의 믿을 만한 친구들이 결정을 앞둔 사람 주위에 모이는데, 조언을 베풀기 위해서는 아니다. 그들은 질문한 뒤 말없이 앉아서 듣는다. 얼마나 힘이 되는 일인가. 캐시의 친구들은 그녀에게 이런 소명감에 이르게 된 경위, 동기, 이 결정에 영향을 미치는 성경 말씀, 하나님이 말씀해 오신 방식 등을 물었다. 무엇보다 타이밍에 대해 질문했다. 캐시는 아버지를 사별한 지 얼마 되지 않았고, 할머니가 병석에 계셨으며, 사회복지학 석사과정의 졸업을 한 학기만 남겨둔 상태였다. 그녀는 당장 아일랜드로 가고 싶은 마음이 굴뚝같았지만 아무래도 1년을 기다려야 할 것 같았다. 당시에는 그게 영원처럼 느껴졌지만 나중에는 자신이 아일랜드를 향해 마음만 뜨거웠을 뿐 명료함이 부족했음을 인정했다. 그녀는 내게 "성령께는 혼란이 없지요. 그러니 우리도 명료하지 못하다면 기다려야 합니다"라고 말했다.

그분은 우리를 통해 말씀하신다

확신컨대 하나님과 대화하며 경청하는 관계는 본래 세상에서 가장 자연스러운 일이다. 창세기 1-2장에 나오는 두 편의 창조 기사에서 인간이 맨 처음 한 일은 하나님의 명령을 듣는 것이다. 3장으로 가면 하나님에 대한 즐거운 신인동형의 표현이 나온다. 그분은 자신이 창조하신 이들과 대화하고자 느지막한 오후에 동산을 거니신다. 그런데 비참하게도 피조물은 엉뚱한 소리를 들은 죄책감 때문에 그분을 피해 숨어 있다. 그들은 뱀의 솔깃한 목소리와 자신의 달콤한 교만에 귀를 기울였다. 그리하여 경청이 쉬웠던 하나님과의 관계는 규범이 아니라 예외로 바뀌었다. 인류의 조상을 감염시킨 원죄의 핵심은 결국 창조주의 음성을 듣지 않은 데 있다.

다행히 하나님은 우리를 귀먹은 상태로 놓아두지 않으신다. 유진 피터슨(Eugene Peterson)은 시편 40편 6절을 탁월하게 주해했다. 이 구절은 흔히 "주께서 내 귀를 통하여 내게 들려주시기를"로 번역되지만 피터슨에 따르면 히브리어 원어는 "주께서 내 귀를 **파주시기를**"로 직역된다. 하나님이 작은 삽으로 우리의 두개골에 귓구멍을 파내신다는 아름답고도 고통스러운 은유다. 이 은유는 두 가지를 말해준다. 첫째로, 들음은 선물이며 하나님이 하시는 일이다. 타락한 세상은 그분과의 관계에서 자연스러운 경청을 잃었으므로 성령께서 우리 귀를 다시 열어주셔야 한다. 둘째로, 우리의 골은 딱딱하다. 하나님은 우리 귀를 아이스크림처럼 푸신 게 아니라 **파내셨다.** 본문을 "주께서 내 귀를 뚫어주시기를"로 옮긴 역본들도 있다. 마치 그분이 우리 머리에 작은 곡괭이를 대시거나 폭약으로 막힌 고막을 뻥 뚫으시는 것 같다. 선지자 이사야는 하나님이 **자신의 귀를 깨우신다고** 고백했다. "아침마다 깨우치시되 나의 귀를 깨우치사 학자들같이 알아듣게 하시도다"(사 50:4, 강조 추가). 하나님은 아침마다 우리를 깨워 귀를 잡고 침대에서 끌어내신다. 그리하여 부르심에 합당하게 들으며 살아가게 하신다.

그리스도의 부활에 연합한 우리는 새로운 피조물이다. 새로운 피조물이라는 꾸러미에는 새로운 귀도 들어 있으며, 이 귀는 절대음감을 지닌 하나님의 음성에 특별히 조율되어 있다. 이전의 귓구멍은 막힌 채 안으로 향해 있어 우리의 자존심과 사심의 소리만 반향시켰다. 우리 삶을 망쳐놓던 일종의 현기증은 그 귀 때문이었다. 생리적 현기증은 속귀의 기능 장애로 인해 어지러워지고 균형을 잃는 증상을 말한다. 영적으로 말해서 우리 삶은 낡고 손상된 속귀 때문에 뒤뚱뒤뚱 비틀거렸고 방향을 잃은 채 온갖 불협화음에 요동했다. 그런데 하나님이 죄의 잔해와 옛 자아의 오물을 걷어내시고 새 귓구멍을 파주셔서 새 생명의 소리가 들려오게 하셨다. 새로운 귀가 열려 하나님과의 대화가 다시 쉬워졌다. 이제 우리는 그분의 부르심과 명령에 순종으로 반응할 수 있고, 곧은 선을 따라 의롭게 걸어갈 수 있다.

새로운 피조물의 귀로 들으면 더 친밀한 삶을 누릴 수 있다. 신약에 기술된 하나님과의 관계는 그리스도께서 이루신 일을 통해 확보되었는데, 어쩌나 친밀한지 주체와 객체를 가르는 선이 흐릿할 정도다. 사도 바울의 신학의 기초는 우리가 "그리스도 안에" 있다는 사실이다. 우리는 워낙 인격적이고 깊이 있게 그분과 연합되다 보니 우리 삶과 그분의 삶이 맞물려 있다. 이렇게 인격적으로 서로 얽혀 있기에 우리도 성부와 성자와 성령의 관계라는 가장 깊은 관계망 속에 이끌려 든다. 하나님과 인간을 가르는 선을 이제 더는 깔끔하게 그을 수 없다. 그분의 생명이 **우리 안에** 사시고, 그분의 음성이 **우리 안에,** 그리고 **우리를 통해** 말씀하시기 때문이다. 하나님과 우리 사이에 대화가 이루어질 뿐 아니라 삼위일체 하나님의 3자 대화 자체가 우리 안에서 지속된다.

삼위일체 간의 대화는 이제 우리를 통과하여 오간다.[6] 달리 말해서 경청은 우선 우리의 실천이나 노력이 아니라 우리가 의식하지 못할 때조차도 우리 안에 벌어지는 일이다. 우리가 성부의 음성을 들을 것을 확신할 수 있음은 성자께서 우리 안에 영으로 사시며 들으시기 때문이다. 또 성부께서 우리의 말을 들으실 것을 확신할 수 있음은 성령께서 우리 안에서 부르짖으시기 때문이다. "너희가 아들이므로 하나님이 그 아들의 영을 우리 마음 가운데 보내사 아빠 아버지라 부르게 하셨느니라"(갈 4:6). 이 말씀도 생각해 보라.

> 이와 같이 성령도 우리의 연약함을 도우시나니 우리는 마땅히 기도할 바를 알지 못하나 오직 성령이 말할 수 없는 탄식으로 우리를 위하여 친히 간구하시느니라. 마음을 살피시는 이가 성령의 생각을 아시나니 이는 성령이 하나님의 뜻대로 성도를 위하여 간구하심이니라(롬 8:26-27).

흔히 우리는 위기에 처하여 기도가 차마 말이 되어 나오지 않을

경청, 영혼의 치료제

때 이 말씀에 의지한다. 성령께서 중보하시는 탄식을 성부께서 알아들으신다. 하지만 여기 그보다 더 놀라운 사실이 있다. 어떤 상황에서든 우리가 기도에 들어갈 때는 창세 전부터 있었던 대화에 동참하는 것이다. 그 대화가 이제 우리와 별도로만 아니라 우리 **속에서** 이루어진다. 성령은 우리 안에서 탄식하시고, 성자는 우리 안에서 중보하시며, 성부는 우리의 말을 들으신다. 우리는 삼위일체의 대화 한복판으로 이끌려 들었다. 우리의 존재 자체가 걸어 다니는 대화로 육화되었다.

귀를 막고 들으라

우리는 하나님과 협력하여 새로운 피조물이 된 귀를 늘 열어두도록 부름받았다. 하나님을 대적하는 다른 소리에 삶의 지배권을 내준다거나 설령 좋은 소리라도 하나님 아닌 소리에 우선순위를 두면 우리 귀가 조금씩 막힌다. 예컨대 예수는 하나님과 부를 갈라놓으셨다. "한 사람이 두 주인을 섬기지 못할 것이니 혹 이를 미워하고 저를 사랑하거나 혹 이를 중히 여기고 저를 경히 여김이라. 너희가 하나님과 재물을 겸하여 섬기지 못하느니라"(마 6:24). 동시에 두 주인의 음성을 들을 수는 없다. 예수께서 하나님 나라를 선포하시며 "회개하고 믿으라"고 외치신 것은 지금까지 따르던 다른 소리들로부터 돌아서서 유일하신 왕의 참 목소리를 들으라는 명령이었다. "회개하고 믿으라"는 말을 "귀를 막고 들으라"고 풀어써도 괜찮다. 순종에는 중단과 새 출발이 병행된다. 이전의 잡다한 소리를 물리치고 예수의 음성에 귀를 기울이는 것이다.

우리는 하나님의 음성이 삶 속에 점점 커지고 다른 상반되는 소리들은 사라지기를 소원한다. 그러려면 다른 "상전들"의 부름을 가차 없이 묵살해야 한다. 또 우리는 자신의 반항적 청각을 다른 이들에게 자백한다. 입을 움직여 자백하면 묘하게도 귀가 열리는 것 같다. 무엇보다 중요한 것은 하나님에 대한 정의(定義)를 그분 자신께 맡겨야 한다는 것이다. 평소의 연주곡 목록에 그저 하나님의 노래—여호와의 최대 히트곡—를 몇 곡쯤 보태려는 유혹을 물리쳐야 한다. 하나님에 대한 편리한 개념을 버려야 한다. 그분은 늘 내 말에 동의하시는 분, 늘 내 나라나 내 정당 편이신 분, 사탕만 주고 채소는 안 주시는 분이 아니다. 루이 에블리(Louis Evely)는 그것을 이렇게 표현했다. "그분의 언어는 우리의 언어와 다르기 때문인데, 이는 우리가 예상하던 바가 아니다. 하지만 내 방식보다 그분의 방식, 내 언어보다 그분의 언어, 내 뜻보다 그분의 뜻을 더 좋아할 만큼 그분을 사랑할 때 그제야 비로소 우리는 그분을 만날 수 있다."[7] 그분의 음성을 듣고 그분을 알려면 그분의 기준대로 말씀하게 해드려야 한다.

하나님의 노래

하나님의 소리는 어떠할까? 우리가 맨 처음 접하는 그분의 소리는 창조주로서의 소리다. 창세기의 막이 오르면 태고의 깊은 침묵을 깨며 "빛이 있으라" 하시는 하나님의 음성이 들려온다. 그 소리가 당신에

경청, 영혼의 치료제

게는 어떻게 들리는가? 천둥의 굉음에 또는 음속을 돌파하는 폭발음에 바다가 흩어지고 땅이 흔들려 자리를 잡는가? 아니면 조용히 생각에 잠겨 침묵의 화폭을 말로 채워 나가는 화가의 음성인가? 어쩌면 굳이 소리 지를 필요도 없이 팔꿈치로 쿡 찌르시는 창조주의 속삭임으로 들릴지도 모른다.

C. S. 루이스(C. S. Lewis)처럼 아주 똑똑한 사람들은 창조주가 **노래를 불러** 만물을 지으시지 않았을까 생각했는데 나도 동감이다.[8] 창조 기사의 장르는 시이며, 노래는 시에 곡조가 붙은 것이다. 은유, 짤막한 악구, 두운, 후렴구인 "하나님이 이르시되"와 "하나님이 보시기에 좋았더라" 등 노랫말의 제반 요소가 갖추어져 있다. 혼돈의 수면을 흐르던 정체불명의 불협화음이 새로 짜 맞추어져 창조의 교향악을 연주한다. 하나님이 노래를 부르시자 자연의 기본 요소들이 질서를 찾는다.

성경에 노래하시는 하나님이 나오는 곳이 또 있다. 선지서 스바냐에 보면 처음에 하나님은 예루살렘의 반역 때문에 애통해하신다. "패역하고 더러운 곳, 포학한 그 성읍이 화 있을진저. 그가 명령을 듣지 아니하며 교훈을 받지 아니하며 여호와를 의뢰하지 아니하며 자기 하나님에게 가까이 나아가지 아니하였도다"(습 3:1-2). 그분의 맹세대로 이 교만하여 듣지 않는 도시는 심판을 받을 것이다. 그분의 음성이 불같이 뜨겁게 와서 그 뻔뻔한 낯을 불사를 것이다. 그러나 심판 후에 노래가 나온다. "너의 하나님 여호와가 너의 가운데에 계시니 그는 구원을 베푸실 전능자이시라. 그가 너로 말미암아 기쁨을 이기지 못하시며 너를 잠잠히 사랑하시며 **너로 말미암아 즐거이 부르며 기뻐하시**

리라"(습 3:17, 강조 추가).

가슴 저미도록 아름다운 장면이다. 전쟁에 승리하여 예루살렘이 탈환되자 주님은 자신의 도시에서 흥겹게 노래하신다. 감상적인 사랑가나 가벼운 여흥의 노래가 아니다. 자기 백성을 구해낸 승리자께서 목청을 높여 부르는 열렬한 사랑과 구속의 노래다.

당신의 하나님은 노래하는 분인가? 그분이 노래하면 혼돈이 물러가고 그분의 백성은 사랑에 푹 싸인다. 사랑받는 자녀인 당신으로 인해 그분이 부르시는 노랫소리가 들리는가? 그 소리가 들리면 다른 노래는 다 잦아든다. 그런데 우리는 그분의 음성을 우주적 독재자의 소리, 혼내는 부모의 소리, 따라다니며 "안 된다!"고 막는 꼬장꼬장한 소리로 들을 때가 너무 많다. 그러니 그분을 신뢰하지 못할 수밖에 없다. 대상에 대한 신뢰가 있어야 듣고 싶은 마음도 드는 법이다. 하나님은 우리를 자신의 것이라 부르시며 우리와 모든 피조물로 인해 노래하신다. 그 소리를 우리가 들을 수 있다면 어떻게 될까? 헨리 나우웬(Henri Nouwen)은 "당신을 사랑받는 자녀라 불러주시는 그분의 음성을 들으라. 그렇지 않으면 인정과 칭찬과 성공을 찾아 헤매게 된다"고 조언했다.[9] "사랑받는 자녀"라 불러주시는 그 음성을 들은 사람은 그분이 결단과 행동으로 부르실 때도 훨씬 더 자원하여 귀를 기울인다.

우리가 하나님의 부르심을 듣는 장은 바로 지속적이고 생생하고 점점 깊어지는 하늘 아버지와의 관계 속이다. 우리는 현실과 동떨어진 지침, 시공이 배제된 막연한 원리, 요긴하게 꺼내 쓸 수 있는 인생의 기성품 해답을 구하는 게 아니다. 그런 것들은 쉽게 통제되고 조종되어 온갖 종류의 행동을 정당화하는 데 쓰일 수 있다. 살아계신 주

경청, 영혼의 치료제

님의 음성 앞에서 추상적 도덕관념은 자취를 감춘다. 그분은 우리를 이름으로 부르시며 지금 여기라는 시공 속에서 충실히 살도록 부르신다. 단순히 정보를 주시는 게 아니라 우리에게 구애하신다. 달라스 윌라드의 말처럼 "하나님과의 교제만이 하나님과 의사소통을 할 수 있는 올바른 장을 제공한다."[10] 그래서 우리는 고통의 시절이나 중요한 결단에 부딪칠 때, 하나님의 인도를 무에서 불러내려 하지 않는다. 평소에 주 예수와 친밀하게 동행하며 성경을 묵상해 온 궤적에 의지한다. 여태 그분의 말씀을 받은 기억과 그분이 자비를 베푸신 방식에 힘입어 현재의 상황을 해석할 뿐 아니라 새로 들려주시는 음성도 들을 수 있다. 이렇게 주님과의 관계 속에서 지속적으로 들으면 새로운 상황 속에서 혼란이 줄어들고 두려움이 더 속히 가라앉는다. 그리하여 기대 이상으로 인내할 수 있다. 이전에 "비상시"로 느껴지던 상황도 덜 위협적이고 덜 급해 보일 것이다.

삶 전체로 들으라

"태초에 말씀이 계시니라. 이 말씀이 하나님과 함께 계셨으니 이 말씀은 곧 하나님이시니라. … 말씀이 육신이 되어 우리 가운데 거하시매 우리가 그의 영광을 보니 아버지의 독생자의 영광이요 은혜와 진리가 충만하더라"(요 1:1,14). 복음서의 저자 요한이 그려낸 말씀은 단지 이와 잇몸 사이로 새어 나오는 소리가 아니라 **행동하는** 말씀, 일을 이루시는 말씀이다. 하나님의 입에서 나온 말씀은 반드시 그대로 성취된다.

그래서 그분은 선지자 이사야를 통해 이렇게 선포하셨다.

> 이는 내 생각이 너희의 생각과 다르며
> 　내 길은 너희의 길과 다름이니라, 여호와의 말씀이니라.
> 이는 하늘이 땅보다 높음같이
> 　내 길은 너희의 길보다 높으며
> 　내 생각은 너희의 생각보다 높음이니라.
> 이는 비와 눈이 하늘로부터 내려서
> 　그리로 되돌아가지 아니하고
> 땅을 적셔서 소출이 나게 하며 싹이 나게 하여
> 　파종하는 자에게는 종자를 주며 먹는 자에게는 양식을 줌과
> 　같이
> 내 입에서 나가는 말도
> 　이와 같이 헛되이 내게로 되돌아오지 아니하고
> 나의 기뻐하는 뜻을 이루며
> 　내가 보낸 일에 형통함이니라(사 55:8-11).

하나님의 초월성이 단지 그분이 우리보다 똑똑해서가 아니듯이 그분의 말씀과 인간의 말의 차이도 마찬가지다. 하나님의 말씀은 그 자체로 효력과 실효와 능력이 있다. 뜻하신 바를 실제로 발생시키는 위력이 있다. 하나님은 말씀하신 대로 행하시는 정도가 아니라 **말씀 자체가 역사한다.**

하나님의 말씀은 통로이다 못해 인격체다. 창세부터 존재하던

그 인격이 때가 차매 아들로 계시되었다. 이제 우리는 하나님의 말씀이 무엇보다 우선 인격체이심을 안다. 우주를 지탱시키는 지혜가 예수의 인격을 통해 성육신했다. 보이지 않는 세계가 보이는 세계와 연합했고 하나님의 말씀이 육신을 입었다. 하나님이 세상에 보내신 메시지는 걷고 가르치고 먹고 주무셨으며 지금은 그분의 보좌에서 중보하고 계신다.

경청에 함축된 의미는 이렇다. 하나님의 소통이 인격의 형태로 올진대 우리의 경청도 똑같이 전인적 속성을 띠어야 한다. 우리에게 말씀으로 오신 그분만큼이나 우리의 경청도 성육신해야 한다. 어떤 면에서 우리 삶 전체가 하나님의 말씀을 수신하는 귀가 된다. "나를 따르라"는 예수의 말씀을 우리는 귀와 머리로만 듣는 게 아니다. 출발선의 육상 선수가 근육을 바짝 조이고 당장 뛰어나갈 자세로 총성에 귀를 기울이듯이 우리도 그렇게 듣는다. "발로 투표한다"는 말을 들어보았을 것이다. 경청도 발로 한다.

하나님의 음성은 몸과 영혼에 남는다

예수께서 말씀하셨듯이 그분을 따르는 이들의 표지 중 하나는 그분이 부르실 때 그 음성을 알아듣는 것이다. 목자는 자기 양을 각각 이름으로 아시며 양은 그분의 음성을 안다(요 10:4). 그들은 낯선 이의 소리가 들리면 자기가 아는 음성 쪽으로 달아난다. 아빠가 집에 오는 소리를 듣고 아빠에게 달려가는 아이와 같다.

여러 해 전에 내가 달라스 윌라드의 책《하나님의 음성(Hearing God)》을 읽으며 큰 힘을 얻었던 대목이 있다. 하나님의 음성도 다른 모든 목소리처럼 고유의 특성이 있어 알아들을 수 있다는 것이다. 그분의 음성에도 음색과 무게와 음량과 내용이 있음은 당연한 일이다! 그런데 나는 하나님이 인격체이시고 믿을 만한 불변의 성품이심은 배운 지 오래되었으나 그 인격체에 특유의 음성이 따라온다는 생각은 미처 못 했다. 하나님의 음성은 갈팡질팡하거나 더듬거리거나 변하지 않으며 그분의 성품만큼이나 일관되다. 윌라드가 인용한 스탠리 존스(Stanley Jones)는 무의식에서 나오는 음성과 하나님이 우리 안에서 말씀하시는 음성을 이렇게 구분했다. "대략적인 차이는 다음과 같다. 무의식의 음성은 나와 논쟁하며 나를 설득하려 하지만 내면에 들려오는 하나님의 음성은 논쟁하지 않으며 나를 설득하려 하지 않는다. 그저 말할 뿐이며 스스로 진짜임을 증명한다. 그 안에 하나님의 음성이라는 느낌이 담겨 있는 것이다."[11]

몇 년 전 가족들과 함께 크리스마스를 보낸 뒤 혼자 집으로 가던 길이었다. 명절 직후라 생각이 많기도 했지만 그 속도가 어찌나 빠른지 내가 몰고 있던 혼다 CR-V의 시속 110킬로미터는 아무것도 아니었다. 그전의 1년 반 동안 나는 사실상 실업자였다. "사실상 실업자"란 "전업 작가 후보"의 다른 표현이다. 마침 2년 전 호스피스 원목 일에서 해고된 터라 작가가 되려는 꿈을 이룰 수 있겠다는 계시가 번득였다! 하지만 잘 안 풀렸다. 내가 예상했던 성공한 부유층의 화려한 생활방식은 이런 게 아니었다. 차라리 길가의 좌판에서 레모네이드를 파는 편이 더 수입이 좋았을 것이다.

경청. 영혼의 치료제

그전까지는 불안을 꽤 잘 밀쳐냈는데 왠지 그날 밤에는 불안이 나를 삼킬 듯했다. 온갖 잡념이 "바나나 나무의 원숭이들처럼 내 마음속을 헤집고 돌아다닌다"고 한 헨리 나우웬의 표현이 운전하는 내내 무섭도록 그대로 사실이 되었다.[12] 나의 원숭이들은 바나나를 먹으며 헤집고 돌아다니는 정도가 아니라 엉덩이를 내보이며 똥까지 집어던졌다. 온갖 의문과 잠재적 해법이 싸웠으나 절망만이 이기는 듯했다. 더는 못 참겠다 싶은 순간 갑자기 어디선가 이런 음성이 들려왔다.

'돈 걱정을 하지 말라.'

나의 내면세계는 일순 정적에 잠겼다. 그분의 음성 앞에서 다른 소리들은 홍해의 물결처럼 달아났다. 이 음성은 외치거나 꾸짖거나 반복하지 않았으나 틀림없는 무게와 확신이 담겨 있었다. 게다가 너무도 익숙한 말씀이었다. 예수는 산상수훈에서 제자들에게 "목숨을 위하여 무엇을 먹을까 무엇을 마실까 몸을 위하여 무엇을 입을까 염려하지 말라"(마 6:25)고 권고하셨다. 근자에 그 구절을 생각한 적조차 없었으나 내게 들려온 음성이 이를 통해 분명히 확증되었다. 예상했던 말씀이 아닌데도 마치 내 영혼이 그것을 제집처럼 기다리고 있던 것 같았다.

이 글을 쓰는 지금도 그 짧막하고 단순한 문장이 내게 미친 영향이 그대로 느껴진다. 의문이 풀리거나 상황이 달라진 게 아닌데도—내게 일자리가 들어온 것은 1년이나 더 지나서였다—신기하게 불안이 녹아 없어졌고 가실 줄 모르는 평안이 그 자리를 대신했다. 평안은 하나님의 음성이 불어넣어 주는 성령의 열매 중 하나다. 그분의 음성은 권위가 있어 듣는 사람 안에 실체를 창출해 내며 들은 대로 믿게 해준다.

확신컨대 우리는 하나님의 음성을 말씀 자체의 깊이를 통해서도 알지만 그 못지않게 말씀의 영향을 통해서 안다. 우리 마음과 생각에는 그분의 말씀 외에 다른 어떤 소리도 다다를 수 없는 지점이 있는 것 같다. 언어를 초월하는 지점이다. 내가 경험한 하나님의 임재 중 많은 경우는 임재에 수반되는 말씀보다 임재 자체의 **위력**이 더 영향력도 크고 잘 잊히지도 않는다. 음성이 수반되었던 때나 그렇지 않은 때나 마찬가지다. 음성은 희미해질 수 있으나 그 영향은 몸의 기억 속에 두고두고 남는다. 몸이 떨리는데 무서운 떨림은 아니다. 저만치 입장해 오는 신부를 보며 신랑의 몸이 찌릿해지는 것에 더 가깝다. 이런 경험은 아주 묵직하고 아름답고 희망적이어서 신체와 감정이 동시에 감응한다. 자주 있지는 않겠지만 그런 순간이 일단 찾아오면 우리를 변화시킨다.

자신이 들은 내용을 나중에 남에게 전하다가 말로는 역부족임을 느낄 때가 있다. 성령께서 탄식에 의존하실진대 우리가 적절한 말을 찾아낼 가망은 미미할 것이다. 그래서 우리는 하나님의 음성을 들은 사연을 경우에 따라 속에 잘 간직해 둘 수도 있다. 리처드 포스터(Richard Foster)는 묵상 기도에 관한 책《묵상 기도(Sanctuary of the Soul)》에서 우리에게 하나님의 임재를 경험한 일에 신중할 것을 당부한다. 경험을 말로 담아낼 수 없기에, 자칫 그런 일이 정말 있었는지 또는 그 일이 처음에 중요해 보이던 만큼 정말 중요했는지 등에 회의를 불러일으킬 수 있다. 그러나 그것이 몸과 영혼에 미친 영향은 남는다.

하나님의 음성을 왜 못 들을까

하나님은 자기 백성에게 늘 소통하시며 그분의 음성은 일정한 특성이 있어 식별이 가능하다. 그런데 왜 우리는 여전히 그 음성을 잘 듣지 못하는가? 단순히 훈련이 부족해서인 경우도 있다. 달라스 윌라드에 따르면 많은 사람이 수시로 하나님의 음성을 듣지만 정작 그 사실을 모른다. 하나님의 음성은 생각이나 감화의 형태로 그들의 의식 속에 들어오는데, 그들은 거기에 반응하면서도 그 내면의 음성의 출처를 제대로 인식하지 못한다. 어떻게 그럴 수 있나 싶지만, 내가 여러 중요한 결단의 시점에 들었던 음성을 되돌아보면 윌라드의 그 말에 수긍이 간다. 장단점을 열거하며 씨름하고 조언을 구해도 도무지 오리무중이다가 갑자기 한순간에 답을 **알게** 된 경우가 내게 많이 있었다. 해당 이슈를 생각조차 않던 사심 없는 상태에서 감화가 섬광처럼 번득였다. 그 생각은 내 머리에서 기원한 것 같지 않았고 마치 결정이 그냥 내게로 온 듯했다.

우리가 하나님의 음성을 잘 알아듣지 못하는 데는 다른 원인도 있다. 이 논의에 등장하는 하나의 역설이기도 한데, 하나님의 음성을 듣지 못함은 우리 삶이 너무 시끄러워서일 수도 있고 반대로 너무 조용해서일 수도 있다.

너무 시끄러운 삶. 심장박동은 아주 조용한 밤 시간에만 들린다. 낮에 활동하고 말하고 먹을 때도 계속되긴 하지만 지각되지 않는다. 그러다 머리를 베개에 누이고 호흡을 늦추어 무의식에 빠져들 때면 그 소리가 들린다. 규칙적으로 작게 고동치는 심장이 전신에 혈액을 공급한다. 그 고요한 박동 덕분에 잠든 사이에도 생명이 유지된다.

하나님의 음성이 어둠 속의 심장박동처럼 살며시 다가올 때 우리 전통에서는 흔히 이를 일컬어 "세미한 음성"이라 한다. 하나님은 무수히 많은 방식으로 말씀하시며 때로 외치시기도 하지만, 고금의 수많은 신자들의 증언을 보면 하나님이 우리에게 말씀하시는 가장 중요한 방법 중 하나로 세미한 음성이 강조된다. 퀘이커교에서는 이 음성을 "내면의 스승"이라 부른다. 내면의 귀로 받는 내면의 말씀 또는 음성이라 부르는 이들도 있고, 장 칼뱅(John Calvin)은 "성령의 내적 증언"이라 칭했다.[13] 달라스 윌라드에 따르면 이것은 사람의 의식과 사고 속에 주어지는 직접적 감화로서 대개 일정한 힘과 무게를 지닌 어떤 생각으로 표현된다.[14]

"세미한 음성"이라는 문구는 엘리야 이야기의 "완전한 침묵"을 번역한 흠정역(KJV)에서 유래했다. 이 해석은 히브리어 원어에 대한 최상의 번역은 아니지만 하나님의 소통의 속성을 잘 대변해 준다. 우주의 주권적 왕께서는 뜻밖에도 대개 신민에게 메시지를 요란하게 알리지 않으신다. 그분은 음량을 최대로 올리시는 경우가 별로 없다. 그분의 음성은 은은하게 정제되어 있어 자칫 우리 귀로 놓치기 쉽다.

걸핏하면 요란한 경고음이 필요한 세상에서 하나님은 왜 이토록 가만가만 말씀하시는 것일까? 내가 내릴 수밖에 없는 결론은 이것이다. 하나님이 말씀하시는 방식을 보면 그분이 우리의 경청을 매우 중시하심을 알 수 있다. 하나님이 소리를 지르신다면 경청은 불필요할 것이다. 그러나 속삭임을 들으려면 그분의 음성에 바짝 귀를 기울여야 한다. 메시지를 속삭이려면 그 전제로 듣는 이와 말하는 이가 물리적으로 가까이 있어야 한다. 영적으로 말해서 주님과의 관계가 친밀해야 한다. 즉 말씀대로 행하려는 자세로 그분의 임재 안에서 그분과 동행해야 한다. 아울러 하나님의 고요한 음색을 알아들으려면 우리도 충분히 조용해져 가만히 있어야 한다. T. S. 엘리엇(T. S. Eliot)이 잘 말했다. "어디서 말을 찾고 어디서 말이 울릴 것인가? 침묵이 부족한 여기는 아니리."15

내가 씨름해 온 의문이 있다. 성경 인물들은 하나님의 음성을 우리보다 훨씬 자주 들은 것 같은데 그 이유가 무엇인가? 세계관의 문제인가? 과학 이전의 세계관 때문에 옛 사람들은 자연계의 모든 일을 하늘의 영향으로 풀이했을까? 그때는 하늘이 아주 유창하게 말했던 것 같다. 천둥은 신들의 분노의 표출이었고 풍성한 수확은 하나님의 흡족하신 마음을 드러내 주었다. 이런 세계관의 차이도 분명히 한 요인일 것이다. 그러나 우리 시대에 하나님이 상대적으로 침묵하시는 데는 또 다른 원인이 있지 않을까? 어쩌면 우리 조상에게는 지금 같은 오락의 호사가 없었을 것이다. 그들은 텔레비전이나 인터넷으로 피할 수 없었고, 즐길 거리의 선택폭이 비교적 좁았고, 짜릿한 자극이 없었고, 해질녘이면 논밭일이 끝났고, 삶의 속도가 느렸고, 산업화 이전이라 밤이 적막했다. 그래서 하늘에 더 주목할 수 있었을 것이다. 별도 온갖 불빛과 스모그를 통해서 보지 않으면 훨씬 밝게 빛나는 법이다.

너무 시끄럽고 바쁘고 활동적인 삶은 경청하는 삶의 대척점에 있다. 너무 활동적인 삶은 그 자체의 가치를 입증하고 이름을 떨치고 존재를 정당화하려 할 때가 너무 많다. 경청하는 삶은 하나님이 그분의 이름을 우리에게 떨치실 때까지 조용히 겸손하게 기다린다.

전설적인 재즈 색소폰 연주자 존 콜트레인(John Coltrane)은 무서운 속도의 즉흥 연주로 재즈계에 이름을 떨쳤다. 손가락을 그렇게 신들린 듯 움직여 연주하는 뮤지션을 누구도 본 적이 없었다. 머잖아 그는 당대의 슈퍼스타들과 나란히 연주회에 다니며 이 장르에 대한 세간의 인식을 바꾸어 놓았다. 불행히도 콜트레인 특유의 격정적 주법은 다분히 체내의 약물 탓이었다.[16] 1957년에 마약과 술에 몸이 망가져 음악과 삶마저 무너질 지경에 이르자 그는 어머니의 집으로 가서 조용한 방에서 하나님을 구했다. 재즈 애호가인 로버트 젤리너스(Robert Gelinas) 목사에 따르면 "나흘 후에 그는 다른 사람이 되어 나왔다. 본인의 말로 하나님이 아주 특이한 방식으로 그를 만나주셨다. 난생처음 들어보는 소리, 단조로운 울림, 반향음을 통해서였다."[17] 존 콜트레인에게 하나님의 임재는 소리로 임했다.

하나님의 그 멋진 재즈 소리는 그의 삶뿐 아니라 연주 방식까지 바꾸어 놓았다. 미친 듯한 즉흥 연주는 혼이 담긴 느린 주법으로 대체되었다. 그 속에서 콜트레인은 하나님의 소리를 다시 듣고자 했고, 이를 자신의 색소폰으로 재생하려 했다. 젤리너스의 설명에 따르면 "그는 그 소리를 들려줄 수만 있다면 남들도 자신이 나흘 동안 방에서 경험한 일을 경험할 수 있다고 믿었다."[18] 그래서 자신을 치유해 준 그 음악을 다시 찾으려 평생 애썼다. 끝내 그 꿈을 이루지는 못했지만 그의 최고의 베스트셀러 재즈 앨범 중 하나인 〈최고의 사랑(A Love Supreme)〉은 바로 그 시기의 음악적 순례의 산물이다. 〈최고의 사랑〉의 네 부분은 하나님을 향한 그의 순례 여정을 따라간다.

1. "시인"—하나님을 인정한다.
2. "결단"—하나님을 찾기로 다짐한다.
3. "추구"—하나님을 향한 여정에 오른다.
4. "찬미"—하나님을 찾은 후 경축한다.[19]

존 콜트레인이 깨달았듯이 하나님의 음성을 들으려면 동작을 늦추고 조용히 추구해야 한다. 하나님을 찾다 보면 누구나 깨닫겠지만 정신없이 빠른 삶은 아무리 성공과 생산성을 완비했다 해도 우리 자신의 소리로 너무 시끄럽다. 참으로 들으려면 콜트레인처럼 우리도 조용한 방으로 물러나 속도를 더 늦추어야 할지도 모른다.

너무 조용한 삶. 현대 생활이 너무 소란하여 하나님의 음성을 들을 수 없다는 주장은 흔하다. 그러나 또 하나 내가 깨달은 사실은 **너무 조용하여** 하나님의 음성을 들을 수 없는 삶도 있다는 것이다. 이는 하나님의 소통이 주먹구구식이 아니기 때문이다. 알고 보면 성령은 불운한 토크쇼 진행자가 아니다. 몇 사람이라도 주파수를 제대로 맞추기를 바라시며 해 아래의 온갖 주제로 재잘거리시는 게 아니다. 그보다 하나님의 말씀은 특정한 부류의 삶을 영위하고자 애쓰는 특정한 부류의 사람에게 임할 때가 가장 많다. 달라스 윌라드는 그것을 이렇게 표현했다. "하나님과의 연합은 … 주로 그분과의 대화의 관계로 이루어지며, 우리 **각자는 하나님의 친구요 동역자로 하나님 나라의 일에 꾸준하고도 깊이 있게 동참한다.**"[20]

현관의 그네에 하나님과 함께 앉아 레모네이드를 홀짝이며 날씨 얘기를 하는 것도 내게는 즐거운 개념이다. 그러나 더 나은 은유는 전투가 한창인 상황에서 지휘관과 계속 소통하는 병사일 것이다. 이 병사는 상관의 말을 듣고 싶은 정도가 아니라 **들어야만** 한다. 벅찬 상황에서 맡겨진 임무를 완수하려면 지도와 지원이 시급히 필요하다. 에릭 메택시스(Eric Metaxas)의 말마따나 "하나님이 당신에게 말씀하실 때는 당신도 그 말씀이 꼭 필요함을 안다."[21]

하나님은 그 시간에 어쩌다 듣고 있는 아무나에게 임의의 언어로 말씀하지 않으신다. 그분의 언어는 믿음과 소망과 사랑이다. 우리가 믿고 소망하고 사랑하는 삶을 영위하고자 애쓰며 주님의 뜻과 일을 위해 그분과 함께 움직인다면, 주께서 우리에게 말씀하시며 필요를 채워주실 것을 기대해도 좋다. 그러나 딱히 시킬 때까지 행동하지 않고 가만히 앉아만 있다면, 기다림이 아주 길어질 수 있다. 가끔 실내의 구석진 자리에서 휴대전화의 신호가 안 잡힐 때가 있는데 그럴 때는 밖으로 나가 움직여야 수신이 된다.

확신컨대 하나님의 음성을 듣는 일은 글씨기와도 다르지 않다. 영감이 떠오를 때까지 글쓰기를 미룬다면 사실상 아무것도 쓰지 못할 것이다. 하지만 아침마다 8시에 책상에 붙어 앉아 뭐라도 입력하기 시작하면 뜻밖에도 영감이 떠오르는 법이다. 이미 아는 만큼이라도 실천하며 경청의 자세를 유지하면, 세상 끝 날까지 우리와 함께하시는 그분이 임하신다. 막상 그분이 말씀하실 때 우리는 실천할 준비가 되어 있어야 한다. 카를 바르트(Karl Barth)는 진짜 하나님의 음성인지 시험하는 가장 좋은 방법은 그대로 행동하여 어떻게 되는지 보는 것이라 했다.[22]

경청, 영혼의 치료제

경청 기도, 하나님의 음성을 듣는 연습

우리 중에 복음주의 전통 출신인 사람들은 하나님에 대해 청산유수로 말하는 데 익숙해져 있다. 우리는 큰 소리로 나누고 간증하고 기도하기를 좋아하며, 기도할 때는 하나님의 이름을 수시로 반복한다. 장황한 기도 중에 행여 누가 기도의 대상을 잊기라도 할까 봐 말이다. 그런데 지난 몇 년 사이 나는 **하나님에 대해** 말할 때든 **하나님께** 말씀드릴 때든 전보다 말수가 적어졌고, 남들과 공유할 수 있는 경험도 적어졌다. 이제 내게 기도란 말할 기회라기보다 하나님과 함께 있는 시간이다. 예나 지금이나 유대인들은 하나님의 이름을 말하기를 삼가는데, 이제 나도 하나님께 더 신중하게 접근하는 기독교 전통들에 마음이 끌린다. 내게 더 매력을 주는 옛날의 기도 방식들은 많은 복음주의 정황에서 경험하는 것보다 늘 더 조용하고 덜 급한 것 같다.

하늘을 향해 끝없이 늘어놓는 말—독백의 기도—은 오히려 우리 앞에 놓인 관계를 막는 경향이 있다. 선의더라도 대화를 습관적으로 지배하는 이들을 우리도 다 안다. 그런 대화가 끝나면 왠지 상대가 전보다 더 멀게 느껴질 수 있다. 전통적으로 복음주의자들은 예수와의 인격적 관계를 강조하기로 유명하지만 딱히 경청을 잘하는 이들로 알려져 있지는 않다. 하지만 경청이야말로 사람을 알아가는 길이다. 상대에게 독백을 늘어놓으면서 그 사람을 조금이라도 알아간다고 자신할 수는 없다. 잘 들어야 상대의 생각을 엿볼 수 있고, 상대가 누구이고 어떤 사람이며, 믿을 만한 존재인지 알 수 있다.

복음주의의 관행에 듣기가 비어 있다 보니 이에 대응하여 "경청 기도(Listening Prayer)"라는 비교적 새로운 범주가 개발되었다. 말하는 기도 방식과 대조적으로 듣는 기도는 성경과 직접적 경청을 통해 하나님의 음성을 분별하려 한다. 나도 이를 실천하여 큰 유익을 누리고 있지만, 기독교계에 "경청 기도"라는 명칭이 존재한다는 사실 자체가 의미심장하다. 경청이 특별한 종류의 기도에 속한다는 인상을 주기 때문이다. 마치 높은 경지의 영적 삶에 도달한 이들의 몫인 것처럼 말이다. 평소의 기도는 다 말하는 기도라는 전제가 깔려 있다. 날마다 우리는 하나님이 흠향하여 선처해 주시기를 바라며 제단 위에 말을 올려놓는다. 경청은 지엽적인 것에 불과하다.

나는 경청이 없는 기도는 참 기도가 아니라고 말하고 싶다. 기도를 경청으로 보고 삶 전체를 경청 기도의 장으로 보지 않는 한 "쉬지 말고 기도하라"는 바울의 명령에 충실할 수 있는 길이 없다. 물론 우리는 중보와 찬양과 간구도 드리지만 그 모두는 경청에서 기원한다. 기도를 경청으로 대하면 다음 사실을 인정하는 것이다. 즉 먼저 말씀하신 쪽은 늘 하나님이고 우리는 그 창조의 말씀의 산물이며 우주는 그분의 섭리의 말씀에 붙들려 있다. 그분은 알파를 말씀하셨고 오메가를 외치실 날을 아신다. 현재 우리의 삶은 그분의 나머지 자모음을 듣는 시간이다.

기도할 때 우리는 자아 전체와 귀를 하나님께 드리되 조용한 기도실이든 시끄러운 군중 속이든 삶의 모든 처지에서 그리한다. 특정한 상황을 사수하거나 완벽한 분위기를 확보해야만 들을 수 있는 게 아니다. 경청은 영적 귀족층의 활동이 아니다. 경청의 관건은 소리를 듣고자 애쓰는 것만이 아니라 내면을 열어 마음 상태를 준비하는 것이다. 그런 면에서 경청은 순복하며 자신을 내어 드리는 **자세**다. 하나님이 언제 어떻게 말씀하실지는 우리 소관이 아니지만 소리를 수신하는 음향 장치는 우리 소관이다. 우리는 내면에 열린 공간을 준비하여 하나님의 음성을 기쁘게 받아들이기 원한다. 그런 공간은 겸손과 인내와 주의력과 신뢰를 요한다. 그분이 부르실 때 그 음성을 알아들으려면 우리 마음이 이미 그분께 드려져 있어야 한다.

일단 삶 전체가 경청임을 수용했으면 이제 시간을 따로 떼어 경청 기도에 집중한다. 이는 삶의 모든 영역에서 하나님의 음성을 듣는 연습이다. 주님 앞에 잠잠히 있음으로써 우리는 다른 소리들의 위력을 멀리하고 주님의 음성을 붙든다. 시간이 갈수록 다른 소리들은 더 잦아들고 덜 급해진다. 나우웬은 "여기서 관건은 고독을 포기하지 않고 계속 골방에 남아 있는 것이다. 모든 유혹의 객들이 문을 두드리다 지쳐 내게서 손을 뗄 때까지 그래야 한다"라고 말했다.[23] 가만히 앉아 자신을 산만하게 하는 소음과 불안을 내려놓고 하나님께 주파수를 맞출 수 있는 순간은 많지 않다. 바로 그럴 때 우리는 삶 전체에서 듣는 사람이 되고자 자신을 준비하고 훈련하는 것이다.

그러나 미리 알아둘 게 있다. 기도 시간을 떼어 주님의 음성을 듣고자 가만히 있노라면 대부분의 경우는 **아무것도** 들려오지 않는다. 초심자들은 여기에 낙심하며, 특히 남들이 감격스레 주님을 경험하는 듯 보일 때는 더하다. 우리는 결국 거창한 체험을 구하거나 주님께 한 말씀을 듣고자 안달하는 게 아니라 주님 자신을 구하는 것임을 잊어서는 안 된다. 경청하는 삶의 기초는 듣는 내용이라기보다 말씀하시는 분과의 관계에 있다. 엘리야처럼 우리도 아예 침묵을 들으려

해도 좋다. 하나님의 침묵은 결이 다르고 충만하기 때문이다. 그 침묵
이 임하면 우리는 아직 이야기가 끝나지 않았음을 안다.

말씀하소서, 듣겠나이다

하나님의 음성을 듣는 일은 일상의 현실이다. 17세기 수도사 로렌스 형
제(Brother Lawrence)는 지극히 평범한 상황 속에서 하나님의 임재를 힘
써 연습했다. 그는 내보일 게 없는 사람임에도 영향력이 컸다. 여러 해
동안 수도원에서 그의 주된 직무는 주방의 설거지였다. 하지만 고금의
수많은 이들이 놓쳤던 사실을 그는 알았다. 하나님은 눈부신 업적 못
지않게 평범한 허드렛일 속에도 임재하신다는 것이다. 그래서 최고의
그리스도인들은 대부분 우리가 모르게 숨겨져 있다. 하나님이 함께하
시면 낡고 침침한 주방도 스테인드글라스에 둘러싸인 예배실만큼이나
거룩한 땅임을 로렌스는 알았다. 신비가인 아빌라의 테레사(Teresa of
Ávila)는 "하나님은 부엌의 그릇들 중에 다니신다"고 말했다.[24] 하나님
은 우리를 경청으로 초대하시는데, 이 경청은 천계를 꿰뚫어보는 염력
이 아니라 평범한 일상 속에서 그분을 알아보는 수단이다.

    휘트워스 대학의 종교학 교수 제리 싯처(Jerry Sittser)가 언젠가
계산했듯이 평균 인간은 평생 이 닦는 데 2,000시간, 운전하는 데
14,600시간, 먹는 데 43,800시간, 허드렛일을 하는 데 58,400시간을
소비한다.[25] 아무리 환상적인 인생도 대부분은 지극히 평범한 활동으
로 이루어진다. 우리의 도전은 이를 닦거나 청소하거나 출퇴근하면서

경청, 영혼의 치료제

듣는 법을 배우는 것이다.

5세기 이집트의 금욕주의자들 이후로 동방정교회 전통에서 실천되어 온 예수 기도—"하나님의 아들 주 예수 그리스도시여, 이 죄인을 불쌍히 여기소서"—라는 고대의 기도가 있다. 기도의 배후에 다음과 같은 개념이 깔려 있다. 온종일 이 기도를 계속 반복하면 현실이 예수에 흠뻑 젖어 있음과 하나님이 모든 순간 속에 살아계심을 의식하게 된다는 것이다. 예수 기도에 헌신한 이들 중 더러는 이 기도를 하루에 수천 번씩 반복하기도 했다.

나도 그런 기도를 하나 개발하여 기도 생활의 중심으로 삼았다. 사무엘상에 보면 연로한 제사장 엘리가 조숙한 선지자 사무엘에게 "그가 너를 부르시거든 네가 말하기를 '여호와여, 말씀하옵소서. 주의 종이 듣겠나이다' 하라"(삼상 3:9)고 가르친다. 바로 그것이 나의 일상 기도가 되었다. 나는 이것을 사무엘 기도라 부르는데 썩 똑똑한 명칭은 아니지만 기억하기는 쉽다. "주여, 말씀하옵소서. 주의 종이 듣겠나이다." 아침에 눈 뜨고 나서 첫마디도 그것이고, 잠자리에 누울 때 마지막 말도 그것이며, 온종일 반복해서 드리는 제사도 그것이다. 솔직히 그 말은 글을 쓰거나 설교하거나 교회에 앉아 있을 때 더 쉽게 흘러나온다. 하지만 청구서를 지불하거나 요리를 하거나 고양이 똥을 치울 때 그 기도를 하는 게 더 중요하다고 생각된다. 성령의 바람이 모든 곳과 모든 활동 속에 불고 있음을 상기해야 하기 때문이다.

이 기도를 처음 시작할 때는 혹시 실망하게 될까 두려웠다. 하나님이 온종일 내게 말씀하시리라고 가정하는 것은 주제넘은 일일까? 답은 금세 나왔다. 그렇다, 그것은 주제넘은 일이다. 하지만 차차 깨달았듯이 사무엘 기도의 관건은 더 자주 내게 직접 말씀하시도록 하나님을 채근하는 게 아니라 자리를 마련하는 것이다. 하나님께 "제가 여기 있나이다"라고 아뢰는 것이다. 그분께 마음을 열고 준비하고 있다가 그분이 말씀하실 때 "제가 여기 있나이다"라고 답하는 것이다.

사무엘 기도를 드리면 거의 언제나 심호흡을 하고 속도를 늦추어 내 안과 주변에 벌어지는 일에 더 주의하게 된다. 하나님의 임재를 더 의식하게 된다. 하나님으로 충만한 순간이다. 나는 원하는 것을 얻고자 이것저것 요구하거나 상황을 조종하기보다 우선 이렇게 여쭙는다. "이 순간이 제게 가르치려는 것은 무엇입니까?" 덕분에 내 기도의 관건은 내가 원하는 것에서 하나님 임재 안의 삶으로 점점 바뀐다.

일주일에 몇 번씩 나는 5-10분 동안 짧은 침묵 기도도 드린다. 일부 전통에서는 이를 향심(向心) 기도(Centering Prayer)라 부른다. 의식에 떠오르는 생각일랑 머릿속을 스쳐가도록 둔 채 "주여, 말씀하옵소서. 주의 종이 듣겠나이다"를 나의 닻으로 붙든다. 이 기도의 주목적은 주님과 그분의 임재를 즐거워하는 것이다. 사랑하는 이와 함께 말없이 친밀하게 앉아 있는 것과 같다. 서두르지 않는 게 좋다. 처음에는 10분간의 완전한 침묵도 영원처럼 느껴진다. 우선 2분으로 시작하여 점차 늘려 나가라. 내가 아는 한 젊은 엄마는 한밤중에 아기를 다시 재울 때 향심 기도를 연습한다. 그런 시간에 하나님이 당신에게 직접 말씀하실 수도 있으나 대부분은 그렇지 않을 것이다. 때로 주님은 그냥 내가 가만히 있는 법을 배우기 원하시는 것 같다. 그분의 음성이 없어도 절망하지 않는 법도 배웠다. 여기가 내 경청하는 삶의 끝이 아니라 시작일 뿐임을 알기 때문이다.

경청, 영혼의 치료제

4장

성경이 우리를
읽는다

신학교를 졸업한 뒤로 나는 성경 읽기를 그만두었다. 개구리를 해부하면 얻는 게 많다. 직접 손으로 기관을 절제하고 다양한 부위를 갈라내 분석하니 많은 지식이 쌓인다. 하지만 그 과정에서 뭔가가 죽어야한다. 나의 개구리도 죽었다. 의심의 여지가 없었다.

신학교 이전에는 성경이 내게 노래를 불러주던 시절이 있었다. 천사들의 화음이 내 삶 속에 울려 퍼졌고 아침마다 하나님의 말씀이 나를 깨웠다. 대학 시절 나는 으레 새벽 6시 반에 일어나—덕분에 캠퍼스에서 나는 가장 일찍 깨어 있는 사람이었다. 그것도 네 시간이나 먼저—잠이 덜 깬 시가지의 가로수 길을 걸어가 이제 막 깨어나는 캘리포니아의 태양 아래서 뜨거운 라테를 마시며 성경을 읽었다. 12월의 어느 아침에는 마리아의 찬가를 읽는데, 구주를 임신한 그녀의 목소리에 엘리사벳의 태아가 뛰놀 때 정말이지 내 심장도 함께 뛰었다. 예수의 어머니와 함께 희열에 젖어 캠퍼스로 돌아왔다. 내 영혼이 주를 찬양하며 내 마음이 하나님 내 구주를 기뻐했다는 그 문구 그대로였다. 그런 경험 덕분에 나는 성경의 음파에 실려 신학교로 흘러갔던 것 같다. 성경을 공부하고 선포하는 삶으로 부름받은 나는 이보다 더 신명나는 삶을 상상할 수 없었다.

그러나 신학교를 졸업할 무렵에는 한때 내게 3부 화성을 불러주던 성경이 강의실의 건조하고 무덤덤한 어조로 들려왔다. 성경은 시료(試料)였고 나는 문법과 역사와 원문과 문화 등의 구성 요소를 힘줄과 관절과 혈관처럼 갈가리 해부했다. 결국 모든 연접부와 생명은 사라지고 말았다. 마리아의 찬가는 목소리를 잃어 퇴색했고 이런 구절이 삶의 새로운 요절로 떠올랐다.

주 여호와의 말씀이니라, 보라 날이 이를지라.
　내가 기근을 땅에 보내리니
양식이 없어 주림이 아니며 물이 없어 갈함이 아니요
　여호와의 말씀을 듣지 못한 기갈이라.
사람이 이 바다에서 저 바다까지,
　북쪽에서 동쪽까지 비틀거리며
여호와의 말씀을 구하려고 돌아다녀도
　얻지 못하리니(암 8:11-12).

그 시절에는 하나님의 말씀이 아득하기만 했다. 여전히 나는 성

　　　　　　　　　　경청. 영혼의 치료제

경을 폈고 헬라어와 히브리어를 번역까지 했으나 성경은 설교 지침서요 교사용 교본이었다. 성경을 읽었다기보다 사용했다. 성경은 남들에게 주신 말씀이지 내 것은 아니었으며 내 역할은 수신자가 아니라 중재자였다. 당시 야망에 차 있던 나는 성경을 설교의 높은 스타덤에 오르는 사다리, 내 매혹적인 권력을 과시하는 소품으로 이용하려 했다.[1] 내가 성경을 대하던 방식은 성전 바깥뜰에서 영업을 시작한 환전상들이 성전을 대하던 방식과 다르지 않았다. 그들은 인격적 예배의 자리를 비인격적 거래의 장으로 선점했다. 안타깝지만 성경도 내게 더는 만남의 장이 아니라 업무의 장으로 변했다.

　성경 본문과 거리를 두고 더 객관적으로 볼 때 발생하는 문제가 있다. 결국 당신 자신이 애초에 그 말씀을 하신 분과 멀어질 수 있다는 것이다. 성경을 슬라이드에 올려놓고 현미경으로 검사하면 당신은 주체가 되고 성경은 객체, 곧 비인격적 연구 대상이 된다. 그러다 당신도 성경에서 모든 기적을 면도날로 도려낸 토머스 제퍼슨(Thomas Jefferson)처럼 될 수 있다.

　성경에 대한 학문적 연구를 공격하려는 것은 아니다. 성경을 모국어로 읽는 모든 사람은 본문을 수집하여 번역한 성경학자들에게 절대적으로 의존하고 있다. 학문의 맛을 본 사람들이 겪는 문제는 약혼한 커플이 직면하는 문제와 비슷하다. 결혼식을 기획해 본 사람은 누구나 공감하겠지만 여자의 손가락에 약혼반지가 끼워지는 순간부터 둘은 온갖 자질구레한 행사기획에 파묻히기가 너무 쉽다. 장소, 꽃, 초청장, 음식, 손님 명단, 음악, 양가의 지나친 간섭을 막는 법 등 의논해야 할 세부 사항이 끝도 없다. 그 와중에 많은 커플은 결혼식이 본

래 친밀한 인격적 만남이고 두 사람과 그들의 서약을 확증하는 일가
친지 사이의 헌신의 행위임을 망각한다. 우리의 성경 연구도 똑같은
비인격적 요인들에 잠식되기 쉽다. 성경은 지극히 인격적인 책이며 하
나님과 그분의 백성 사이의 만남의 장이다. 그런데 시시콜콜한 해석
과 복잡한 수준의 방법론이 그 인격성을 몰아낼 수 있다. 결혼식만 환
상적이고 결혼생활은 초라해질 수 있다.

말씀이 우리를 읽는다

여기 기쁜 소식이 있다. 아무리 우리가 성경과 거리를 두려 해도 본문
자체가 말을 건네 와 그 괴리감을 막거나 아예 없애 버린다. 창조주에
게서 기원한 말씀의 신비는 말씀이 우리를 읽는다는 것이다. 당신이
성경을 앞에 펴놓지만 알고 보면 성경이 당신을 펼쳐 영혼을 다 드러
낸다. 내가 주체이고 성경이 객체이던 것이 뒤바뀌어 내가 성경의 객
체가 되어 성경에 붙들린다. 성경 속에 내가 계시되어 있다. 대본을 읽
는 배우처럼 성경을 대하지만 알고 보면 내가 대본이고 말씀이 내게
연기한다. 율법은 돌판에 새겨졌지만 이제 말씀은 우리 심령 속에 수
놓여 우리를 형성하고 재창조한다.

흔히 우리는 "하나님의 말씀"이라는 표현을 성경에 국한시킨다.
그러나 정작 성경은 그분의 "말씀"을 다양하고 풍성한 은유로 증언하
며, 그 범위는 우리가 흔히 생각하는 말의 기능을 훨씬 벗어난다. 우
리에게 말이란 종이 위에 갈겨 쓴 글씨 몇 자이거나 우리를 급히 지나

경청. 영혼의 치료제

쳐 공간 속으로 사라져 버리는 소리다. 그러나 성경에서 말은 생명과 행동과 영속적 힘으로 고동친다.

말씀은 우리 삶과 몸에 불을 지른다. 예레미야는 그분의 말씀으로 "나의 마음이 불붙는 것 같아서 골수에 사무"친다고 했다(렘 20:9). 말씀은 우리 안을 거처로 삼는다. 바울은 그리스도의 말씀이 골로새 교인들 안에 **거하도록** 기도했다. 하나님의 말씀은 즙이 많고 양분이 풍부하다. 이사야는 청중에게 **듣고 들어** 좋은 것을 **먹으라고** 가르쳤다. 말씀은 우리 마음속에 심겨 새 생명을 길러내는 씨앗이다. 베드로는 "너희가 거듭난 것은 썩어질 씨로 된 것이 아니요 썩지 아니할 씨로 된 것이니 살아있고 항상 있는 하나님의 말씀으로 되었느니라"(벧전 1:23)고 했다. 말씀은 우리를 해부하여 검사한다. 히브리서에 따르면 하나님의 말씀은 "좌우에 날선 어떤 검보다도 예리하여 혼과 영과 및 관절과 골수를 찔러 쪼개기까지 하며 또 마음의 생각과 뜻을 판단"한다(히 4:12). 말씀은 우리 안에서 자라 우리를 구원한다. 야고보는 "너희 영혼을 능히 구원할 바 마음에 심어진 말씀을 온유함으로 받으라"(약 1:21)고 했다.

이런 다양한 은유에 한 가지 공통된 주제가 있다면 이것이다. 말씀은 우리 안에 들어와 유기적으로 역사하여 우리의 일부가 되고 우리를 변화시킨다. 말씀이 인격적임은 인격적인 하나님의 소통이기 때문이고 우리 인격의 일부가 되어 우리와 함께 움직이며 살아가기 때문이다. 그리스도 안에 있는 우리가 성경을 읽으면 우리 안에 심어진 말씀이 성경의 기록된 말씀을 알아본다. 내면의 말씀이 외부의 말씀에 조응한다. 우리는 그 말씀을 하신 하나님을 만나고, 또 내면의 말씀을 통해 잠에서 깨어나는 자신의 가장 깊고 참된 자기를 만난다.

성경은 약상자도 백과사전도 아니다

성경을 펼 때 우리는 우주의 주님과 우리의 깊은 자기를 참으로 만나 참된 관계를 맺을 모험에 나서는 것이다. 그런데 이것은 너무 위험하게 느껴질 수 있다. 너무 치부가 드러나고 불확실하고 무서울 수 있다. 그래도 우리는 성경 읽기에 헌신한 착실한 그리스도인인지라 이런저런 방법을 찾아내 그것을 좀더 안전하게 만든다.

　"이 책과 친해지십시오. 인생을 경영하는 지침서이니 말입니다!" 강사 목사는 너덜너덜해진 자신의 빨간색 가죽 성경을 쳐들고 그렇게 말했다. 회중석 내 옆자리에 앉아 있던 여자가 귀에 들리게 신음 소리를 냈다. 소리가 제법 커서 몇 사람이 우리 쪽으로 고개를 돌렸다. 나는 손으로 입을 가리고 웃음을 참아야 했는데 그 여자가 누구인지 알았더라면 아마 자제하지 못했을 것이다. 예배 후에 알고 보니 그녀는 유명한 신학대학원의 명망 있고 존경받는 설교학 교수였다. 함께 우리는 설교가 끝날 때까지 별 탈 없이 가만히 있었다. 성경이 인생을 경영하기 위한 책이라는 설교자의 신학은 시종일관 흐트러짐이 없었다. 그는 자신이 고른 본문을 다이어트, 재정, 국가 안보 등 모든 실제적 주제에 적용했다.

　이런 실용주의적 신학자들의 말대로라면 성경을 "하나님이 주신 사용설명서"로 읽거나 우리가 죄와 절망에 떨어질 때 밑에서 받쳐 줄 "안전망"으로 의지해야 한다. 그런가 하면 성경을 모든 영적 질병의 치료제가 든 약상자처럼 사용하거나 종교적 지식을 모아놓은 백과사전처럼 대하라고 가르치는 이들도 있다. 마이클 케이시(Michael Casey)는 성경을 요리책 삼아 묵상을 요리하지 말라고 경고했는데, 아마 하나님의 임재를 주관적으로 지어내지 말라는 뜻일 것이다.[2] 더 억지를 부려 성경을 박물관으로 취급하는 시각도 있다. 고대의 유물, 과거 문화의 소산, 원시 민족의 사기(史記), 사어(死語)의 자료 등 신기할지는 몰라도 다 한물간 것들만 성경에 담겼다는 것이다. 하지만 솔직히 이상의 모든 접근법의 공통점은 인격적 만남을 막는다는 것이다.

성경은 우리에게 구애한다

영화 〈죽은 시인의 사회〉에서 존 키팅 역을 맡은 로빈 윌리엄스(Robin Williams)는 학생들에게 "언어는 왜 생겨났지?"라고 묻는다. 모범생 닐이 "의사소통을 하려고요?"라고 선뜻 추측을 내놓자 교사 키팅은 "아니! 여자에게 구애하기 위해서다!"라고 되받는다. 사실은 둘 다 맞지만 이 대화에서 언어의 두 가지 기본 용법이 구분된다. 첫 번째 용법은 기술(記述)에 집중하여 내용을 알기 쉽게 문자적으로 제시한다. 신문과 사용설명서와 계약서의 언어가 이에 해당한다. "무엇"과 "어떻게"의 문제가 주된 관심사이며 대개 단계적으로 진행된다. 이것을 저것에 이런 식으로 붙이면 깔끔한 최종 무엇이 나온다는 식이다. 최대한 알기 쉽고 접하기 쉽게 정보를 전달하는 게 목적이다.

언어의 두 번째 용법은 기술에 그치지 않고 가슴의 지식을 전하려 한다. 노랫말이 될 수 있는 언어다. 격정과 연모에 부풀어 한껏 차려입고 비유와 암시와 속뜻으로 연애를 거는 언어다. 만남의 언어라서 지극히 인격적이며 관계나 잠재적 관계 속에 심겨져 있다. 좋은 시도 여기서 나온다. 자신을 최대한 문자적으로 기술한 시를 원할 여자는 없으므로("당신의 빰은 장미처럼 붉고 콧잔등은 여드름투성이다") 시인의 의도는 여자가 정보를 얻기보다 기절하는 것이다. 시와 은유와 노래는 형언하기 힘든 것을 형언하여 남들이 보지 못하는 부분을 드러내려 한다.

첫 번째 언어는 우리가 이미 아는 세상을 논하지만 두 번째 언어는 아직 모르는 세상을 열어 그 안으로 우리를 초대한다.[3] 교사 키팅이 설명했듯이 생명을 유지하는 데는 의사소통이 절대 필수이지만 우리가 살아있음은 열정과 로맨스를 위해서다. 이 언어는 지식만 주는 게 아니라 우리를 변화시키는 위력이 있으며, "누구"의 문제야말로 정체와 관계의 질문이므로 거기에 천착한다. 유진 피터슨도 이런 언어가 정보를 주기보다 사람을 형성한다고 설명한다. "언어가 최상의 상태일 때는 인격적이다. 이런 언어는 뭔가를 계시해 주고, 계시는 늘 우리를 형성한다. 우리는 더 아는 게 아니라 더 되어간다. 언어를 가장 잘 쓸 줄 아는 시인, 연인, 아이, 성인(聖人)은 말로 뭔가를 창조한다. 친밀함과 성품과 진과 선과 미를 창조한다. … 이것이 계시, 곧 인격적 계시다."[4]

물론 성경은 우주의 본질에 대해 우리에게 가르쳐 줄 게 많다. 그러나 성경의 취지는 의사소통에 그치지 않고 다분히 우리를 구애하는 데 있는 것 같다. 우리의 현대어는 삶을 더 편하게 해주려는 방법론 지침과 사용설명서로 가득 차 있지만, 성경은 한 인격체를 계시해 주려는 이야기와 시와 비유와 노래와 은유로 흠뻑 젖어 있다. 그분이 우리에 대해 어떻게 느끼고 계시며 어떻게 우리를 자신의 형상대로 빚고 계신지가 성경에 계시되어 있다. 이 계시의 관건은 **무엇이** 계시되느냐가 아니라 **누가** 계시되느냐에 있다. 성경의 계시는 곧 성전의 휘장이 찢어져 영광이 놓여나고 하나님이 풀려났다는 뜻이다.

만남의 장인 성경

나의 성경 읽기를 막았던 것은 성경을 이용 대상으로 취급하는 여러 비인격적 접근법이었다. 그래서 나는 성경이 만남의 장이라는 인식을 잃었었다. 성경을 펼 때 우리는 대화 속으로 초대된다. 인간 저자들과의 대화만 아니라 성경 속에 거하시며 성경을 감독하시는 궁극적 저자와의 대화다. 예수는 성령께서 우리에게 모든 것을 가르치시며 예수의 모든 말씀을 생각나게 하실 거라고 약속하셨다(요 14:26). 그래서 나는 성령께서 성경을 깨닫고 그대로 살도록 우리를 도우신다고 믿는다. 우리는 결코 성경을 혼자서 읽는 게 아니다.

흔히 우리는 성경의 속성을 "숨이 불어넣어졌다"라는 뜻의 **영감**이란 단어로 표현한다. 바울의 디모데후서 3장 16절에 그 말이 나온다. "모든 성경은 하나님의 감동으로 된 것으로 교훈과 책망과 바르게 함과 의로 교육하기에 유익하니." 여기 바울이 새로 지어낸 테오프뉴스토스(theopneustos)라는 헬라어 단어는 대개 "영감, 감동"으로 번역되지만 직역하면 "하나님이 숨을 불어넣으셨다"는 뜻이다.[5] 성경 말씀은 하나님의 입에서 나오는 날숨이며 성령은 종종 "하나님의 호흡"
으로 불린다.

우리가 하는 말은 입에서 급히 나와 사라지지만 하나님이 하시
는 말씀에는 그분 자신의 임재가 실려 있다. 하나님과 그분의 말씀은
결코 별개가 아니다. 말씀에는 그분 자신이 흠뻑 배어 있다. 말씀이
곧 임재일 정도로 그분의 존재와 능력과 지혜가 뚝뚝 떨어진다. 영원
하신 아들 예수가 요한복음에 왜 하나님의 말씀으로 지칭되는지 이
제 이해가 된다. 말씀이 하나님 자신의 존재로 충만하니 그 말씀이 곧
하나님이다.

예수 그리스도는 우리의 구원에만 아니라 성경 읽기에도 중보
가 되신다. 기독교 초창기의 성경 해석자들로부터 시작된 확신 그대
로 예수는 신약만 아니라 또한 구약의 주인공이시다. 모든 성경은 그
분을 가리켜 보이고, 그분 안에서 성취되며, 그분의 임재로 두루 편만
해 있다. 저자들이 그분의 이름을 쓰지 않을 때조차도 마찬가지다. 물
론 그분의 목소리가 더 또렷이 들리는 본문들도 있지만 그래도 유다
의 사자는 성경의 책장마다 어슬렁거리신다. 성경 어디를 펴든 우리
도 세례 요한과 한목소리로 "보라, 하나님의 어린양이로다!"라고 선포
할 수 있다.

인격의 모든 부분을 동원해 듣기

모든 언어는 구어로 시작된다. 먼저 구어와 듣기가 있었고 문어와 읽

기는 장구한 역사가 흘러서야 출현했다. 후자는 늘 파생된 형태의 소통이다. 성경에 담긴 말도 사람들이 들은 게 먼저이고 읽은 것은 나중이다. 성경의 예언, 율법, 시, 노래, 역사, 설교는 다 화자가 현장의 청중에게 말한 것이다. 사도들의 서신도 수신자들에게 낭독되었다. 그들은 모여서 들으며 성찬을 나누었다. 살아있는 목소리에 실린 억양과 말투와 감정이 말씀에 생동감을 더해주었다.

유진 피터슨은 문어를 구어의 "탈수된" 형태라 칭했다. 생생한 관계가 다 빠져나간 이차원의 말이라는 뜻이다. 성경을 펼 때 우리는 하나님께 죽은 글자를 다시 살리실 능력이 있음을 믿어야 한다.[6] 스캇 맥나이트의 말처럼 "우리가 성경을 읽을 때 구해야 할 것은 지면의 이차원적 활자를 하나님과의 삼차원적 만남으로 바꾸는 능력이다."[7] 고대의 우편물을 정리하다가 거기에 내 세계가 언급되고 내 언어가 들리고 내 이름이 불리니 실로 기적이라 아니할 수 없다.

성경에 대한 나의 접근법은 그것을 "읽기"가 아니라 "듣기"로 부르기 시작하면서 일대 전기를 맞았다. 성경 말씀을 들을 때 나는 모든 글 배후에 목소리가 있음을 상기한다. 본문을 해부하기 전에 인격체의 말부터 들으려 한다. 맥나이트는 이를 성경에 대한 "관계적" 접근이라 했다. 그런 식으로 하면 "성경 속에서 하나님의 음성을 듣고, 들으면서 그분과 대화하게" 된다.[8] 각 책과 장과 절을 읽을 때 "누구"의 문제가 전면으로 부각된다. 각 본문은 이런 질문을 불러일으켜야 한다. 하나님은 누구이신가? 나는 누구인가? 교회는 누구인가? 예수는 누구이시며 우리를 누구로 만들고 계신가? 물론 "무엇"과 "어떻게"의 문제도 깨달음에 필요하므로 우리는 그것을 무시하지 않는다.

다만 성경 말씀을 듣는다는 게 결국 하나님의 말씀을 듣는 것임을 잊지 않는다. 맥나이트는 그것을 이렇게 표현했다. "성경의 하나님과의 관계란 곧 그분의 말씀을 듣는 것이다. 그러면 그분을 더 깊이 사랑하고 사람들을 더 온전히 사랑할 수 있다."[9]

경청할 의도로 말씀에 접근한다면 우리의 목표는 지적인 깨달음 이상일 수밖에 없다. 물론 깨달음을 얻고자 노력하고 기도하고 기다리지만 그것을 궁극의 보상으로 여기지는 않는다. 말씀을 더 원하거든 말씀 앞에 자신을 더 내놓아야 한다. 성경 해석에 활용되는 "도구"도 늘어나 용어사전과 성구사전 외에 겸손과 순복과 신뢰와 소망도 요구된다. 머리와 논리력 외에 가슴과 꿈과 상상력까지 그리고 우리 인격의 모든 밝고 어두운 부분까지 가지고 나아가야 한다. 우리가 자아의 가장 깊은 부분까지 경청할 각오를 하면 자연히 하나님도 자신의 깊은 부분을 계시하실 것이다.

성경을 대하는 잘못된 태도

나는 지적, 문화적 중심지인 워싱턴 주 뷰리언(Burien)의 공교육 제도의 산물인지라 고등학교 때 당연히 고전 문학작품을 많이 읽어야 했다. 과제의 핵심은 각 작품의 "주제"를 밝혀내는 것이었다. 우리는 《모비딕》과 《앵무새 죽이기》와 《위대한 유산》의 책장을 파헤치고 대화와 인물과 구성을 체질하여 마침내 주제라는 금덩이를 파냈다. 이야기의 중핵을 이루는 도덕적 교훈이 우리가 독서를 통해 건지는 보화였다.

그 교훈만 찾아내면 책을 제대로 이해한 것이었다. 전 과목 A학점을 받으려는 일념에 불탔음에도 나는 약간 반항적인 의문이 자주 들었다. 단지 "주제"를 찾으려고 읽는다면 이야기는 무슨 소용인가? 하퍼 리(Harper Lee)는 왜 장시간을 매달려 《앵무새 죽이기》를 썼는가? 왜 그냥 "인종차별은 나쁜 것이며 선한 사람들은 그것을 막는다"라는 범퍼스티커 문구나 쓰지 않았는가? 그랬다면 인종차별이 영원히 종식되지 않았겠는가!

그때 나는 문학을 이야기에 싸인 도덕적 교훈으로 이해했다. 이야기라는 반짝이는 포장지를 뜯으면 그 속에서 주제가 나온다.[10] 동일한 해석 방식을 나는 성경 읽기와 성경 교육에서도 자주 보았다. 성경의 각 이야기를 해석하는 목표는 진위를 증명할 수 있고 삶에 적용할 수 있는 원리나 명제를 찾아내는 것이다.

예컨대 다윗과 골리앗의 전투 이야기는 "하나님은 약자의 편이시다"라는 농축액으로 바짝 졸여낼 수 있다. 이런 원리는 우리 삶에 닥쳐오는 어떤 장애물에도 적용할 수 있는 간편한 도구다. 단순한 원리라서 통제하고 다루기 쉽다. 이것이 만능열쇠가 되어 거의 모든 문을 열어준다. 열쇠가 어디서 왔으며 누가 만들었는지는 중요하지 않다. 일단 원리를 뽑아냈으면 이야기의 전후 문맥은 더 필요 없고 독자의 삶의 정황이 가장 중요해진다. 그 원리만 암기 카드에 적으면 책은 덮어도 된다.

기도가 되는 성경 읽기

성경에서 원리와 하나님을 끌어낼 게 아니라 성경 속으로 끌려 들어가면 어떨까? 나는 이야기를 조각조각 뽑아내는 게 아니라 전체 이야기 속에서 내 자리를 찾고 싶다. 큰 이야기로 하여금 내 이야기를 다시 쓰게 하고 싶다. 그래서 나는 성경 속으로 들어가 이미 거기 계신 하나님을 만나게 해주는 다음의 경청 방식들에 마음이 끌린다. 이런 방식은 하나님과의 대화를 강조하며 대화의 시발점으로 성경 말씀을 활용한다. 다시 말해서 성경 읽기가 곧 기도가 된다.

시편으로 기도하기. 성경을 그렇게 경청하는 방법 중에 시편으로 기도하기라는 오래된 전통이 있다. 지난 1,700년 동안 많은 수도원 공동체의 생활 리듬이 이 실천을 통해 정해졌다. 남녀 수도사들은 시편 전체를 계속 일순하면서 매일 매주 매년 시편의 말씀을 읊고 노래했다. 이 실천에 대해 내가 들어본 최고의 호칭은 "하나님에게서 온 말씀을 하나님께 돌려드린다"이다.

자신의 말을 찾으려면 때로 남의 말로 시작해야 한다. 시편으로 기도하기는 남의 말로 기도하여 자신의 기도를 찾는 한 방편이다. 우리는 시편 저자들의 찬송과 경축과 애통과 고뇌에 공감하며 그 속으로 들어간다. 그들의 경험과 씨름을 우리 안으로 가져와 그들의 말을 통해 자신의 상황과 기쁨과 고통을 하나님께 올려드린다. 내 경우도 그들의 말을 따라 하다 보면 어느새 주님과 직접 대화하고 있을 때가 많다. 그뿐 아니라 시편으로 기도하기는 하나님이 친히 감화하신 말씀을 그분께 돌려드리는 일이기도 하다. 뭐라고 기도해야 할지 모르겠다면 하나님 자신의 말씀으로 기도하는 것보다 더 좋은 출발점은 없다. 하나님의 감동으로 된 말씀이 당신 자신의 기도를 빚어낼 수 있다.

복음관상. 이냐시오 방식의 성경 읽기도 성경을 통한 하나님과의 대화를 강조한다. 16세기 예수회를 설립한 이냐시오 로욜라(Ignatius Loyola)는 창의적인 성경 읽기 방식을 개발하여 "복음관상(the prayer of the senses)"이라 불렀다.[11] 상상력을 살려 기도하는 연습이다.

이 방식에 따르면 당신은 1세기의 팔레스타인에서 벌어진 복음서의 이야기 속으로 직접 뛰어든다. 상상력을 총동원하여 광야의 열기를 느끼고, 흙냄새를 맡고, 등장인물을 보고, 그들의 목소리를 듣는다. 인물의 말을 공부한다기보다 그들의 세계 속으로 들어간다. 얼굴의 주름살을 보고, 그들의 두려움을 느끼고, 사람들 사이의 긴장을 경험하고, 그들의 의문을 당신의 것으로 삼는다. 현장을 전체적으로 흡수한 뒤에는 당신이 이야기 속의 한 등장인물처럼 예수와의 대화 속으로 들어간다.

한번 실험해 보자. 당신이 마가복음 9장의 이야기 속으로 들어가고 싶다고 하자. 예수께서 어떤 아버지를 만나시는데 그의 아들은 지독한 발작에 시달린다. 당신은 우선 마음을 열어달라고 기도한 뒤 상상력을 비추어 괴로운 아버지의 얼굴, 따지는 서기관들의 얼굴, 두려운 제자들의 얼굴을 본다. 아이를 빽빽이 둘러싼 더운 무리의 땀 냄새를 맡는다. 눈동자가 휙 돌아간 채 흙먼지를 날리며 바닥에서 경련을 일으키는 딱한 아이를 본다. 그의 고통과 두려움을 느낀다. 놀라는 구경꾼들의 소리를 듣는다. "내가 믿나이다. 나의 믿음 없는 것을 도와주소서"라고 예수께 애원하는 아버지의 목소리에서 떨림을 감지한다.

이번에는 아이에게 다가가서서 그분만의 권위로 말씀하시는 예수를 본다. 그분의 얼굴은 산에서 변화되신 여파로 아직도 빛나고 있다. 아이는 숨을 내쉬더니 몸이 축 늘어진다. 죽은 줄 알았는데 예수께서 아이의 손을 잡아 땅에서 일으키시니 새로운 생명이 뿜어져 나온다. 당신은 맞잡은 그 두 손의 온기를 느낀다. 부자가 서로 끌어안을 때는 기쁨과 안도가 당신에게 밀려온다.

이 극적인 장면을 떠나지 않은 채로 이제 당신은 예수와 교류한다. 이야기 속에 당신에게 가장 공감되는 인물이 하나 있을 것이다. 그렇다면 그 인물의 경험이 불러일으키는 질문을 던진다. 공감의 대상이 아버지라면 예수의 임재 안에서 이렇게 물을 수 있다. 내 삶에서 믿음은 어디에 있는가? 불신과 의심은 어디에 있는가? 아이에게 감정이 이입된다면 이렇게 묻는다. 나의 고통은 무엇인가? 두려움은 무엇인가? 어디에 치유와 새 생명이 필요한가? 그러고 나서 예수의 반응을 들으라. 그분이 말씀하시는가? 뭐라고 하시는가? 말투가 부드러운가? 당신을 바로잡아 주시는가? 미소를 지으시는가? 긍휼히 여기시는가? 들으면서 당신의 기분이 어떤가?

복음서의 이야기를 이냐시오 방식으로 읽을 때, 우리의 상상력을 동원한 이런 재구성을 성경의 연장(延長)으로 여겨서는 안 된다. 들려오는 예수의 모든 음성을 성경 전체의 증언, 공동체, 분별의 기도 등에 비추어 신중히 검토해야 한다. 각 장면 속에서 우리가 상상하는 내

경청, 영혼의 치료제

용은 대개 하나님에 대해서보다 우리 자신에 대해 더 많은 것을 말해 준다. 하지만 이는 기쁜 소식이다. 자신에 대한 이런 계시가 기도로 주님과 풍성히 교류하는 터전이 될 수 있기 때문이다.

렉시오 디비나. 나의 성경 읽기와 묵상이 되살아난 것은 이 실천 덕분이다. 렉시오 디비나는 모든 단어와 글자와 획 하나까지도 궁극적으로 하나님에게서 기원했다고 선포할 정도로 성경의 영감을 진지하게 대한다. 성경의 어구와 인물은 과거에 머물지 않고 오늘 하나님이 우리에게 소통하시는 방편이 된다. 성령께서 생명력을 불어넣으시기 때문이다. 옛 말씀을 통해 새 말씀을 듣는 렉시오 디비나(lectio divina)는 "거룩한 독서"로 직역되며, 이름도 특이한 12세기의 수사 귀고 2세(Guigo the Second)가 전형적 틀을 갖춘 것으로 알려져 있다.[12] 핵심 개념은 이렇다. 당신이 본문 속에 들어가 여러 번 천천히 읽노라면 성령께서 본문 속의 특정한 단어나 문구나 개념을 당신에게 주실 수 있고, 그러면 그것이 기도와 묵상의 기초가 된다. 나는 이렇게 표현하고 싶다. 성경을 듣노라면 그 속의 뭔가가 당신에게 **노래를 불러줄** 수 있다. 말씀이 평이하게 선형(線形)으로 쭉 흐르다가 갑자기 한 단어나 문구가 당신에게 툭 튀어나오면서 천사들이 노래하기 시작한다. 이는 하나님이 당신에게 말씀하고 계시다는 단서이며, 그래서 당신은 그것을 최대한 붙든다. 렉시오 디비나는 이런 경험을 연장시켜 준다. 덕분에 당신은 머릿속으로 말씀을 이모저모 뜯어보고 듣고 기도하며, 이를 통해 하나님의 임재 속으로 이끌려 든다.

귀고가 제시한 네 단계는 라틴어로 각각 렉시오(읽기), 메디타시오(묵상), 오라시오(기도), 콘템플라시오(관상)인데 나는 이런 전개를 경

청의 단어로 곧잘 고쳐 부른다.[13]

듣는다. 본문을 천천히 두 번 통독한다. 또박또박한 발음으로 문장과 문장 사이를 띄워가며 소리 내어 읽는다. 연애편지를 읽듯이 모든 음색과 울림, 낱말 안팎의 감정, 자간과 행간에 배태된 침묵까지 포착하려 들라. 말씀을 마음 깊이 받아들이라. 뭔가가 당신에게 노래를 불러주거든 비판하거나 분석하지 말고 거기에 주목하라.

묻는다. 본문을 다시 통독하며 무엇이든 당신에게 노래를 불러주는 부분에 다시 주목하라. 돋보이는 단어나 문구가 있는가? 아름답거나 신기해 보여 당신의 주의를 끄는 게 있는가? 그렇다면 거기에 시간을 들이라. 그 내용과 그것이 중요해 보이는 이유를 묵상하라. 지금은 지성을 구사하거나 주석을 읽을 때가 아니라 자신을 돌아보는 시간이다. 해당 부분은 당신의 삶을 향해 어떻게 말하는가? 그 안에 초청도 들어 있는가?

응답한다. 한 번 더 읽으며 말씀으로 기도하라. 이번에는 읽은 내용을 통해 주님과 교류하라. 당신에게 노래를 불러준 단어나 문구가 있었다면 깨달음을 구하라. 초청이 들려왔다면 그것을 하나님께 올려드리며 그분의 반응을 들으라. 당신의 삶에서 어떤 관계나 고민이나 어두운 부분이 표면에 떠올랐다면 그 또한 외면하지 말라. 최대한 솔직해지라. 주님은 우리 마음을 살피시며 우리를 우리 자신보다 더 잘 아신다. 지금 그분이 당신에게 들려주시는 새로운 말씀이 있는가?

머문다. 본래 성경 말씀은 우리를 그 배후의 말씀이신 분과 대면하게 해주는 창이다. 이번 마지막 단계에서는 주님의 임재 안에 충분히 머물라. 들은 말씀에 이끌려 그분의 품에 안기라. 침묵 속에 앉아 그분을 즐거워하고, 무슨 말이나 행동을 해야 한다는 부담감 없이 그분과 함께 있으라. 당신을 인해 하나님이 노래하시게 해드리라.

렉시오 디비나의 실천이 일깨워 주듯이 우리가 성경을 듣는 일에 끝이란 없다. 하나님이 성경을 통해 우리에게 말씀하시는 일이 끝나지 않기 때문이다. 고전음악도 몇 번이고 음미하며 기악 편성의 모든 성부(聲部)와 화음과 선율을 경청하면 매번 뭔가 새로운 것이 들린다. 마찬가지로 우리는 같은 성경 본문을 몇 번이고 다시 대할 수 있다. 그 풍성함과 아름다움에 다함이 없기 때문이고 하나님이 매번 새로운 것을 보이시며 새로운 말씀을 들려주시기 때문이다. 그러면 우리는 들은 내용을 취하여 온종일 품고 다닐 수 있다. 그 노래가 우리 머릿속에 남아 연주되고 또 연주되면서 임마누엘, 곧 우리와 함께하시는 하나님을 상기시켜 줄 것이다.

듣는 사람의 성품에 달린 성경 읽기

성경을 경청하는 것은 매우 인격적인 방식이다. 다른 형태의 성경 읽기가 배제되는 것은 아니지만 다음과 같은 인식만은 분명하다. 최선의 성경 읽기란 우리의 사고가 하나님의 임재 속으로 빨려들어 갈 때 그리고 들은 내용으로 우리 마음에 불이 붙을 때 이루어진다. 그래서 나는 성경 해석에 대한 4-5세기 교부들의 관점에 매료된다. 그들은 지적 추구와 영적 추구를 나누지 않았으며, 오히려 성경을 잘 읽으려면 듣는 사람의 성품이 가장 중요한 요소라고 역설했다.

크리스토퍼 홀(Christopher Hall) 교수는 이렇게 설명했다. "교부들이 생각한 성경이란 성령의 은혜와 능력으로 점점 더 거룩해져 가는 이들에게 자신을 열어 보이는 거룩한 책이다. 본문 자체에서 무엇을 보고 들을 것인지는 다분히 주석가의 성품에 달려 있다." 일례로 3세기의 주교 아타나시우스(Athanasius)는 "성경을 탐색하여 제대로 이해하려면 선한 삶과 순결한 영혼이 요구된다. … 순전한 생각으로 성인들의 삶을 참으로 본받으려 하지 않고는 그들의 가르침을 능히 이해할 수 없다"고 단언했다.[14]

교부들에 따르면 우리에게 깨달음이 부족함은 읽는 대로 살지 않기 때문이다. 생각이 비어 있어서가 아니라 우리 마음이 닫혀 있어서다. 예수께서도 친히 그렇게 말씀하셨다. "사람이 하나님의 뜻을 행하려 하면 이 교훈이 하나님께로부터 왔는지 내가 스스로 말함인지 알리라"(요 7:17). 듣는 대로 행하려는 헌신이야말로 예수의 말씀이 진리임을 확증해 준다. 우리가 깨닫지 못함은 순종하지 않기 때문이다. 유진 피터슨의 말처럼 "우리가 본문에 대해 던져야 할 가장 중요한 질문은 '이것이 무슨 뜻인가?'가 아니라 '내가 순종할 것은 무엇인가?'이다. 아무리 성경 주석과 사전과 용어사전이 많아도 본문 앞에 우리 삶을 훨씬 빨리 열어주는 것은 단순한 순종의 행위다."[15]

지혜는 순종하는 가운데 주어진다. 성경을 하나님이 감화하셨다고 선포하는 것과 성경의 감화대로 살아가는 것은 다르다. 율법과 선지서와 서신서를 읽을 뿐만 아니라 "뭇 사람이 알고 읽는" "그리스도의 편지"(고후 3:2-3)가 되려 할 때, 비로소 성경의 의미가 우리에게 깨달아진다. 우리는 듣기 힘들 때도 기꺼이 들어야 한다. "일곱 번

뿐 아니라 일곱 번을 일흔 번까지라도"용서하라(마 18:22) 하신 예수의 말뜻을 지적인 수준에서 이해하려 애쓸 수는 있으나 실제로 내게 깊은 상처를 입힌 사람을 용서하려 애쓰지 않는 한 성경을 참으로 경청한 게 아니다.

성경을 즉흥 연주하는 삶

성경을 잘 경청했는지 알려면 나중에 호출되어 연주할 때를 보면 된다. 성경은 우리를 달래서 재우는 자장가가 아니라 오히려 흔들어 깨운다. 들은 내용으로 삶 속에서 즉흥 연주를 하도록 우리를 부른다.

예전에 나는 고등학교 재즈악단에서 알토 색소폰을 연주했다. 악단은 꼭두새벽부터 모였다. 어둡고 안개가 자욱한 시애틀의 아침을 뚫고 음악실로 차를 몰고 가던 기억은 그립고도 아찔하다. 잠이 덜 깬 십대 아이들이 거기서 즉흥으로 재주를 연주했다. 신도시의 백인 아이들이었지만 최대한 할 수 있는 만큼 했다. 악보만 있으면 나도 연주에 숙련되어 있었으나 즉흥이라면 젬병이었다. 즉흥 연주란 주어진 코드, 밑에 깔리는 기본 선율, 본인의 상상력과 용기를 모두 모아 새로운 음악을 직접 작곡하는 일이다. 나도 시도해 보았으나 음을 아무렇게나 뒤죽박죽 늘어놓거나 아니면 앞서 연주한 사람을 그대로 따라 하기 일쑤였다.

이상적인 즉흥 연주란 새로운 음악을 창작하되 정해진 음악적 테두리 안에서 하는 것이다. 앞선 주자의 선율을 똑같이 반복하지도 않지만 그렇다고 제멋대로 아무렇게나 연주하지도 않는다. 테두리를 약간 넘나들 수는 있으나 각자의 독주가 전체 곡에 맞아들어야 한다. 십대 아이들이 아무런 규칙이나 틀도 없이 흩어져 앉아 저마다 자유자재로 악기 소리를 내는 게 아니다. 그래서 최고의 즉흥 연주자는 가장 잘 듣는 사람이기도 하다. 재즈 클럽에 가보면 알겠지만 모든 단원들이 서로의 독주를 귀담아 듣는다. 자기 차례가 되어 새로운 음악을 창작할 때 앞서 나온 연주와 조화를 이루어야 함을 알기 때문이다. 전체의 흐름이 중요하다.

우리의 소명은 성경을 듣고—특히 성경 전체에 짜여 있는 그리스도의 이야기를 듣고—그 주어진 내용으로 즉흥 연주를 하는 것이다. 경청 능력을 측정하는 기준은 이 연주를 얼마나 충실하게 잘하느냐는 것이다. 우리는 지식이나 잔뜩 얻자고 듣는 게 아니며, 성경을 대할 때 끝없이 연습하고 암기하는 악보로만 대하지 않는다. 성경의 큰 악장인 여러 코드와 리듬은 우리를 이끌어 직접 충실하고 독창적인 작곡을 하게 한다. 우리의 즉흥 연주는 이미 들은 내용에서 흘러나온다. 성경 말씀이 귀에 쟁쟁하기에 우리는 앞으로 나아가 새롭고 감동적인 음악, 듣는 이들의 마음을 매료하는 곡을 창작할 수 있다.

5장

창조세계가
들려주는
하나님

내가 죽으면 부고에 "산악인"이라는 말이 등장하지는 않을 것이다. 자연주의자 존 뮈어(John Muir)의 턱수염이 광야에서 나보다 오래 살아남을 것이다. 언젠가 시에라네바다 산맥에 폭풍이 휘몰아치던 날, 뮈어는 광풍 속에 선 나무의 심정을 겪어보려고 높은 더글러스 전나무 꼭대기에 휘청휘청 올라갔다. 이에 뒤질세라 나도 지난번 야영을 갔을 때 숲속으로 아주 깊이 들어갔으나 그래봐야 휴대전화의 수신 막대가 아직도 둘이나 남아 있었다. 변명하자면 나는 북서부에서 자랐는데 숲속으로 깊이 들어가면 원인(猿人)에게 잡아먹히니 들어가지 말라는 경고를 받았었다.

대학 시절 친구들이 모이면 으레 하는 칫솔 이야기가 있다. 예전에 우리는 로스앤젤레스 북단의 앤젤레스 국유림이라는 산자락으로 다함께 야영을 갔었다. 내 평생 두 번째 캠핑 여행이었을 것이다. 저녁을 먹고 나서 대부분 텐트 안으로 들어갔는데 친구 다시가 자기 텐트 안에서 약간 놀라며 물었다. "저게 무슨 소리지?" 안에 있던 다른 친구들도 맞장구를 쳤다. "엔진 소리인가? 근처에 차가 있어? 무슨 일이지?" 어둠 속에 서 있던 나는 주변을 둘러보며 심드렁하게 말했다. "아니, 아무도 없어. 어떤 소리인데?" 내 룸메이트인 션은 "윙윙거리는 게 꼭 무슨 모터 소리 같다"고 설명했다. 그제야 나는 "아, 내 칫솔 소리야"라고 중얼거렸다. 표준 캠핑 장비에 전동칫솔은 포함되지 않는다는 말을 아무도 내게 해주지 않았던 것이다.

창조세계에 대한 장을 쓰고 있지만 나는 자연주의자나 현대판 성 프란체스코(St. Francis)가 못 된다. 지금 내 어깨에 다람쥐나 새가 앉아 있지도 않다. 오히려 나는 호머 심슨(Homer Simpson)에 더 가깝다. 상상 속에서 소로(Thoreau)의 발자취를 따라 숲속으로 이주하여 수상록을 집필하던 그는 첫날 일기장에 이렇게 쓴다. "텔레비전을 가져왔어야 하는 건데. 이렇게 아쉬울 줄이야."

이 주제에 처음 눈뜨던 때에 나는 산정에서 360도 전방위의 경치를 조망하며 황홀경에 취해 있었거나 빛바랜 가을 낙엽을 손가락으로 매만지던 중이 아니었다. 바깥세상의 위력과 경이에 개안하던 순간 나는 실내에서 책을 읽던 중이었다. 아래와 같이 말해주는 아주 오래된 책이다.

주의 손가락으로 만드신 주의 하늘과
　주께서 베풀어 두신 달과 별들을 내가 보오니

사람이 무엇이기에 주께서 그를 생각하시며

인자가 무엇이기에 주께서 그를 돌보시나이까(시 8:3-4).

여호와의 소리가 물 위에 있도다.

영광의 하나님이 우렛소리를 내시니

여호와는 많은 물 위에 계시도다.

여호와의 소리가 힘 있음이여.

여호와의 소리가 위엄차도다.

여호와의 소리가 백향목을 꺾으심이여.

여호와께서 레바논 백향목을 꺾어 부수시도다.

그 나무를 송아지같이 뛰게 하심이여.

레바논과 시룐으로 들송아지같이 뛰게 하시도다.

여호와의 소리가 화염을 가르시도다.

여호와의 소리가 광야를 진동하심이여.

여호와께서 가데스 광야를 진동시키시도다.

여호와의 소리가 암사슴을 낙태하게 하시고

삼림을 말갛게 벗기시니

그의 성전에서 그의 모든 것들이 말하기를 영광이라 하도다

(시 29:3-9).

너희는 눈을 높이 들어

누가 이 모든 것을 창조하였나 보라.

주께서는 수효대로 만상을 이끌어 내시고

그들의 모든 이름을 부르시나니

그의 권세가 크고

　그의 능력이 강하므로

　하나도 빠짐이 없느니라(사 40:26).

공중의 새를 보라. 심지도 않고 거두지도 않고 창고에 모아들이지도 아니하되 너희 하늘 아버지께서 기르시나니 너희는 이것들보다 귀하지 아니하냐. 너희 중에 누가 염려함으로 그 키를 한 자라도 더할 수 있겠느냐. 또 너희가 어찌 의복을 위하여 염려하느냐. 들의 백합화가 어떻게 자라는가 생각하여 보라. 수고도 아니하고 길쌈도 아니하느니라. 그러나 내가 너희에게 말하노니 솔로몬의 모든 영광으로도 입은 것이 이 꽃 하나만 같지 못하였느니라. 오늘 있다가 내일 아궁이에 던져지는 들풀도 하나님이 이렇게 입히시거든 하물며 너희일까보냐, 믿음이 작은 자들아(마 6:26-30).

이는 하나님을 알 만한 것이 그들 속에 보임이라. 하나님께서 이를 그들에게 보이셨느니라. 창세로부터 그의 보이지 아니하는 것들 곧 그의 영원하신 능력과 신성이 그가 만드신 만물에 분명히 보여 알려졌나니(롬 1:19-20).

　이런 본문에 오래 머물수록 하나님을 기록된 말씀에서만 찾는 게 내 양에 차지 않았고, 그분이 내게 해주실 말씀이 아직도 더 있다는 생각이 들었다. 성경이 우리에게 가리켜 보이는 대상은 결국 성경 자체가 아니라 창조주요 구속자요 공급자이시다. 그분은 일상 속에 임재하여 활동하시고, 아브라함 카이퍼(Abraham Kuyper)의 말을 풀어쓰자면 우주의 모든 구획을 측량하여 정당하게 "내 것!"이라 선언하신다.

나는 탁월한 문장가이신 하나님은 만났으나 천지를 구석구석까지 만드신 탁월한 장인이신 하나님은 잘 몰랐다. 그러다 우연히 옛 켈트족의 전통을 알게 되었다. 그들은 공부할 경전을 하나가 아니라 둘로 꼽았는데, 하나는 성경이고 또 하나는 그들의 표현으로 "큰 책", 곧 자연계였다. 신학 서적이야 내 방에 많이 꽂혀도 있고 쌓여도 있으나 그 순간 내 서재에 창조세계만 한 구멍이 있음이 드러났다. 클레르보의 성 베르나르(St. Bernard of Clairvaux)는 "책보다 숲에 얻을 게 더 많다. 스승에게 배울 수 없는 것을 나무와 돌이 가르쳐 줄 것이다"라고 가르쳤다.[1] 책은 대개 산문으로 말하지만 창조세계는 시로 말한다. 시간을 내서 들어보면 알겠지만 우리는 최고의 시인들의 영감과 재주로도 따라갈 수 없는 온갖 비유와 우화와 노랫말에 에워싸여 있다.

나는 신학을 고상한 구실로 삼아 사방의 예술 작품을 시큰둥하게 대했다. 인간의 마음이 반항적이라 우상숭배로 기울기 쉽다는 고백 속에 나의 개혁주의 성향이 드러난다. 우리는 무엇이든 좋은 것을 너무 좋게 둔갑시켜 피조물을 신격화하고 숭배하기 일쑤다. 물론 사도 바울은 로마서 1장에 하나님의 속성이 만물에 계시되어 있다고 했다. 하지만 두 장 뒤로 가면 그는 우리 모두를 죄의 족쇄에 얽어맨다. 죄는 우리 마음과 사고를 변질시키는 위력이 있다. 우리는 피조물을 통해 창조주를 찬송하도록 태어났으나 어느새 피조물을 찬송하며 창조주를 망각하거나 뜯어고치고 있다. 그 뿌리에서 만물을 곧 신이라 믿는 범신론과 만물 속에 신이 있다고 믿는 만유재신론이 나왔다. 이런 수렁에 어떻게든 빠지지 않으려고 나는 땅만 보고 다녔고 주변에 벌어지는 매일의 기적에 귀를 막았다.

그러나 신학에 막혀 하나님의 피조물을 즐거워하지 못하고 피조물을 통해 그분의 음성을 들을 수 없다면 내가 신학을 하는 방식에 뭔가 심각한 문제가 있다. 이단을 조심한답시고 비신자들에게 자연을 우리보다 더 깊이 경험하게 할 수는 없다. 하나님의 정수를 길가의 돌에서 찾을 수 없음은 사실이지만 우리가 찬송하지 않으면 돌들이 소리 지르리라는 것도 사실이다. 그리스도인보다 더 창조세계를 기뻐해야 할 사람도 없고 그리스도인보다 더 환경을 보호해야 할 사람도 없다. 우리가 창조세계의 왕을 만났고 그분의 보좌가 도처에 산재하기 때문이다.

"말씀을 귀담아 듣는 게 지당하고도 더 유익하다"는 장 칼뱅의 말에 동의하지만[2] "가장 아름다운 극장에 훤히 펼쳐져 있는 하나님의 작품을 경건하게 즐거워하는 일도 부끄러워하지 말자"는 그의 말 또한 내게 감동을 준다.[3] 복음을 들음으로 우리 마음과 생각이 속에서부터 새로워지면 모든 감각도 회복되어 바깥세상에서 하나님의 움직임을 똑똑히 경험할 수 있다. 이미 우리는 새로운 피조물의 시대에 살고 있다. 이 시대는 예수께서 무덤에서 걸어 나오시던 그 일요일 아침에 도래했다. 그분이 실눈을 떠 햇빛에 익숙해지시는 동안 새로운 한 주가 밝았다. 새로운 피조물이 되면 인간도 본래 지음받은 목적대로 회복되고, 창조세계 자체도 쇄신되어 본연의 임무를 다한다. 곧 사람들에게 말씀으로 세상을 만드신 하나님을 가리켜 보이며, 보이지 않는 그분의 속성을 보게 해준다.

창조세계의 비밀을 듣는다

하나님의 세상과 말씀은 서로 협력하여 창조세계의 큰 비밀을 알려 준다.[4] 피조물 자체는 기껏해야 창조주 쪽으로 전체적 방향을 제시할 뿐이지만 말씀은 우리에게 정확한 좌표를 준다.[5] 구약—말씀으로 창조하시는 창세기의 하나님, 잠언의 의인화된 지혜 등—에도 비밀이 암시되지만 온전히 알려지기는 신약의 첫 장이 열리고 나서다. 동방의 철인(哲人)들은 세상과 말씀, 즉 별빛의 인도와 선지자의 예언에 이끌려 베들레헴으로 향하는데, 알고 보니 그동안 잘 지켜져 온 창조세계의 비밀은 정보가 아니라 예수 그리스도라는 인격체다. 그 이전까지는 그분이 창조의 행위자로 밝혀지지 않았으나 그 순간부터는 만물이 그리스도를 통해 그리스도를 위하여 지어졌음을 깨닫지 않고는 아무도 만물을 바로 알 수 없다. 그분은 창조세계의 근원이자 통로이자 목표다. 세상은 로고스, 곧 지혜이신 그분을 통해 지어졌고 지금도 지탱되고 있다. 그분은 말씀과 세상이 만나는 곳이다.

창조세계의 비밀이 우리에게 속삭여졌으니 이제 그것으로 모든 문이 열린다. 하나님이 궁극적으로 예수 그리스도 안에 계심을 알면 어디서나 그분의 음성이 메아리쳐 들려오기 시작한다. 창조세계에 얼굴과 인격이 입혀졌다. 알고 보면 우리의 첫 숨이 트일 때부터 창조세계는 은혜를 가르치고 있었다. 모든 물질의 배후에 지성이 있고 아름다운 세상의 배후에 지혜가 있다. 자연계에 가득한 장난기와 즐거움의 배후에 사랑이 있다. N. T. 라이트(N. T. Wright)는 창조세계를 "표지판"이라 했다. 이 표지판은 충실하게 우리에게 창조주를 가리켜 보이고, 또 놓칠 수 없는 만대의 결혼식이 천지간에 거행될 그날을 가리켜 보인다. 창조세계의 모든 영광과 기적과 경이는 장차 예수 그리스도를 온전히 드러내기 위한 서곡에 불과하다. 그날이 오면 드높은 산과 깊은 바다에서 그 비밀이 외쳐질 것이다.

우리에게 설교하는 우주

우리는 빛을 통해 우주를 안다. 무엇이든 해와 별의 조명이 있어야 우리 눈에 들어온다. 그러나 우주는 조용하지 않다. 시편의 저자가 3천년 전에 밝힌 대로다.

> 하늘이 하나님의 영광을 선포하고
>> 궁창이 그의 손으로 하신 일을 나타내는도다.
> 날은 날에게 말하고
>> 밤은 밤에게 지식을 전하니
> 언어도 없고 말씀도 없으며
>> 들리는 소리도 없으나
> 그의 소리가 온 땅에 통하고

경청, 영혼의 치료제

그의 말씀이 세상 끝까지 이르도다(시 19:1-4).

　　이 시는 우리에게 **설교하는** 우주를 소개한다. 창조세계는 눈으로 즐기는 연회일 뿐 아니라 우리의 속귀에 메시지를 전한다. 들리는 소리는 없지만 우주의 강단에서 나오는 설교야말로 우리 평생의 가장 강력하고 잘 작성된 설교다. 창조세계는 살아있으며 수다스럽다. 이 메시지는 미신이나 운세가 아니며 하늘에서 울리고 땅에 기록된다. 천지가 한목소리로 말하기 때문이다. 성 아우구스티누스(St. Augustine)도 4세기에 그 메시지를 들었다.

　　하지만 나의 하나님은 무엇인가? 땅에게 물었더니 "나는 하나님이 아니다"라고 답했고 땅에 있는 모든 것도 똑같이 단언했다. 바다와 깊은 협곡과 그 속에 기어 다니는 모든 생물에게 물었더니 그들도 "우리는 너의 하나님이 아니니 우리보다 높은 것을 구하라"고 답했다. 불어오는 바람에게 물었더니 모든 대기와 그 안에 사는 만물도 "나는 하나님이 아니다"라고 대답했다. 하늘과 해와 달과 별에게 물었더니 "우리도 네가 찾는 하나님이 아니다"라는 답이 돌아왔다. 오감으로 느낄 수 있는 내 주변의 모든 것에게 말했다. "너희가 나의 하나님이 아니라니 그렇다면 그분에 대해 말해달라. 나의 하나님에 대해 뭔가를 말해달라." 그러자 그들은 큰 소리로 똑똑히 대답했다. "하나님은 우리를 지으신 분이다."[6]

　　하늘과 땅과 바다는 충실하고 헌신적인 설교자다. 자기를 지으신 분을 찬송할 줄밖에 모르니 말이다. 그들은 지칠 줄 모르고 그 유구한 강단에 서서 창조주의 막강한 능력, 절묘한 아름다움, 애틋한 자비, 즐거운 창의력을 증언한다. 무생물조차도 세상에 생명을 불어넣으시고 매순간 지탱하고 계신 그분을 소리 없이 증언한다.

하나님은 말씀으로 만물을 존재하게 하셨고 이제 만물이 그분의 존재를 말한다. 세상이 말씀으로 지어졌기에 말씀처럼 세상도 우리에게 회복과 양분과 감화와 교훈과 권고와 놀람과 혼란과 감동과 위안을 줌은 당연한 일이다. 만물이 하나님의 발화에서 태동했으므로 자연을 대상으로 한 우리의 모든 탐험과 등반과 공부와 향유는 거룩한 경청의 행위다. 창조세계는 처음에 시각 예술로 나타났으며 우리는 화가께서 색깔과 빛과 경이가 뚝뚝 떨어지는 팔레트를 쓰신 것에 감사드린다. 그러나 우리는 서서히 창조세계가 영혼의 귀를 위한 잔치이기도 함을 알게 된다. 자연계를 통해 속삭이시는 하나님의 메시지에 귀를 기울이면서 말이다.

풀과 모래의 예배실

소로가 뜻 깊게 살고자 숲속으로 들어갔다면 나는 뜻 깊게 듣고자 하나님의 세상 속에 뛰어들었다. 창조세계의 강단을 누리고 싶었다. 돌과 모래와 풀의 예배실에 앉아 그들의 설교를 듣고 싶었다. 리처드 포스터의 말처럼 나도 자연의 책을 공부하여 주님의 가르침을 얻고 싶었다.[7]

나를 광야로 내몬 게 또 하나 있다. 탈진이다. 당신이 같은 목사의 설교를 늘 듣다가 질리거든 자신의 설교를 듣는 그 목사는 얼마나 질릴지 생각해 보라. 목회가 고귀한 소명인 건 맞지만 영혼이 고갈될 수도 있다. 어느 날은 그리스도의 신부가 차라리 프랑켄슈타인의 신부처럼 보인다. 물론 인간은 만물의 영장이며 창조세계를 가장 충만하게 경험하려면 공동체가 필요하다. 교회보다 자연에서 하나님이 더 가깝게 느껴진다면 그것이 진정성 있는 감정이긴 해도 궁극적으로 충만한 성경적 영성은 아니다. 그럼에도 교회에서 지쳤을 때 자연 속으로 들어가면 뭔가 치유가 있다. 내가 하나님을 찬송할 수 없을 때도 창조세계는 찬송한다. 생애 초반 교회에서 상처를 받고 자연의 고독 속에서 치유를 얻은 존 뮤어는 "누구나 빵만 아니라 아름다움도 필요하다. 놀고 기도할 수 있는 곳이 필요하다. 자연이 우리 몸과 영혼을 치유하고 힘과 기운을 북돋아줄 수 있다"라고 말했다.[8] 그보다 오래전 성 프란체스코는 들판을 거닐며 꽃과 동물에게 복음을 전했다. 나는 꽃과 동물의 설교를 더 듣고 싶은 쪽이다. 내 설교와 달리 그들의 설교는 생전 지루하지 않다.

불안을 잠재운 폭포 앞의 성소

다행히 창조세계는 어디에나 있다. 나처럼 모험심이 덜한 부류에게는 특히 더 다행이다. 꼭 탐험가 루이스(Meriwether Lewis)와 클라크(William Clark)의 원정길을 되밟아야만 자연에서 한 수 배우는 것은 아니다. 내가 10년간 살았던 아파트는 캘리포니아 남부 샌게이브리얼 산맥의 구릉지에 있었는데, 겨울에 며칠씩은 내가 글 쓰던 책상에서 야자수 사이로 눈이 흩뿌려진 산들이 내다보였다. 내 시야에서 보면 중간급 봉우리들이 샌게이브리얼 산맥의 할아버지 격인 볼디 산(Mt. Baldy)을 에워싸고 있었다. 대머리마냥 정수리 부분에 나무가 없다 하여 그런 이름이 붙었다.

태양의 막바지 복수가 한창이던 늦여름이면 볼디 할아버지가 그 은신처에서 나를 불렀다. 사막의 열기 때문에 낮 시간에 감히 바깥으로 나가기란 불가능에 가까웠다. 게다가 나는 에어컨의 포로였다. 그래도 좀이 쑤셨다. 그해 여름에도 만성 갑갑증이 도진데다 이번에는 미래에 대한 불안까지 나를 들쑤셨다. 내 큰 꿈이 과연 하나라도 현실로 연결될 수 있을지 불안했다. 갑갑한 에너지를 발산해야 했기에 차를 몰고 볼디 정상의 3분의 2능선에 있는 샌안토니오 폭포까지 갔다.

"들의 백합화가 어떻게 자라는가 생각하여 보라. 수고도 아니하고 길쌈도 아니하느니라. 그러나 내가 너희에게 말하노니 솔로몬의 모든 영광으로도 입은 것이 이 꽃 하나만 같지 못하였느니라. 오늘 있다가 내일 아궁이에 던져지는 들풀도 하나님이 이렇게 입히시거든 하물며 너희일까 보냐"(마 6:28-30). 생명과 오색을 뿜내는 들판을 가리키며 제자들에게 그렇게 말씀하실 때, 확신컨대 예수는 일시적 기분에 빠지셨던 게 아니다. 결핍에 대한 불안과 그 잔인한 속삭임을 퇴치하려면, 남아돌 정도로 풍성한 창조세계에 몰입하는 게 상책임을 그분은 아셨다. 내 경우 "지각에 뛰어난 평강"도 산이나 물가에 앉아서 구하면 왠지 더 절절한 약속으로 다가온다. 자연계는 수고에 대한 보상이나 보수가 아니라 그냥 선물로 가득하다. 백합화도 그냥 자라나고 폭포도 흐를 수 있으니 흐른다. 오리 떼가 철벅거리고 꽥꽥거리는 것도 본래 하는 일이 그거라서 그렇다. 그들은 내 염려 따위에 관심이 없다. 그들은 큰 세계에 사는데 나의 세계는 작다.

샌안토니오 폭포는 깎아지른 벼랑에 파인 화강암 암벽의 중앙부로 쏟아지는데, 기단에 흩어진 큰 바위들은 얼추 회중석 역할을 한다. 대단히 장엄한 폭포는 아니다. 물은 3층 구조로 떨어진다. 우선 직하하여 국자처럼 움푹 고였다가 다시 강하하고, 거기서 한 번 더 쉬어 바닥에 닿는다. 나는 이 폭포를 영생에 이르도록 시원하게 쏟아지는 "삼위일체 폭포"라 부른다. 맨 위쪽 바위의 형상은 태곳적 뱀의 길쭉한 머리와 뒤틀린 목을 닮았다. 그러나 믿지 말라고 유혹하는 이 원수는 삼위일체 폭포의 가차 없는 은혜와 소생력을 막아낼 재간이 없고, 기단의 물웅덩이가 돌 밑을 흘러 시내를 이루는 것도 막지 못한다.

그날 나는 바위 회중석에 앉아 폭포의 설교를 들었다. 하나님께 협곡의 대성당에서 내게 말씀해 주시기를 구했다. 그해 여름 내 마음이 삼위일체 폭포에 끌렸던 것은 떨어지는 물소리가 내 속의 불안을 닮아서였을 것이다. 끊임없는 급류와 그 소리가 내 안에 날뛰던 세력과 겹쳐지는 듯했다. 처음에는 그 집요한 굉음이 내 불안을 더 부각시켰지만 계속 앉아 있노라니 그것이 나의 조급증을 따라잡고 늦추어 흡수해 버렸다. 내 머릿속은 고요해졌고 몸은 숨을 토해냈다. 그렇게 나는 내 바깥의 위력에 불안을 넘겨주었다.

긴 산책이라는 영성 훈련

차를 몰고 산에 오르는 일은 높은 지대에 사는 이들이나 누리는 호사일 수 있지만 긴 산책은 그렇지 않다. 긴 산책이라는 영성 훈련을 제안하고 싶다. 길어야 함은 우리 머릿속을 헤집고 다니는 독백을 다 토해내는 데 시간이 걸리기 때문이다. 산책이어야 함은 그보다 빨리 움직이면 세상이 흐릿해지기 때문이다. 이 실천의 취지는 우리의 속도를 늦추는 데 있다. 요즘은 내가 읽는 책마다 사람들이 "주의력"에 대해 말하는 것 같다. 현대 생활은 탄환 열차와도 같아서 삶의 풍경이 휙휙 지나간다. 그래서 어떤 이들은 눈앞에 있는 것을 놓치지 않고자 부득이 속도를 늦추거나 기차에서 내리기로 했다. 우리는 연월일에 너무 아등바등하느라 현 순간의 삶을 희생한다. 긴 산책의 관건은 주의력이고, 매 순간을 선물로 받는 것이며, 창조세계의 설교를 듣는 것이다.

긴 산책은 어디서나 실천할 수 있다. 자연의 오솔길도 좋고 도시라면 근처를 한 바퀴 돌아도 된다. 배후의 개념은 잠시 일상의 플러그를 뽑아 세상 속에 흐르는 그분의 전력에 접속하는 것이다. 나도 온전한 현존을 막는 안팎의 모든 요소로부터 빠져나와 자연계라는 큰 책으로 렉시오 디비나를 연습한다.

내 경우 산책의 첫 10분 동안에는 일단 영혼의 안개를 걷어낸다. 생각과 마음을 잠잠히 가라앉히고 바로 주변에 있는 하나님의 선물에 자신을 내준다. 그러면서 보이고 들리는 것들에 주목하기 시작한다. 크고 시끄러운 것이든 작고 조용한 것이든 관계없다. 의미를 부

경청. 영혼의 치료제

여하거나 어느 것 하나에 집중하는 게 아니라 그냥 주목한다. 안경을 쓰고 나갔을 경우에는 간혹 주변의 소리에 더 잘 주의하고자 안경을 벗는다. 나는 백내장이 많아 육안의 시력은 80세 노인에 가깝다. 그래서 안경을 벗으면 다분히 청각에 의존하게 된다. 우리는 창조세계를 주로 시각으로 흡수하는 편이지만 귀에도 그 일을 얼마간 맡기면 밖에 풍성한 교향악이 연주되고 있다.[9]

그렇게 자연계의 책을 통독하여 전체적으로 흡수하고 나면 이제부터는 뭔가 확 다가오거나 내게 노래를 불러주는 것에 집중한다. 나를 끌어들이는 구체적인 무엇이다. 첫 단계에서 교향곡 전체를 들었다면 이제는 각 악기에 집중한다. 길섶을 오가는 도마뱀인가? 특정한 새소리인가? 나뭇잎을 흔드는 바람인가? 나뭇가지의 모양새인가? 한밤의 소리들의 합창인가? 무엇이 됐든 그것을 잘 살피며 경청하라. 무엇이 보이는가? 무엇이 들리는가? 흥미롭거나 유의미해 보이는 부분은 무엇인가?

영적이거나 신학적인 관찰이어야 한다는 부담은 필요 없다. 그저 하나님이 손수 만드신 주변의 솜씨에 깨어나 경청하면 된다. 주의하기만 한다면 세상으로부터 얻어낼 교훈은 얼마든지 많다. 산과 바다는 인내를 조언하며 우리에게 속도를 늦출 것을 일깨운다. 잠언의 저자는 개미를 눈여겨볼 만하다고 생각했다. "게으른 자여, 개미에게 가서 그가 하는 것을 보고 지혜를 얻으라. 개미는 두령도 없고 감독자도 없고 통치자도 없으되 먹을 것을 여름 동안에 예비하며 추수 때에 양식을 모으느니라"(잠 6:6-8). 조나단 에드워즈는 거미줄에서 심오한 영적 의미를 건졌다. 이 주제에 대한 어느 장문의 편지를 그는 이렇게 맺었다. "외람되게도 이 신기한 동물을 더 잘 관찰할 이유를 조금이나마 밝혔습니다. 이런 관찰은 학계에도 알릴 가치가 있습니다. 영롱한 거미줄에 창조주의 한없는 지혜가 빛납니다."[10] 에드워즈는 또 거룩하신 하나님 앞에 나아가는 두려움을 불꽃 위에 대롱거리는 거미에 비유하기도 했다. 희한하게 거미를 좋아한 사람이다.

산책이 당신에게 낯선 훈련이라면 세상을 해석하는 편리한 안내서로 성경이 있다. 무지개는 하나님의 언약과 자비를 설교해 준다. 병아리를 거느린 암탉은 자기 백성을 자상히 돌보시는 예수를 연상시킨다. 바람은 신비롭게 일하시는 성령을 가리켜 보인다. 강물은 훗날 산에서 폭포처럼 떨어져 흐를 정의를 닮았다. 해돋이는 부활과 새 창조의 전조다. 풀과 꽃은 영원불변하시는 하나님에 대비하여 인간의 목숨과 아름다움이 덧없는 것임을 상기시킨다. 나무는 우리를 태초에 하나님이 생명을 주셨던 동산으로 데려가고 만국을 치료할 생명나무가 있는 종말로 데려간다. 성난 곰은 대머리 선지자를 놀리지 말 것을 일러준다.

당신의 주목을 끄는 게 있거든 그것을 마음과 생각 속에 품고 걸으라. 잠시 그것의 설교를 들으라. 그것을 구상하고 만드신 분과의 대화 속으로 이끌려 들라. 아름다움과 자비와 지혜를 지천에 널려 있게 하신 그분께 감사의 마음을 품으라. "감사합니다"라는 고백으로 산책을 마치라.

날마다 더해가는 창조의 리듬

천문학자 재너 레빈(Janna Levin)에 따르면 블랙홀은 소리를 낸다. 블랙홀에 접근하여 귀로 들어도 우리가 즉시 소멸해 버리지 않는다면 말이다. 블랙홀은 빙빙 돌고 굴절하며 주변의 공간을 압착하고 잡아 늘인다. 그 과정에서 우주의 손이 연주하는 투명한 플루트처럼 소리가 울린다. 우리가 고요한 밤에 심취하는 캄캄한 하늘도 천상의 팀파니를 치듯 흔들리고 부딪치며 공명한다. 레빈은 "우주에 소리로 작곡된 음악"이 있다고 말했다.[11] 우주는 악보다.

현대 천문학에는 이것이 새로운 발견일지 모르나 고대로부터 사람들은 창조세계의 선율에 맞추어 춤추었다. 천지가 시작되는 성경의 첫 장은 장단을 맞추어 들어야 소리가 최고로 좋아진다. 문학적 구조에 리듬과 속도가 있고 책장마다 치는 박자가 있다. 창조의 각 날마다 되풀이되는 후렴구—"하나님이 이르시되"와 "저녁이 되고 아침이 되니 이는 (몇째) 날이니라"—가 모든 절의 가락을 하나로 묶어준다. 날마다 새로운 악기가 창조에 새로운 소리를 더해주며 이전까지의 연주를 완성해 나간다. 그렇게 서서히 절정의 순간을 향해 치닫다가 창조 교향곡의 포르티시모에 이르러 하나님의 형상대로 인간이 창조된다.

창조의 노랫말은 분명한 리듬을 탄다. 하나님은 엿새 동안 일하시고 하루를 쉬신다. 6일 만의 안식이다. 한 해를 이루는 일주일 단위는 6과 1, 6과 1, 6과 1의 연속이다. 랍 벨(Rob Bell)의 말처럼 "하나님은 명연주가이시다."[12]

유진 피터슨은 이 음악을 더 분석했다. 그에 따르면 하나님은 창조의 1일째, 2일째, 4일째, 5일째에는 창조 행위를 **하나만** 하시지만 3일째와 6일째에는 각기 다른 **두 가지** 일을 행하신다. 6일째를 예로 들면 그분은 첫째, 땅에 돌아다닐 동물과 둘째, 땅에 충만하여 땅을 다스릴 인간을 창조하신다. 그러다 창조 마지막 날인 안식일에는 그 날에 해당하는 숫자(7)가 세 번 반복된다. 엿새 동안은 각 날수를 알리는 말이 한 번만 나온다. 이상의 숫자를 모두 종합하면 "1 2 3 / 3 4 5 6 / 6 7 7 7"이라는 틀이 나온다. 현대 음악은 4/4박자나 6/8박자로 연주되지만 고대 히브리 세계의 하나님 백성은 "하나 둘 셋, 셋 넷 다섯 여섯, 여섯 일곱 일곱 **일곱!**"이라는 박자로 시작했는지도 모른다.[13]

창조 이전 태초에 수면의 혼돈 앞에 서신 하나님을 나는 초등학교 밴드부 앞에 선 세계 정상급 지휘자로 곧잘 생각한다. 한꺼번에 삑삑대는 모든 악기 소리는 그야말로 혼돈이다. 교습이나 훈련을 받지 못한 풋내기들이 그저 어떤 소리가 나나 보려고 호른을 불고 바이올린을 켜대니 이가 덜덜거리는 불협화음이 날 수밖에 없다. 주변 부족(部族)의 변덕스러운 신들은 이런 불협화음으로 만족했다. 신들부터가 폭력과 싸움으로 세상을 만들어 냈으니 말이다. 그러나 히브리의 하나님은 그 혼돈을 들으시고는 곡을 쓰셨다. 어찌나 아름다운 선율인지 온 우주가 일어나 춤추었다. 마에스트로께서 그 곡을 연주하고 또 연주하시자 마침내 혼돈의 세력이 다 자취를 감추었다.

하나님이 창조세계라는 지면에 승리의 노래를 쓰신 셈이다. 우리가 사는 세상은 정적인 곳이 아니라 아침과 저녁, 일출과 월출, 흐림과 맑음, 밀물과 썰물, 기상과 취침, 일과 휴식, 가을과 겨울, 동면과 꽃

망울, 파종기와 추수철 등의 리듬이 끊임없이 맥박 치는 곳이다. 이렇게 자연계의 박동은 계속된다.

아침마다 깨어보면 우리가 작곡하지 않은 음악이 있다.[14] 그 기상나팔 소리가 우리를 깨워 움직이게 한다. 침대에서 내려와 바닥에 첫발을 디딜 때 우리는 진행 중인 춤에 끼어드는 것이다. 꿔다 놓은 보릿자루처럼 그 자리에 놓인 사람은 아무도 없다. 인생은 본래 리듬에 맞추어 살도록 설계되었다. 창조세계 고유의 리듬과 조화를 이루어야 한다. 창조세계에 참여하는 게 아니라 군림하려 들면 자연의 리듬이 깨져 시간이 자체 충돌을 일으킨다. 일주일과 하루와 시간 단위가 서로 꼬여 언제 하나가 시작되고 다른 게 끝나는지 놓치게 된다. 구분과 경계가 없으면 우리 삶은 경악스러우리만치 무형의 혼돈 덩어리와 비슷해진다. 바로 그런 혼돈을 하나님은 노래로 복종시키셨다. 인간은 만물의 영장이지만 만물의 주권자는 아니다. 참된 자유는 삶의 리듬을 통제하려 할 때 오는 게 아니라 그 리듬에 조화되게 움직일 때 찾아온다.

우리가 자도 세상은 돌아간다

조상들은 리듬대로 살아갈 수밖에 없었으나 우리는 전깃불로 시작된 기술 혁신 때문에 리듬을 벗어날 수 있게 되었다.[15] 그래서 빛과 어둠을 뒤집었다. 마음만 먹으면 밤새 일하고 낮에 온종일 잘 수도 있다. 서구 세계 전체가 잠자지 않는 거대한 도시가 된 것 같다. 그 피해가 몸으로 나타난다. 수많은 연구로 밝혀졌듯이 이 나라의 전염병이 된 수면 부족은 교통사고의 주요 원인일 뿐 아니라 당뇨와 비만 같은 병에도 영향을 미친다.

졸음에 겨운 우리 문화의 잠행성 피해는 영혼에 더 은근하게 나타난다. 인체에 필요한 잠을 거부하고 휴식 대신 끝없는 활동을 선택하는 것은 하나님께 도전하는 행위다. 창세기에서 인간이 창조되고 난 바로 다음날이 안식일인 것은 우연이 아니다. 남녀 인간은 땅을 경작하고 땅에 충만하라는 명령을 받았다. 그래서 혼신을 다하여 그 엄청난 사명에 임하려고 아침에 일어나 보니 하필 쉬는 날이었다. 한 주간의 일의 맥을 확 끊어놓는 안식일은 세상이 결국 우리의 것이 아니라는 분명한 메시지다. 우리가 아무리 수고하고 활동한다 한들 지구의 자전을 우리 힘으로 지속시킬 수는 없다. 하나님은 졸지도 않으시고 주무시지도 않으시지만 인간은 자야 한다. 잠은 휴식과 해방과 초탈을 누리게 하는 의미심장한 선물이다. "내가 평안히 눕고 자기도 하리니 나를 안전히 살게 하시는 이는 오직 여호와이시니이다"(시 4:8).

잠은 심신을 회복시켜 줄 뿐 아니라 날마다 여덟 시간은 세상이 우리 없이도 돌아감을 일깨워준다. 세상은 아침에 우리의 시동이 걸리기만 안달하며 기다리는 게 아니다. 우리가 세상을 대하여 죽어 있는 동안에도 자연계의 박동은 계속되며, 이를 알기에 우리는 안식할 수 있다.

경청. 영혼의 치료제

계절의 음성을 듣다

캘리포니아 남부의 계절은 다분히 기분상의 문제다. 연간 날씨의 주기는 소매업의 월력과 같아서 하절기 다음에 크리스마스가 있을 뿐이다. 눈을 감고 손으로 아무 달의 아무 날이나 짚어도 날씨가 맑고 푸르고 따뜻할 공산이 크다. 몇 년째 나는 로스앤젤레스에서 기상 예보관으로 일해 볼까 하고 있다.

날씨가 사철 획일적이다 보니 사람들의 생활방식도 그럴 때가 많다. 롭 벨은 "날씨가 1년 내내 똑같으면 삶도 1년 내내 똑같아지기 쉽다"고 했다.[16] 계절의 변화가 날씨에 반영되지 않으면 우리도 계절과 무관해진다. 계속 동일한 활동을 하며 동일한 속도로 움직이면 안타깝게도 지치고 답답하고 싫증날 때가 많다.

월력의 리듬을 초월하려 하기보다 그 리듬을 길잡이로 삼으면 어떨까? 그렇다고 보름달이 뜨는 날 옷을 벗고 울부짖으라는 말은 아니다. 다만 창공에 전개되는 드라마는 우리 안에 펼쳐지는 드라마와 닮아 있을 때가 아주 많고 후자에 영향을 미치기까지 한다. 어쩌면 계절은 빨리 움직일 때와 속도를 늦출 때, 행동할 때와 쉴 때, 바깥세상에 집중할 때와 휴면하며 침잠할 때를 알려주는 영혼의 교훈서인지도 모른다.

낙엽수(deciduous)라는 단어에 결정하다(decide)라는 단어가 들어 있는 게 나는 참 좋다. 어떤 나무들은 해마다 잎을 떨구기로 "결정하는" 것 같다. 잎사귀에 에너지를 다 내주느라 지쳐서 변화가 필요하다는 듯이 말이다. 비록 상록수의 기후 속에 처해 있으나 나도 낙엽수처럼 살기로 했다. 내가 살고 있는 이곳에서는 잘 눈에 띄지 않는 교사이지만 그래도 계절의 음성을 들으며 교훈을 받기로 했다.

전에 캘리포니아 남부에서 한 시간 반 거리의 내륙에 산 적이 있는데 그곳은 겨울에 약간 더 쌀쌀했고 여름은 단테(Dante)의 글을 무색하게 할 만큼 절절 끓었다. 8월의 정오에 길바닥에 계란을 풀면 병아리로 부화했다. 어쨌든 변화가 별로 없는 기후 속에 살면서 좋은 점은 환절기의 미묘한 차이에 주목하게 된다는 것이다. 여름이 가을로 바뀌긴 하지만 변화를 신중히 살펴야 한다. 나도 점차 단련되어 이제 9월이면 구름이 낮아져 산자락과 장난치는 게 보인다. 공기는 아침에 조금 천천히 데워졌다가 저녁에 조금 빨리 식는다. 엎어놓은 미소를 닮은 태양의 궤적도 밑으로 좀 처진다. 빛이 떨어지는 각도가 달라져 그림자가 길어지고, 여름 노을의 현란한 분홍빛 햇살은 은은한 호박색과 어두운 주황 색조의 가을 커튼에 밀려난다.

계절의 변화에 수반되는 똑같이 미묘한 정서적 변화에도 주목하는 법을 배우고 있다. 레이튼 포드(Leighton Ford)의 말이 맞는 것 같다. "대개 우리는 계절을 그 계절이 시작되고 끝나는 날짜로 생각하기보다 우리에게 미치는 영향으로 생각하지 않는가? 겨울의 추위, 봄의 소생력, 여름의 열기, 가을 낙엽의 우수처럼 말이다."[17] 내게 가을은 희비가 교차하는 계절이다. 찬란한 오색에 경탄하며 추수를 즐거워하지만 또한 필연적으로 땅 속으로 회귀하는 세상을 슬퍼한다. 겨울은 사색의 계절이다. 지난날을 돌아보며 감사하고 앞날을 조용히 희망하는 시간이다. 봄은 쇄신과 로맨스와 부활을 피워 올린다. 여름은 생활

경청, 영혼의 치료제

이 쉬워지는 개방과 풍요와 휴양의 시간이다.

주위의 유동적 흐름을 보면서 우리 몸과 영혼의 변화와 다양한 반응도 그대로 받아들이면 된다. 거기에 맞서 싸울 필요가 없다. 1년 내내 똑같은 얼굴로 똑같이 행동해야 한다는 부담을 계절이 벗겨준다. 여름만 있는 게 아니듯이 우리도 늘 여름인 것처럼 느끼고 살아갈 필요가 없다. 철따라 바뀌는 옷차림처럼 우리의 정서적, 영적 삶도 마찬가지다. 동면과 소생, 정과 동, 경축과 슬픔, 개화와 추수, 열림과 닫힘, 긴축과 풍요 등 우리 자신의 계절들을 잘 순환하면 된다.

창조세계의 리듬을 우리의 춤 파트너로 생각할 수도 있다. 항상 삼바만 추려 한다면 결국 탈진하여 녹초가 되고 욱신거릴 것이다. 가끔은 속도를 늦추어 왈츠도 추어야 한다. 그냥 서서 살살 흔들기만 해야 할 때도 있다. 몇 곡마다 한 번씩은 앉아 있어야 한다. 겨울은 한동안 휴면할 수 있는 좋은 기회다. 봄은 속도를 높여 일하자고 우리를 부른다. 계절마다 보조(步調)가 다르고 활동이 다르며, 우리 안에 있는 하나님의 생명에 반응하는 방식도 다르다.

우리의 기도 생활도 하루와 계절의 리듬을 따라갈 수 있다. 막을 수 없이 찬송을 계속하는 자연계의 합창에 우리의 목소리를 보태는 것이다. 예부터 교회의 중요한 단체들이 창조세계와 더불어 기도해 왔다. 이는 신자 공동체들이 매일 일정한 시간 간격으로 기도를 드리던 성무일과의 기초로서 옛 유대교와 초기 기독교로까지 훌쩍 거슬러 올라간다.[18] 시과 또는 시간전례라고도 하는 이 공식적 기도는 중세 수도원에서 완성되었다. 입회자들은 일출, 정오, 점심, 일몰, 취침 때 등 하루에 5-7회씩 모여 시편을 노래하고 기도문을 외우고 세상을 위해 중보했다. 이처럼 노동과 식사와 여가의 일상에 맞물린 기도의 실천은 삶 전체에 하나님이 늘 임재하신다는 고백이기도 하다. 한시간이 끝나고 다음으로 넘어가는 하루의 매시간은 주님의 영역이다. 그래서 삶 전체가 우리의 활동과 태도와 휴식을 주기적으로 그분께 바치는 제사가 된다.

성무일과는 곧 주님께 깨어 있는 삶이다. 옛날 망루에서 어둠을 몰아낼 여명을 간절히 기다리던 파수꾼처럼 말이다. 우리는 기도 시간을 정해놓고 하루 종일 깨어 주님의 움직임을 살핀다. 어쩌다 한 번씩 찬송과 중보와 간구가 저절로 우러나는 순간에 의존하는 게 아니라, 규칙적인 틀을 반복해서 따른다. 시계 바늘에 기도 생활을 맞춘다. 주님은 아침에 우리를 깨우시고, 일하도록 부르시고, 식사를 공급하여 복 주시고, 잠자리를 지켜주신다. 그래서 우리도 희망의 일출, 열띤 한낮, 시원섭섭한 노을, 불확실한 밤 속에 그분이 임재하심을 고백한다. 시간마다 깨어 있어 그분을 고대한다.

전반적 교회력도 한 해의 리듬에 깨어 있어 계절과 신앙을 하나로 묶어준다. 전례(典禮)의 굵직한 절기는 계절과 맥을 같이할 때도 있고 연중의 시점과 반대되게 작용할 때도 있다. 교부들이 12월 25일을 크리스마스 날로 정한 이유는 그때가 동지와 겹치기 때문이다. 1년 중 가장 짧고 어두운 날은 세상의 빛이신 분이 깊은 밤 속에 들어오시는 배경이 된다. 반면에 사순절(Lent)은 "길어지다"라는 뜻의 라틴어에서 왔다. 겨울 끝자락의 두어 달 동안 하루해가 점점 길어짐을 뜻한다. 사순절은 자신을 성찰하며 회개하는 엄숙한 시기이지만 낮이 길어지고 부활의 약속이 가까워 옴에 따라 우리 마음도 서서히 부풀어 오른다. 내면의 어둠을 묵상하며 이 계절을 보내노라면 점차 하루하루가 더 많은 빛으로 채워진다. 헨리 나우웬은 "사순절은 겨울과 봄이 서로 우위 다툼을 벌이는 시기인 만큼 우리도 특별한 방식으로 하나님의 자비를 외쳐 구할 수 있다"라고 설명했다.[19]

하나님의 영광을 반향하는 자연계의 리듬을 다 생각해 보아도 나를 가장 매혹하는 것은 밀물과 썰물이다. 바닷가에 앉아 파도의 움직임을 따라 기도하는 것보다 더 내게 의미 있는 영적 실천은 별로 없다. 최근에 알았는데 이는 "자연의 4대 요소로 기도하기"라는 전통에 해당한다. 자연계의 기본적 구성 요소—흙, 바람, 물, 불—에 이끌려 기도에 들어가는 것이다.[20] 내 친구 라라도 나처럼 물에 끌리는데 그녀의 경우는 서핑이 예배의 행위다. 라라는 이렇게 말한다. "바다 속에 들어가 있으면 금방 깨닫듯이 우리는 바다를 정복할 수 없다. 바다는 너무 강하다! 싸우려 해봐야 우리가 진다. 그러나 기술만 충분하다면 바다의 리듬을 타 움직일 수 있다. 하나님을 대할 때도 마찬가지다. 아무리 악착같이 싸워도 그분을 제압할 수 없지만 그분과 조화를 이루어 움직이는 법을 배울 수는 있다."

나는 해파리라면 무조건 질겁하는지라 서핑보다는 바닷가에 남는 쪽이 좋다. 땅거미가 질 즈음에 백사장에 앉아 로욜라의 이냐시오가 말한 하나님의 위안과 메마름을 따라 기도한다. 파도가 들어올 때는 짠 공기를 들이마시며 주님의 위안, 곧 그분의 자비와 선하심과 임재를 받아들인다. 파도가 달아날 때는 숨을 내쉬며 메마름도 함께 내보낸다. 내 삶에 하나님이 임재하지 않으시는 듯 보이는 지점이나 내 내면생활 중 마음에 들지 않는 부분이 그에 해당한다.

탄식하는 창조세계

교회의 첫 몇 세기 동안 새로 믿은 그리스도인들은 부활주일 새벽에 세례를 받았다. 물속에 잠겼다가 나올 때는 동녘을 마주 대하며 나왔다. 부활과 새 생명을 관장하는 해가 떠오르는 쪽이었다. 그렇게 아침이 밤을 삼키는 동안 새로운 피조물이 하나씩 자라났다.

그러나 부활절 새벽 예배는 비 때문에 취소될 때도 있다. 태곳적의 박동이 끊길 때도 있다. 하필 그럴 때만 자연계의 리듬을 의식하는 이들이 우리 중에 많다. 음악이 멎고 자신이 앉을 자리가 없어질 때에 말이다. 뉴스는 이렇게 시작되는 법이 없다. "방금 들어온 속보입니다. 오늘 해가 떴습니다." 언론을 타는 것은 태풍과 지진과 홍수와 화재다. 우리가 가장 당황할 때는 평소 당연시하던 일이 작동을 멈출 때, 삶을 지탱시켜 주는 주기(週期)가 죽음의 세력으로 변할 때다.[21] 그럴 때 우리는 자신의 연약한 모습을 직면하게 되고, 자신이 환경을 통제하고 있다는 환상에서 잠시나마 깨어난다.

창조세계의 노래가 늘 행복한 것만은 아니다. 경축의 시가행진이 장례 행렬에 막힐 때도 있다. 재앙과 죽음이 예측 가능한 일상을 어지럽힐 때마다 우리는 세상이 뭔가 크게 잘못되어 있음을 확인한다. C. S. 루이스는 고통이란 세상의 문제를 우리에게 알리는 하나님의 확성기라 했다.[22] 성경에는 인간의 고통에 대한 이야기만 아니라 창조세계 전체가 괴롭게 부르짖는 이야기도 나온다. 인간이 창조주를 부인한 결과로 우리 삶과 관계만 깨진 게 아니라 모든 자연계의 삶과 틀도 어긋났다. 마치 인류의 반항으로 지각 변동이 일어나 판끼리 서로 충돌한 것 같다. 평원이 있던 자리에 산이 들어서고 숲은 골짜기로 무너져 여태 온 세상이 끔찍한 후유증을 앓고 있다. 가인이 아벨을 살해한 뒤로 땅은 인간의 피로 숨이 막힐 지경이다. 교황 요한 바오로 2세(John Paul II)가 말했듯이 "인간이 창조주의 계획에 등을 돌리면 무질서가 뒤따르며 나머지 창조 질서에까지 불가피한 여파가 미친다. 인간이 하나님과 화목하지 못하면 땅 자체도 평안할 수 없다."[23]

바울은 피조물이 종노릇하느라 **탄식하며** 구속(救贖)과 자유를 고대하고 있다고 했다. 이 표현법에는 옛날 이집트에서 노예로 살아가던 이스라엘의 고뇌는 물론 인류 전체의 곤경이 메아리친다. 로마서 8장에서 바울은 창조 세계의 탄식에 사용한 단어를 바로 다음 구절에 구원을 기다리며 고생하는 인간의 탄식에도 똑같이 썼다.[24] 창조 세계와 인간의 운명은 서로 얽혀 있다. 하나가 가는 대로 다른 하나도 따라간다. 그래서 우리는 창조 세계의 설교와 노래만 아니라 탄식도 들어야 한다. 우리의 탄식이기도 하기 때문이다. 창조 세계의 이야기는 곧 우리의 이야기다. 생명과 아름다움과 찬송을 목적으로 지어진 자연계가 본연의 목적에서 멀어져 이제 자신과 싸우고 우리와 싸운다. 날마다 우리 앞에 극적인 긴장이 펼쳐진다. 아름다움에 폭력이 섞여들고, 파란 하늘을 먹구름이 몰아내고, 희극에 비극이 겹쳐지고, 잡초가 화초의 기운을 막는다. 산불이 국유림을 삼키고 홍수가 삶의 터전을 휩쓸어갈 때마다 우리는 창조 세계의 탄식 소리를 듣는다.

피조물의 탄식을 들으려면 이 고통의 출처가 우리 인간임을 진지하게 인정해야 한다. 인간은 하나님이 세상에 심어두신 선한 리듬을 자신들의 죄로 교란시킬 뿐 아니라 자연계를 계속 착취하여 더 종으로 부린다. 창조 세계는 다분히 인류의 범죄와 탐욕에 대한 경찰 조서처럼 읽힌다. 이미 폭넓게 일치된 의견이거니와 우리가 환경을 혹사시키는 결과로 기온이 상승하고, 날씨가 변덕을 부리고, 빙하가 녹아 해수면이 높아지고, 해안선이 침식되고, 홍수가 더 잦아지고, 작물 수확량과 표토가 줄어들고, 생태계 전체가 해를 입고 있다.[25] 만연한 공해와 증가하는 온실가스가 기류의 자연스러운 흐름을 방해하므로 피조물은 거기에 짓눌려 탄식하고 있다.

피조물의 탄식은 소리가 클 때도 있고 굴속처럼 조용할 때도 있다. 《가디언》지 2012년 9월호에 40년간 전 세계를 다니며 자연의 소리를 녹음한 사람에 대한 기사가 실렸다. 버니 크라우스(Bernie Krause)는 자신이 몇 년 전 서식지들을 방문했을 때만 해도 재잘거리는 물가에서 동물들이 먹고 놀며 서로 부딪쳤는데 이제 침묵뿐이라며 탄식했다. 자연의 소리는 희미해지고 있다. 멸종하는 종들, 줄어드는 서식지, 인간의 방해와 오염 등으로 인해 한때 시끄럽던 생태계가 회복 불능으로 적요해지고 있다. 크라우스는 "인간의 소리는 고막을 찢을 정도로 요란해지는데 자연계에는 침묵이 가득 퍼지고 있다. 생명의 거대한 악단인 자연계의 합창은 조금씩 점점 무음이 되어간다. 몸집이 크고 작고를 떠나 큰 소리를 내는 주요 생물들이 있는데 그동안 그 생물들의 밀도와 다양성이 대폭 줄어들었다"라고 썼다.[26]

또 하나 기억해야 할 것이 있다. 피조물의 탄식을 듣는 일은 가난한 이들의 부르짖음을 듣는 일과 떼어놓을 수 없다. 우리가 자연을 파괴하면 그 여파가 가장 크게 미치는 곳은 빈곤국이다. 가난한 이들

경청, 영혼의 치료제

일수록 기후 양극화와 자연재해의 영향을 더 많이 받을뿐더러 거기서 회복될 여력은 더 부족하다. 그들은 홍수와 기근으로 삶의 터전을 잃기가 더 쉽고, 흔히 자원 부족으로 촉발되는 갈등에도 더 많이 영향받는다.

그러므로 우리가 피조물의 탄식을 들음은 추상적 생태학 때문이 아니다. 경청의 동기는 사랑이다. 하나님의 세상을 향한 사랑이고 하나님의 사람들을 향한 사랑이다. 사랑하기에 우리는 스스로 까다로운 질문 앞에 마주서야 한다. 우리는 어떻게 에너지를 소비하고 쓰레기를 처리하는가? 어떻게 공간을 짓고 사용하는가? 어떻게 재배하고 먹는가? 이익과 성장을 좇는 우리의 지독한 충동의 대가는 누가, 무엇이 치르는가?

우리가 창조 세계의 탄식에 귀를 열어둘 수 있음은 고통이 이야기의 마지막 장이 아님을 알기 때문이다. 탄식의 정황을 재구성하면 모든 것이 달라진다. 바울에 따르면 탄식의 좌표는 다음과 같다.

> 피조물이 고대하는 바는 하나님의 아들들이 나타나는 것이니 피조물이 허무한 데 굴복하는 것은 자기 뜻이 아니요 오직 굴복하게 하시는 이로 말미암음이라. 그 바라는 것은 피조물도 썩어짐의 종노릇한 데서 해방되어 하나님의 자녀들의 영광의 자유에 이르는 것이니라. 피조물이 다 이제까지 함께 **탄식하며** 함께 **고통**[산고, NRSV]**을 겪고 있는** 것을 우리가 아느니라. 그뿐 아니라 또한 우리 곧 성령의 처음 익은 열매를 받은 우리까지도 속으로 탄식하여 양자 될 것 곧 우리 몸의 속량을 기다리느니라(롬 8:19-23, 강조 추가).

이것은 임종의 탄식이 아니다. 숨이 끊어지기 전에 신음처럼 새어 나오는 마지막 말이 아니다. 이것은 분만실의 탄식이다. 고뇌와 몸부림이 새 생명에 밀려나는 희망과 기대의 소리다.

로마서 8장의 탄식 부분에 놀라운 세부 사항이 하나 더 있다. 하나님도 탄식하신다. 피조물과 인류의 탄식을 기술할 때 쓰인 헬라어 단어가 성령께도 똑같이 사용된다. "이와 같이 성령도 우리의 연약함을 도우시나니 우리는 마땅히 기도할 바를 알지 못하나 오직 성령이 말할 수 없는 **탄식으로** 우리를 위하여 친히 간구하시느니라"(롬 8:26). 하나님은 우리의 탄식을 듣고만 계신 게 아니라 우리와 함께 탄식하시며 분만실의 합창에 자신의 목소리를 보태신다. 그분은 우리의 이야기와 예속과 열망과 죽음과 탄식을 성금요일에 자신의 것으로 삼으신다. 부활의 일요일에는 그 절망의 탄식이 새로운 출생의 함성으로 변한다. 땅에 쏟아진 그분의 피는 피를 흘리는 이들만 아니라 피에 억눌려 부르짖는 땅까지도 치유한다. 때가 되면 옛 질서의 잡초는 새로운 창조 세계의 화초에 기운이 막힐 것이다.

미래의 음악은 이미 시작되었다

피조물의 탄식을 듣고 그 고통에 동참하는 우리는 만물이 아직 완전히 회복되지 않았음을 안다. 어느 모로 보나 죽음의 탄식 같지만 우리는 이 탄식이 신기하게도 새 생명을 낳는 중임을 안다. 때가 되면 혼돈의 불협화음은 새로운 창조 세계의 노래에 영원히 밀려나 천지만

경청, 영혼의 치료제

물이 주님을 찬송할 것이다. 하지만 미래의 음악은 이미 시작되었다. 그 곡은 히브리의 이상(理想)인 **샬롬**으로 터져 나오고 있다. 샬롬은 형통과 풍요와 관계의 세계다. 잘 들어보면, 역방향인 현재 속으로 풍겨와 미래의 세계로 우리를 매혹하는 샬롬의 멜로디가 간혹 귀에 들릴 것이다.

몇 년 전 산타바바라 위쪽의 산지에 무서운 산불이 났다. 불은 악명 높은 산타애나 바람을 타고 며칠간 수목과 가옥과 공공건물을 닥치는 대로 삼켰다. 주민들과 야생동물은 안전하게 흩어졌지만 피해가 막대했다. 하지만 비극의 와중에도 미래 세계의 속삭임이 있었다. 산림 감시원들은 최대한 많은 동물을 살렸는데 수용할 공간이 부족하여 구조된 동물 중 더러는 우리를 같이 써야 했다. 그리하여 어린 사슴과 스라소니 새끼가 부득이 한 우리에 들어갔다. 감시원들은 최악의 경우를 걱정했으나 상황이 다급했다. 우리에 나중에 넣어진 어린 스라소니는 즉시 사슴에게 달려들어 놀았다. 자연의 천적이 금세 친구가 되어 둘은 함께 먹고 놀고 잤다. 밤에 스라소니가 사슴 위에서 자고 있는 사진도 공개되었다. 나중에 우리가 보충된 뒤에도 둘은 떨어지려 하지 않았다.

그렇게 예언의 약속이 조금이나마 미리 실현되었으니 곧 이사야가 말한 더 나은 세상의 전조였다.

그때에 이리가 어린 양과 함께 살며
표범이 어린 염소와 함께 누우며
송아지와 어린 사자와 살진 짐승이 함께 있어

어린 아이에게 끌리며

암소와 곰이 함께 먹으며

그것들의 새끼가 함께 엎드리며

사자가 소처럼 풀을 먹을 것이며

젖 먹는 아이가 독사의 구멍에서 장난하며

젖 뗀 어린 아이가 독사의 굴에 손을 넣을 것이라.

내 거룩한 산 모든 곳에서

해 됨도 없고 상함도 없을 것이니

이는 물이 바다를 덮음같이

여호와를 아는 지식이 세상에 충만할 것임이니라(사 11:6-9).

들을 귀가 있는 이들에게는 이 미래의 음악이 이미 지금부터 우리에게 고요한 전주를 속삭이고 있다.

2부 ──

이웃과 우리 사이의 경청

6장

경청하는
존재가 되려면

내가 경청에 대해 진지해진 것은 뭔가를 놓치고 있음을 깨달으면서부터였다. 소통할 기회와 겹겹의 의미가 내 관계의 표면 밑에 도사리고 있건만 나는 그것을 듣지 못했다. 가장 사랑하는 이들을 대할 때도 마찬가지였다. 나는 지혜롭게 공감하듯 말하는 데 능했으나 남에게 적당히 거리를 두는 데 더 능했다. 대화가 감정 쪽으로 돌아설 때마다 빠져나갈 구멍을 찾았다.

그런 도피는 무의식중에 이루어졌다. 그때는 몰랐지만 나는 내게 속 깊은 생각을 털어놓는 용감하거나 어리석은 이들을 피했고 그런 대화를 피했다. 방에서 나갔다는 말은 아니지만 내 마음에 발이 달렸다면 아마 그랬을지도 모른다. 고통이나 위기나 적나라한 감정의 순간이 내게는 내 통찰을 베풀고, 상대를 연약한 상태에서 구해내고,

잘못된 생각을 바로잡아 주고, 고통을 없애줄 기회로 보였다. 문제를 해결할 기회로만 보았을 뿐 사실은 상대를 밀어냈던 것이다. 내 나름 대화에 기여한다고 생각했으나 오히려 나는 상대의 기여를 평가절하했다. 남을 고쳐주려던 내 전략은 뜻밖에도 통하지 않았다. 한번도 먹힌 적이 없었다.

몇 년 후 내 개인의 사명선언문을 작성해야 할 일이 생겼을 때 나는 이렇게 썼다.

> 무슨 마음이나 생각으로 찾아오든 내게 오는 주변 사람들은 무엇보다도 내가 들어준다는 사실을 알았으면 좋겠다. 이에 나는 주변 사람들의 마음을 들어주기로 다짐한다.[1]

다메섹 도상의 사울이나 "집어 들어 읽으라"던 순간의 성 아우구스티누스와 나란히 기독교 역사의 한 페이지를 장식할 만한 사건은 아니지만, 나도 모종의 회심 경험을 통과한 것만은 분명하다. 수십 년째 나를 알던 친구들은 내게 "기량 향상"상을 주겠다고 했다. 알다시피 이는 "너는 여태 정말 형편없었으나 이제 우리도 네가 팀에 있는게 별로 창피하지 않다"는 뜻이다. 나는 경청 분야에서 기량 향상 트로피를 받았다. 골든 글러브가 아니라 골든 귀인 셈이다.

나의 멘토였던 도나는 감정이 섞인 대화를 피하려는 나를 그냥 두지 않았다. 매주 수요일 오후에 만날 때마다 내게 이렇게 되풀이해 가르쳤다. "**감정** 안에 머무십시오. 감정 **안에** 머무십시오. 감정 안에 **머무십시오.**" 내가 섬기는 이들의 감정이든 나 자신의 감정이든, 나는

경청, 영혼의 치료제

감정이라면 무조건 외면하는 경향이 있었는데 도나가 이를 짚어냈다. 그것은 나의 확연한 버릇이었다. 상대가 진짜 감정을 나눌 때마다 나는 어떤 식으로든 그렇게 느끼지 말라고 말했다. 어떤 때는 논리로 상대를 감정에서 끌어내려 했고, 어떤 때는 유머로 적당히 넘어가려 했고, 어떤 때는 "걱정하지 마십시오. 분명히 다 잘될 겁니다" 따위의 말로 서둘러 안심시키려 했고, 어떤 때는 기도로 상대의 감정을 무마하려 했다. 나는 감정 퇴마사였다.

늘 그렇듯이 내가 남의 감정을 다룬 방식을 보면 나 자신의 감정을 어떻게 다루었는지도 알 수 있다. 감정이 섞일 수 있는 대화에 들어설 때마다 나는 문간에 심장을 놓아두고 갔다. 남의 감정 세계에 들어설 역량이 미미했음은 나 자신의 감정 세계의 지형을 잘 몰랐기 때문이다. 그럴 때 우리의 사역은 상대의 **곁에 앉기보다** 상대 **위에 군림하는** 것이 되기 쉽다. 모든 최고의 경청은 앉을 때 이루어진다.

그런 내가 머잖아 경청 중심의 사역에 몸담게 된 것이 우연은 아닐 것이다. 도대체 무엇에 씌어 호스피스 원목 일을 수락했는지 알다가도 모르겠다. 하나님이 경청을 내 영혼의 치료제로 처방하셨음이 분명하다. 4년 동안 날마다 나는 죽어가는 이들과 애도하는 이들의 병상 곁에 앉아 있었다. 어느 파티에 가든 직업을 묻는 질문에 내가 답하기만 해도 분위기가 썰렁해졌다. 모든 사역은 경청의 사역이(어야 하)지만 특히 호스피스 사역은 곁에서 들어주는 것 외에 별로 할 일이 없다. 그런데 알고 보면 그게 큰 일이다. 호스피스 환자들은 감정이 격할 수밖에 없다. 내가 맡았던 환자들은 그 상황에서 베풀 수 있는 나의 도움 따위에는 놀랍도록 거의 관심이 없었다. 수준 높은 나의 통찰로도 이 커다란 "죽음의 문제"를 고칠 수는 없었나 보다. 그래서 나는 들어주었다. 공감했다. 감정을 반영했다. 그러자 몇 사람이 평안하게 세상을 떠났다. "그냥 들어주었을 뿐이다"라는 말은 그때부터 내 사전에서 영원히 지워졌다. 깊은 경청은 너무도 영향력이 크므로 결코 "그냥"이라는 말을 앞에 붙일 수 없다.

잘 듣는 사람과 함께 시간을 보내라

우리는 경청의 온갖 도구를 갖추고 온갖 바른 기법을 배울 수 있다. 능동적 경청, 거울처럼 반영해 주기, 풀어서 말하기, 되풀이하기, 개방형 질문 등 거창한 용어도 습득할 수 있다. 그러나 사람의 경청 능력을 결정하는 것은 병기창에 가득한 기술이 아니다. 율법은 생명을 줄 능력이 없다. 효과적 경청의 원칙을 완비하여 서술하는 것은 내 취지도 아니고 성격에도 맞지 않는다. 나는 듣기(listening)에서 목록(list)을 빼기로 했다. 듣기를 너무 기계적인 일로 만들면 오히려 해가 된다. 경청이 꼭 고역스럽거나 따분하거나 리마콩을 먹는 일 같을 필요는 없다. 남의 말을 들어주다가 그의 환해지는 눈빛을 보노라면 정말 새 힘이 솟는다. 상대는 자신의 새로운 면을 발견하고 자신의 감정이 정당함을 인정받는다. 내게 경청은 가장 기쁜 일 중 하나다.

　듣는 사람으로 성장하는 최선의 길은 잘 듣는 사람과 함께 시간을 보내는 것이다. 나는 이 주제의 책을 수십 권 읽었을 때보다 경청의 베테랑 한 사람이 내 말을 들어주었을 때 더 많은 것을 얻었다. 경청을 자연스럽고 직관적인 활동으로 여기는 사람에게는 어렸을 때 누군가 잘 들어준 사람이 있었다. 그러나 잘 들어주는 부모를 타고날 만큼 누구나 운이 좋은 것은 아니다 보니 많은 이들이 경청이 결핍된 상태로 시작한다. 그래서 우리는 잘 듣는 사람을 찾아 본받아야 한다. 사실 내 말을 먼저 들어준 사람이 없다면 우리도 잘 듣기가 힘들다.

내가 추구하는 것은 듣는 **마음**이다. 주께서 솔로몬 왕에게 소원을 물으셨을 때 그가 구한 것은 "깨닫는 마음"이나 "분별력"으로도 번역되지만 히브리어를 직역하면 "듣는 마음"이다(왕상 3:9).[2] 나의 기도 제목도 듣는 마음이다. 아무리 뛰어난 교사도 우리에게 듣는 마음을 줄 수는 없다. 듣는 마음을 기르려면 특정한 부류의 인간이 되고자 해야 한다. 그래서 나는 경청의 **원리**보다 **사람**을 더 중시한다. 경청 능력을 갖추려면 어떤 사람이 되어야 하는가? 잘 듣는 사람은 어떤 사람인가?

말하기에 약간의 듣기를 첨가하기란 쉽다. 약이 목으로 잘 넘어가도록 설탕을 타듯이 말이다. 그러나 당신의 동기는 정말 남의 말을 듣는 법을 배우려는 것인가? 그러려면 대가가 따른다. 성품 형성은 늘 자존심을 무너뜨린다. 당신은 한 번만 아니라 몇 번이고 계속 들으려 하는가? 듣기가 먼저라는 자세로 관계에 접근하려는가? 결정적 순간에만 탁 스위치를 켜듯이 들을 수는 없다. 매순간 확실히 들으려면 듣는 부류의 사람이 되어 있어야 한다. 듣는 마음이 길러져 있어야 한다. 나는 어쩌다 한 번씩 듣는 사람이 아니라 경청하는 존재가 되고 싶다.

그 자리에 도달하려면 우선 정직하게 자신을 성찰해야 한다. 내가 대화에 들어서는 목적은 무엇인가? 나의 견해를 밝힐 기회인가? 상대가 내 말을 들어주어야 하는가? 나는 관심이나 아첨을 바라는가? 상대를 즐겁게 하거나 솜씨를 과시해 내가 호감이나 매력의 대상임을 설득하려 하는가? 내가 옳다는 것을 입증하여 상대를 내 사고방식 쪽으로 전향시키려 하는가? 문제 해결이 초점인가? 내게 정해진 의제가 있는가? 이런 질문과 관련하여, 나는 대화 상대를 어떻게 보는가? 나의 생각을 되비쳐 주는 사람인가? 나는 당연히 전문가이고 상대는 배워야 할 신출내기인가? 내 이야기를 꼼짝없이 듣고 있어야 하는가? 내 쪽에서 이겨야 할 논쟁 상대인가? 나의 허풍을 받아주어야 할 사람인가?

솔직히 이상의 태도 중 적어도 일부는 우리 모두에게 있을 것이다. 그래도 이 부분에서 자신의 잘못이 긴가민가하거든 믿을 만한 친구에게 물어보라. 친구가 진실을 말해주면 더 확실해질 것이다. 깊이 파보면 알겠지만 대화나 사람에 접근하는 우리의 태도는 이기심에서 비롯된다. 듣는 마음의 반대는 말하는 마음이 아니라 이기적인 마음이다.

내가 믿기로 듣는 마음은 인간의 고질적인 이기심과 서로 대립 관계다. 듣는 마음은 베풀고 배우고 환영하고 섬기려 한다. 경청은 자신을 비우신 예수의 행위를 작게나마 본질적으로 본받는 일이다. 그분은 목숨을 내주기까지 섬기시려고 자신의 통치권을 자원하여 버리셨다.[3] 듣는 마음은 통제를 애써 내려놓는다. 대화를 조종하여 사리를 취하려는 방식을 모두 버린다. 듣는 마음은 생각의 한중간에라도 멈추어 "당신의 말이 맞습니다"라고 말할 수 있다. "그리스도를 경외

경청, 영혼의 치료제

함으로 피차 복종하라"(엡 5:21)고 한 바울의 권고대로 이제부터라도 복종을 실천한다. 듣는 마음은 모든 관심을 나보다 상대에게 집중하며 그 자리에 현존하려 한다.

상대를 고치거나 비판하거나 구해내거나 변화시키려는 시도는 다 은근히 상대에게 권력을 행사하는 방식이다. 상대의 세계 속으로 들어가기는커녕 억지로 그를 내 세계 속으로 끌어들이는 것이다. 잘 들으면 권력의 역동이 뒤바뀐다. 군림하려는 사람은 종이 되고 꼼짝없이 듣는 사람은 오히려 이야기꾼이 된다.

경청하는 삶에는 듣는 쪽 말고도 사람이 또 있다. 너무도 뻔한 상식이지만 경청 상대도 **사람**임을 잊어서는 안 된다. 잘 들으면 "허수아비"는 날아가 버린다. 사람은 창조주의 형상대로 지어진 사랑받는 존재로서 복잡다단하고 광범위하며 아름다움과 상처와 모순을 지니고 있다. 사람은 꿈과 열정과 상처와 후회와 두려움이 넘쳐흐르는 몸과 마음과 사고와 영혼이다. H. 잭슨 브라운(H. Jackson Brown)이 말했듯이 "당신이 만나는 사람마다 뭔가를 두려워하고 뭔가를 사랑하며 뭔가를 잃었음을 잊지 말라."[4] 알렉산드리아의 필론(Philo)은 "사람마다 큰 싸움을 싸우고 있으니 누구를 만나든 친절을 베풀라"고 말했다고 한다.[5] 우리는 조심조심 살살 발을 내딛으며 주변 사람의 말만 아니라 마음을 듣는 데 집중해야 한다.

정보를 듣는 게 아니라 **사람**을 듣는 게 우리의 목표가 되었으면 좋겠다. 전자는 검사(檢事)처럼 배후 동기를 밝히고, 상대의 모순점을 찾아내고, 혐의의 증거를 확보하려고 듣는다. 언제라도 "그럼 그렇지!"라고 말할 태세로 덫을 놓는 것이다. 정보를 듣는 것은 파괴적인 일이다. 사람을 조각조각 분해한다. 자료를 수집하려고 든다. 사람을 논쟁 중인 이슈나 범주나 입장으로 환원시킨다. 상대를 풀어야 할 문제, 진단해야 할 이슈, 고쳐야 할 결함으로 볼 수 있다. 기회를 엿보다가 내 생각을 내세우거나 다짜고짜 밀어붙인다. 그러면 상대를 그저 내 견해를 돋보이게 하는 밑그림으로 전락시킬 위험이 있다. 상대의 말은 나의 고견을 밝히기 위한 소품에 불과해진다. 디트리히 본회퍼는 "타인을 나한테 좋아 보이는 형상, 곧 나 자신의 형상대로 빚는 것은 하나님의 뜻이 아니다"라고 썼다.[6]

사람을 들을 때는 상대를 단편이 아닌 전체로 받아들인다. 상대가 자신을 일부 조금만 내보일 때라도 말이다. 그 작은 부분에 큰 부분, 큰 기억, 큰 이야기, 큰 감정, 큰 상실, 큰 꿈이 이어져 있다. 사람을 듣는 것은 건설적인 행위다. 상대를 도와 자신의 다양한 부분을 통합하게 해준다. 편안히 앉아서 가장 자기답게 자유로이 말하라는 초대다. 상대의 경험이 나와 다르고, 배경이 내게 낯설고, 관점과 견해가 다르고, 감정을 처리하는 방식이 달라도 상관없다. 상대는 나의 공간에 환영받는다.

나쁜 경청의 흔한 사례

잘 들으려는 마음이 좋은 경청의 열쇠라면 나쁜 경청의 뿌리는 기술의 결함이 아니라 동기의 결여다. 동기만 바르다면 경청의 어지간한 과실은 다 덮어진다. 아울러 동기가 바른 사람은 자신의 나쁜 버릇을

경청, 영혼의 치료제

파악하여 경청 방식을 연마한다. 솔직히 세상에 여러 가지 나쁜 경청이 나돈다. 더 큰 문제는 그게 좋은 경청으로 치부되고 있다는 점이다. 잘 들을 줄 모르면서 자신이 잘 듣는다고 생각하는 이들도 있고, 잘 듣는다는 딱지를 때로 남에게 잘못 붙이는 경우도 있다.

다음은 고질화된 나쁜 경청의 몇 가지 흔한 사례.

- 한 수 더 뜨기 "그 정도 가지고 뭘 그러는가? 지난주에 나한테 있었던 일을 말해주지!" 상대의 이야기를 말없이 쭉 듣는 이유는 더 낫고 재미있는 이야기로 그것을 능가하기 위해서다. 이것은 대화가 아니라 경쟁이다.
- 교묘하게 말 돌리기 "어, 그거 대단한데. 그런데 내가 정말 하고 싶은 얘기는…." 화자는 경청에 속아 헛되이 방심한 나머지 잠시 후의 속임수를 알아채지 못한다. 즉 이 대화에 대한 듣는 이의 속셈을 모른다.
- 심문 "지난주에 당신이 그렇게 말하지 않았던가?…" 듣는 이는 일련의 질문을 던지는데 대개 폐쇄형 질문이며, 마치 형사가 용의자를 심문하여 자백으로 유도하려는 것처럼 느껴진다. 경청은 천둥을 앞둔 번개이며 펑 하고 터지기 전에 타버리는 신관이다.
- 방향 틀기 "그러니까 생각나는데 말이지…" 듣는 이는 화자가 언급한 주제를 서투르게라도 뒤집어 자기가 말하고 싶은 주제나 이야기로 넘어간다. 기어이 자기가 원래 하려던 말을 하고야 만다.
- 투사(投射) "내가 겪는 문제와 완전히 똑같네!" 듣는 이는 자신의 문제를 화자에게 투사하고 자신의 해법을 화자의 문제에 투사한

다. 투사하는 사람은 모든 대화 속에서 자신을 본다.

• 질문 공세 "당신의 생각은 어떤가? 당신이 제일 좋아하는 것은 무엇인가? 왜 거기로 옮기려는 것인가?" 듣는 이는 경청의 관건이 질문이라는 개념을 어디서 주워들었다. 거기까지는 좋다. 하지만 피구처럼 화자에게 질문을 퍼붓는 것은 나쁘다. 질문은 유익할 수 있으나 심한 통제의 수단이 될 수도 있음을 알아야 한다. 질문은 또 본인의 의제를 밀고 나가는 무기가 될 수도 있다.

• 암호 "치즈 얘기가 나와서 말인데, 지난 주말에 내가 시장(市長)과 함께 참석한 만찬에서 최고의 치즈를 먹었거든!" 듣는 이는 화자의 말을 말없이 쭉 듣다가 그 많은 내용 중에서 딱 한 단어를 짚어 내서는 이를 암호 삼아 전혀 새로운 화제로 넘어간다. 그때부터 전개되는 얘기는 본래의 문맥과는 아무 상관도 없다. 이상하게 들리겠지만 이런 일이 생각보다 많이 벌어진다. 암호의 문장은 대개 "말이 난 김에 말인데…"로 시작된다.

• 독백 이 경우는 듣는 이가 그나마 정직하다는 점만은 인정해 주어야 한다. 화자의 말을 디딤돌로 사용하는 척조차 하지 않으니 말이다. 그는 상대가 말하는 동안에는 묵묵히 있다가 그 다음부터 아무거나 자기 생각을 말한다. 마치 야간에 두 척의 귀먹은 배가 마주 지나는 것 같다. 언젠가 들었던 인용문이 떠오른다. 대부분의 사람은 대화하는 게 아니라 타인 앞에서 독백을 한다.

• 정비사 "그건 이렇게 하면 되지." 이 사람은 털털거리는 엔진 소리를 듣는 정비사처럼 듣는다. 문제를 진단하여 자신이 고쳐주려 한다. 문화적 통념과 달리 **남녀가 공히** 이런 과오를 범한다.

- **논쟁점 찾기** "나는 거기에 동의하지 않는다!" 안타깝게도 자신이 동의하지 않는 부분만 골라서 듣는 이들이 많다. 잘 믿어지지 않거든 설교 후 교인들에게서 어떤 말을 듣느냐고 목사에게 물어보라. 이들은 상대의 말에 99퍼센트 동의하더라도 동의하지 않는 1퍼센트를 물고 늘어진다. 이 과정에서 화자에게 중요한 부분은 무시된다.
- **받은 대로 돌려주기** "그야 그렇지만 당신도…." 비판을 잘 받을 줄 모르는 이들에게 피난처와도 같은 방법이다. 솔직히 우리 모두가 거기에 해당한다. 상대가 피드백을 내놓으면 우리는 그 내용을 소화할 겨를도 없이 재빨리 그대로 되돌려 준다.
- **부메랑 질문** "주말을 잘 보냈는가? 나는 말이지…." 이 사람은 상대에게 질문을 던지지만 진짜 의도는 자기가 답하려는 것이다. 질문이 나가다가 부메랑으로 돌아온다. 자문자답할 거라면 상대에게 물을 필요가 없다. 나는 때로 부메랑 질문을 받으면 이렇게 반응한다. "그냥 **당신의** 주말이 어땠는지 말하시지 그럽니까?" 그러면 대개 내 메시지가 전달된다.

범행과도 같은 이런 나쁜 경청의 범인들은 자신의 의도가 선하다고 말한다. 상대의 말이 끝날 때까지 말없이 앉아 있다가 끼어들었으니 제대로 경청했다는 것이다. 그러나 문제는 침묵과 경청이 같지 **않다는** 데 있다. 경청은 말문이 막힐 때 하는 일이 아니다. 침묵을 빙자하여 속으로 딴청을 부리고 있다면—예컨대 자기 내면의 독백을 듣거나, 질문을 더 생각해 내거나, 비판이나 반박을 구상하거나, 자신의 이야기를 준비하거나, 상대의 말 자체보다 그 말에 대한 자신의 생각에 더 집중한다면—잘 듣고 있는 게 아니다. 참된 경청은 내면의 문제다. 주어진 순간에 경청하고 있는지 여부는 참으로 본인만이 알 수 있다. 듣지 않으면서도 얼마든지 듣는 척할 수 있다.

또 하나 더 큰 문제는 묵묵히 듣는 시간이 끝나자마자 화제를 자기 쪽으로 돌린다는 것이다. 당신의 반응, 이야기, 이견, 폐쇄형 질문, 의제는 결국 그 관건이 당신이다. 그래서 그동안 말없이 있었던 것은 준비 단계처럼 느껴진다. 당신의 발언 차례가 될 때까지 그저 기회만 엿본 셈이다. 화자가 들어주는 입장으로 돌변해야 한다면 당신의 "경청"은 제대로 된 게 아니다.

좋은 경청의 달갑잖은 전제

좋은 경청은 대화의 관건이 당신이 아니라는 달갑잖은 전제에서 출발한다. 다시 말하거니와 **이 대화의 관건은 당신이 아니다.** 그런데 우리는 어떻게든 자신을 관건으로 삼으려 한다. 이는 상존하는 유혹이다. 우리가 의식하지 못할 때도 그렇고, 어쩌면 의식하지 못할 때일수록 더 그렇다.

자신을 대화의 관건으로 삼지 않는 경청 기술을 최대한 단순하게 설명해 보려 한다. 대화중인 두 사람 사이의 공간에 커다란 화살표가 떠 있다고 상상해 보라. 사람의 마음을 읽는 아주 똑똑한 이 화살표는 둘 중 대화의 관심이 집중되는 쪽으로 휙 돌아가 그 사람을 가리킨다. 알다시피 경청하려면 사랑으로 상대에게 관심을 집중해야 한다.

경청, 영혼의 치료제

따라서 이 대화에서 듣는 당신의 목표는 최대한 오랫동안 화살표가 상대 쪽을 가리키게 하는 것이다. 그게 전부다. 화살표를 상대의 관심사와 필요와 마음 쪽으로 밀라. 상대를 격려하여 계속 말하게 하라. 생각을 더 개진하고 이야기나 기억이나 감정 속으로 더 깊이 들어가게 하라. 그러면 당신은 듣고 있는 것이다. 이번 장에서 다른 것은 다 잊어도 이것만은 기억하기 바란다.

문제는 이 화살표가 중력에 끌리듯 무조건 당신 쪽으로 끌린다는 것이다. 나침반이 정북을 가리키듯 이 화살표의 고정점은 당신이다. 당신을 가리키고 **싶다** 보니 상대 쪽을 향하고 있을 때조차도 원위치로 돌아오려고 가늘게 진동한다. 그러므로 잘 들으려면 화살표를 상대 쪽으로 치열하게 밀어야 한다. 대화가 진행되는 동안 한번만 아니라 몇 번이고 화살표의 방향을 저쪽으로 돌려야 한다.

그렇다면 경청하는 대화의 핵심 질문은 이것이다. 어떻게 하면 화살표를 상대 쪽으로 묶어둘 수 있을까? 화살표를 미는 최선의 방법은 좋은 개방형 질문을 던지는 것이다. 개방형 질문이란 "예"나 "아니요"로 답할 수 없는 질문이다. 반대는 폐쇄형 질문이다.

폐쇄형 질문 주말을 잘 보냈는가? (가능한 대답은 "예"나 "아니요"뿐이다.)
개방형 질문 주말을 어떻게 보냈는가? (가능한 대답은 "하늘을 날듯이 신났지…"일 수도 있고 "거대한 괴물을 만나 끔찍했지…"일 수도 있다.)

폐쇄형 질문은 정보를 수집하고 확인하는 데 유용하나 대화를 제한한다. 화자는 더 이상 갈 데가 없다. 게다가 일단 대답이 끝나면 화살표가 즉시 듣는 사람 쪽으로 돌아간다. 개방형 질문은 화자의 답변과 자세한 설명을 환영하는 초대다. 좋은 개방형 질문은 통제나 꿍꿍이속이 일체 배제된 정중한 호기심의 표현이다. 답답한 폐쇄형 질문과 달리 화자는 자신이 원하는 대로 답하거나 아예 답하지 않을 자유가 있다. 개방형으로 물으면 상대가 자신에 대해 말하게 되는데, 내가 경청과 관련하여 배운 게 있다면 인간은 자신에 대해 말하기를 좋아한다는 사실이다. 수줍음을 타는 사람에게도 자신에 대해 말할 기회만 주면 대화가 길어질 것이다.

첫 질문을 잘하는 사람은 많다. 그러나 대화의 물꼬는 대개 **두 번째** 질문에서 트인다. 웬만한 사람은 테니스 시합처럼 말을 번갈아 주고받는 대화 형식에 익숙해 있다. 그래서 자신의 말이 끝나면 으레 상대의 말이 시작되려니 생각한다. 그런데 당신이 상대의 말을 이어받아 후속 질문을 던진다면 어떻게 될까? 상대는 허를 찔릴 것이고 전형적 틀이 끊기면서 진정한 경청이 시작될 수 있다. 뜻밖의 질문을 적시에 던지면 완전히 딴 세계가 열릴 수 있다. 이때부터 대개 대화의 속도가 느려진다. 당신이 화자의 말을 중요시한다는 것과 그의 말이 느려지거나 잠시 생각에 잠겨도 당신이 끼어들지 않으리라는 것을 화자가 알기 때문이다. 당신이 자신의 발언 차례만 기다리고 있는 게 아님을 상대는 서서히 믿게 된다.

"더 자세히 말해줄 수 있겠는가?" 기만적이리만치 단순하지만 이보다 더 좋은 두 번째 질문을 나는 모른다. 정황과 화제에 맞게 조정해야겠지만 정수는 그것이다. 아내가 퇴근하여 일진이 나빴던 이유를 털어놓거든 즉시 당신의 하루에 대해 말하기보다 이렇게 물을 수

경청, 영혼의 치료제

있다. "더 들어봅시다. 그 대화가 당신에게 왜 그토록 힘들던가요?" 아들이 학교에서 말썽을 피웠다면 즉시 꾸짖기보다 면박을 주지 않는 어조로 이렇게 물어보라. "네가 그렇게 했을 때 기분이 어땠니?" 상대가 이야기를 들려주거나 불만을 토로하거나 개념을 설명하거나 뭔가를 고백하거나 감정을 발산하거나 비밀을 털어놓을 때, 잘 경청하는 사람은 더 말해달라고 청한다.

화살표를 화자 쪽으로 되돌리는 두 번째 방법은 들은 내용을 반영해 주는 것이다. 이는 부부 상담 때마다 단골로 등장하는 주제인데, 특히 몇 년째 서로 자기 말만 하기에 바쁜 부부라면 더하다. 전형적인 예는 이런 식이다.

말하는 사람 나는 저녁을 짓고 나중에 부엌도 치우는데 당신은 쓰레기 하나 내놓지 않으니 화가 나요. 당신이 나의 수고를 알아주는 것 같지 않아요.

듣는 사람 집안일을 하고도 인정받지 못한다는 말이군요. 내가 쓰레기를 내놓지 않을 때 그런 기분이 든다는 거지요.

솔직히 이런 대화가 너무 많아도 어떤 관계든 사랑이 고갈될 수 있다. 이런 상담을 꽤 해본 사람으로서 고백하건대, 서로의 말을 풀어서 반영하는 것도 너무 과하면 나로서는 어디론가 달아나고 싶어진다. 그러나 요지는 방어적 반응을 차단하고 관심을 계속 화자 쪽에 집중하는 데 있다. 듣는 이는 그냥 일축하거나 대적하기보다 상대가 말한 내용과 그 배후의 감정에 잠시 주목한다. 화살표의 방향을 상대 쪽으로 고정시킨다.

일상의 대화에서는 들은 내용을 반영해 주는 일이 그렇게 기계적일 필요가 없다. 남편이 시시콜콜 간섭하는 직장 상사에 대해 성토한다고 하자. 당신이 이런 말로 공감을 보이면 화살표가 그쪽으로 유지될 수 있다. "요즘 직장에서 통제당하는 기분이 들어 화가 난다는 말이군요." 그러고 나서 잠시 가만히 있으라. 이는 상대의 말을 요약만 하는 게 아니다. 상대의 처지에서 대화의 보고서를 작성하는 게 아니다. 당신은 자신의 생각과 마음과 시각을 대화에 들여놓는다. 이는 통찰력 있는 경청의 실천이다. 당신은 상대가 하는 말의 핵심을 듣는데, 이는 화자 본인도 듣지 못하는 부분일 수 있다. 당신은 모든 말을 체질하여 핵심적인 감정이나 생각이나 신념이나 문제를 파악한다. 이번 경우에 당신은 남편이 직장에서 겪는 고충의 배후에 깔린 감정을 들었다. 이를 가리켜 감정의 **정당성을 인정해 준다**고 하는데 그 위력이 막강하다. 상대가 감정의 정당성을 인정받으면 대개 대화가 확 트인다. 이제부터 내용이 깊어진다.

화살표를 상대 쪽으로 미는 세 번째 방법은 질문에 질문으로 답하는 것이다. 지난 15년 동안 내가 경청하며 배운 게 있다. 사람들은 조언을 청하기를 좋아하지만 대개 그들이 원하는 것은 조언이 아니라 고민을 털어놓을 기회다. 조언을 막연히 요청해 올 때는 매번 그 배후에 사적인 이야기나 고민이 있다. 너무 성급히 조언을 베푼다면 당신은 듣고 있는 게 아니다. "왜 조언을 구하십니까?"라는 단순한 반응만으로도 대화는 동기와 속뜻의 차원으로 깊어진다. 대체로 말해서 상대가 정말 말하려는 게 무엇인지 밝혀낼 수 있다면 대화는 그만큼 더

경청, 영혼의 치료제

나아진다.

끝으로 똑똑한 화살표를 계속 상대 쪽으로 떠 있게 하는 방법은 능동적 경청이다. 수동적으로 듣는 사람은 얼굴 표정이나 반응이 별로 없이 화자를 멍하니 쳐다본다. 능동적 경청은 좋은 대화일수록 양측이 공히 개입됨을 인식한다. 사실은 듣는 쪽에서 더 열심히 노력할 것이다. 능동적으로 들으려면 교류에 가시적으로 가담하여 화자에게 당신이 그 자리에 현존하여 동참하고 있다는 믿음을 주어야 한다. 능동적 경청의 전형적 표현으로는 좋은 질문 외에도 고개를 끄덕이기, 시선을 맞추기, "음"이나 "그래"나 "정말?"과 같은 말, 화자를 마주대하여 몸을 앞쪽으로 기울이는 주의 깊은 몸자세 등이 있다. 능동적 경청은 내가 일부 오순절 교회에서 경험했던 일과 비슷하다. 그곳의 회중은 "아멘," "계속하세요, 목사님!" 등과 같은 추임새를 넣어 설교자를 슬쩍 앞으로 떠민다.[7] 능동적 경청은 화자에게 계속하라고 보내는 신호다. 대화중에 화자가 더 활발하고 생생해진다면 당신이 능동적 경청을 실천하고 있는 것이다. 계속 그렇게 하면 된다.

능동적으로 들으려면 에너지가 필요한데 긴 하루를 보내고 나서는 그게 참 어려울 수 있다. 피곤한 심신은 수동적 경청의 중요한 요인이다. 경청이 집에서 가장 힘든 이유가 거기에 있다고 본다. 배우자와 자녀와 함께 있는 시간은 하필 우리가 하루 중 가장 피곤한 때다. 썩 내키지 않을 수도 있는 이들의 말을 온종일 듣다가 막상 가장 들어주고 싶은 가족들을 대할 때면 에너지가 달리니 참 속상한 일이다. 그래서 때로는 이렇게 말할 수 있어야 한다. "정말 듣고 싶은데 지금은 너무 지쳐서 잘 집중이 안 되네요. 내일 아침에 들어도 될까요?" 장시간을 건성으로 듣기보다 짧은 시간이라도 능동적으로 듣는 게 내가 보기에는 훨씬 귀하다.

얼마나 잘 듣는지 측정하려면 자신의 반응의 질을 보면 된다. 경청이란 침묵을 지키거나 화자를 멍하니 바라보는 게 아니다. 더욱이 엉뚱한 얘기를 하거나 주제가 삼천포로 빠지는 사람은 잘 듣고 있는 게 아니다. 잘 들을 줄 아는 사람은 정확히 화자의 말과 직결되게 반응하며, 질문도 남 얘기하듯 하지 않고 대화 자체에서 유기적으로 흘러나온다.

이해받기 전에 먼저 이해하기

오 주 하나님, 저로 하여금

위로받기보다는 위로하고

이해받기보다는 이해하며

사랑받기보다는 사랑하게 하소서.[8]

성 프란체스코의 기도에 빗대어 말하자면 듣는 마음은 이해받기 전에 먼저 이해하려는 마음이다. 저마다 자기를 정당화하기에 바쁜 세상에서 이는 급진적 행위이며, 그래서 위로부터 오는 능력을 구해야만 가능하다. 내 일상적 대화의 습성을 돌아보면 상대에게 **나를** 이해시키려고 명확히 설명하고 변호하는 데 얼마나 많은 노력을 쏟는지 모른다. 특히 이견이 있는 경우 엄청난 양의 에너지를 들여 내 처지를 해명한다. 상대를 이해하는 데 똑같은 에너지를 집중한다면 어떨까? 모호할 때 확인을 부탁하고 부드럽게 질문을 던져 상대의 세계

경청, 영혼의 치료제

속으로 더 깊이 들어가면 어떻게 될까?

경청에 헌신한 사람은 알거니와 상대를 안 지 아무리 오래되었어도 늘 더 알 게 있는 법이다. 늘 이야기가 더 있다. 풀어야 할 속내도 더 있고, 되짚어야 할 추억도 더 있고, 우리를 침묵에 잠기게 할 두려움도 더 있다. 이해하려고 듣는다는 말은 아직 상대를 다 이해하지 **못한다**는 뜻임을 명심해야 한다. 이미 서로를 이해한다는 생각 때문에 발생하는 갈등과 불화가 얼마나 많은가? 상대가 하려는 말, 취하려는 태도, 상대의 **진짜** 동기를 안다고 생각할수록 그만큼 위험 수위가 높아진다.

심지어 우리는 상대가 입을 열기도 전부터 반응을 보일 수 있다. 상대를 이미 안다고 생각하기 때문인데, 안 지 오래된 이들의 말을 듣기가 오히려 더 어려운 데는 그런 이유도 있다. 우리는 그들의 말에 깜짝 놀라는 능력을 상실했다. 하지만 좋은 경청은 뜻밖의 면모에 늘 마음이 열려 있다. 경청은 타인이 정말 "타자"라는 사실을 진지하게 대한다. 인간은 육신에 싸인 신비라서 뜻밖의 모습이 무한하며, 상대를 안 지 아무리 오래되었어도 그 사람의 깊은 속은 사실 별로 모른다. 그래서 지속적인 경청이 필요한 것이다.

이해하려고 듣는 일과 들으면서 비판하는 일은 공존할 수 없다. 상대의 말을 평가하고 비평하는 데 에너지를 쓴다면 당신의 머릿속에 경청의 자리는 없다. 듣는 사람이 할 일은 상황의 바깥에 서서 상대의 옳고 그름을 판결하여 유무죄를 선고하는 게 아니다. 내가 주창하는 경청은 상대의 세계 속에 들어가 그 삶의 얕고 깊은 흙을 내 발에 묻히는 것이다. 판사는 공정성을 내세우지만 경청하는 사람은 대놓고 편파적이다. 이해하려고 듣는다는 말은 상대방을 편들어 그 사람처럼 보고 생각하고 느끼며, 창의적 상상을 통해 상대의 입장에 선다는 뜻이다. 취지는 상대의 세계를 안으로부터 이해하는 데 있다. 상대가 당신에게 점점 더 마음을 열고 약한 모습까지 내보인다면 당신이 비판 없이 함께 있어주며 경청하고 있다는 증거다. 반대로 상대가 당신에게 감정의 문을 닫기 시작한다면 아마 비판받고 있다고 느껴지기 때문일 것이다.

내 기준이 아니라 상대의 기준으로

옛 지혜는 우리에게 "듣기는 속히 하고 말하기는 더디 하"라고 권면한다. 같은 문장의 나머지 부분은 그만큼 입에 착 붙지는 않지만 똑같이 요긴하다. "성내기도 더디 하라. 사람이 성내는 것이 하나님의 의를 이루지 못함이라"(약 1:19-20). 야고보가 알았듯이 우리의 분노는 상대방 때문이 아니라 내 문제일 때가 대부분이다. 의분이란 게 있으나 주로 하나님께 해당하며 우리의 의분은 대개 경멸이나 교만이다. 분노는 상대를 통제하고 변화시켜, 오싹할 정도로 나와 비슷한 사람으로 만들려 한다. 반대로 경청은 상대를 고유의 자신으로 놓아두는 신성한 선물이다. 상대의 생각과 감정과 신념을 공격하지 않고 그대로 두며, 상대의 말을 내 비판적 기준으로 걸러내지 않는다. 나의 기준이 아니라 상대의 기준으로 그를 이해하려는 것이다.

이해하려는 경청은 느린 작업이다. 잘 듣는 사람은 그 먼 길을 소신껏 가지만 우리는 대부분 그 길을 피한다. 얼른 판단해서 금방 조언을 베풀면 진도를 나갈 수 있다. 사실 경청 방식을 보면 당신의 생활방식을 알 수 있다. 삶이 늘 바쁘고 급하고 부산하다면 들을 때도 산만하게 서두를 것이다. 이해하려는 경청은 그저 업무 목록에서 하나를 지우는 게 아니라 주의력과 집중력과 관찰력을 요하는 일이다.

이런 경청은 시간이 갈수록 늘 더 나아진다. 상대의 말을 자주 경청할수록 자신을 표현하는 그만의 방식을 더 알게 되기 때문이다. 영성 지도자로 일하다 보면 동일인의 말을 꾸준히 듣게 되는데 이를 통해 내가 깨달은 게 있다. 이해하려는 경청에서 중요한 것은 말의 내용 자체만 아니라 상대가 말하는 **방식까지** 이해하는 것이다. 어떤 이들은 논리와 추론을 최대한 많이 구사하지만 어떤 이들은 말에 감정을 담는다. 유머로 고통을 에둘러 가려는 이들도 있고 과장법을 써서 중요한 일에 주목을 끄는 이들도 있다. 잘 듣는 사람은 각자의 개인적 방언을 익힌다.

같은 맥락에서, 이해하려는 경청에 진지한 사람은 인간의 소통의 거의 대부분을 차지하는 비언어적 단서도 듣는다. 경청 전문가들에 따르면 말로 전달되는 의미는 7퍼센트에 불과하다. 소통의 55퍼센트는 몸짓, 시선 맞추기, 자세 등 몸짓 언어이고 나머지 38퍼센트는 음색, 음량, 말하는 속도, 강도 등 목소리 자체다.[9] "몸짓 언어"라는 말을 예사로 쓸 거라면 "몸짓 경청"도 똑같이 강조해야 한다. 이 실천의 큰 부분은 단순히 주목하는 행위다. 나는 상대의 눈빛이 붉어지거나 환해질 때, 앞쪽으로 다가앉거나 몸을 구부릴 때, 말끝을 흐리거나 바닥만 쳐다볼 때, 목소리가 커지거나 떨릴 때 등을 주목한다. 이런 변화가 어떤 의미인지 웬만한 사람은 직관으로 알지만 거기에 늘 주의를 기울이는 것은 아니다. 그 의미를 자신의 반응을 생각하듯 생각하지도 않는다.

내면의 말에 귀 기울이기

이해받기 전에 먼저 이해하려면 존 스타인벡(John Steinbeck)이 말한 "좋은 귀"를 활용해야 한다.[10] 좋은 귀란 내면을 듣는 귀다. 모든 말에는 숨은 뜻이 있으며, 가장 위력적이고 진실한 말은 대개 잠재의식 속에 깔린 메시지다. 걸핏하면 마음에도 없는 말을 하는 게 인간의 본성이다. 우리는 자신의 감정과 다르게 말한다. 이렇게 알쏭달쏭하게 비틀고 감추는 이유는 자신의 본색을 드러냈다가 거부당할까 봐 두려워서다. 그러므로 깊이 들으려면 상대의 삶과 선택과 자아상에 영향을 미치는 행간의 침묵과 감정과 회의와 뿌리 깊은 신념까지 들어야 한다. 무언의 이야기를 들어야 한다.

　대체로 대화는 동시에 두 차원에서 진행된다. 하나는 겉으로 드러나는 말의 대화이고 또 하나는 속에서 이루어지는 대화다.

　다음은 내가 졸업 학기를 맞은 라이언이라는 대학생과 몇 년 전 나누었던 대화를 풀어쓴 것이다. 그는 자신의 장래에 대해 몇 주째 여러 사람과 똑같은 대화를 했으나 교착 상태에 빠져 있었다. 그래서 나는 이면의 주파수에 귀를 기울였다.

　　　　　　　　　경청, 영혼의 치료제

라이언 졸업 후에 무엇을 해야 할지 정말 고민입니다. 선교 사역과 TFA(Teach for America, 우수한 대학 졸업생을 빈민 지역과 결연하여 2년간 공립학교 교사로 봉사하게 하는 비영리단체-옮긴이) 중 하나로 결정하려고요. 지금까지 쉬지 않고 생각하고 기도하고 의논했는데 답이 나오지 않네요.

애덤 왜 그 두 가지를 골랐지? 어떤 점이 마음에 끌리던가?

라이언 모르겠어요. 대학에서 세상을 향한 하나님의 심정을 배웠으니 그것을 적용하고 싶어서요. 제 삶이 의미 있었으면 좋겠고 가난한 사람들을 돕고 싶기도 합니다.

애덤 다 아주 좋은 동기로군. 그런데 아무리 생각하고 의논하고 기도해도 확실히 모르겠다 그거지? 왜 그렇다고 보는가?

라이언 모르겠어요! 부모님, 누나, 친구들, 목사님 등과 대화한 것만도 백 번은 될 겁니다. 그런데 아무런 도움이 안 되는 것 같아요. 며칠 동안 금식 기도를 할까도 생각 중입니다.

애덤 그건 아주 힘든 일일 텐데. 정말 열심히 애쓰는군. 혹시 자네가 상황을 너무 통제하려는 것은 아닐까?

라이언 제가 왜 그러겠어요?

애덤 나도 확실히 모르지. 자네 생각은 어떤가?

라이언 그냥 인생을 가치 있게 살고 싶습니다. 남들처럼 취직해서 돈이나 버는 건 싫어요. 졸업 후 취직하면 일상에 안주해서 진짜 귀한 일은 못할 것 같거든요.

애덤 음. 혹시 두려운 건 아닐까? 우리가 통제하는 행동을 할 때는 대개 뭔가가 두렵기 때문이거든.

라이언 (한참 있다가) 두려운 게 많지요. 대학을 졸업하는 것도 두렵고, 졸업 후 신앙을 잃고 미지근한 삶에 안주할까 봐 그것도 두렵고요. 별 볼일 없는 사람이 될까 봐 두렵습니다.

그 순간 이후로 대화는 일변했다. 라이언의 딜레마 이면에 깔린 감정—두려움—을 짚어냈기 때문이다. 인간의 행동은 이성적 사고보다 감정에 훨씬 더 이끌린다. 일단 결정 과정을 벗어나 그 밑바닥의 감정 쪽으로 옮겨가자 비로소 우리는 진전을 이룰 수 있었다.

이 대화에 드러나는 몇 가지 주제는 우리가 이해하려고 들을 때 흔히 부딪치는 것들이다. 첫째로, 표면상의 문제는 대화의 참 관건이 아니다. 만일 우리가 선교 사역이나 교육 봉사의 장단점을 따지는 데 머물렀다면 대화는 막다른 골목에서 헤어나지 못했을 것이다.

둘째로, 감정을 명명하면 엄청난 위력이 발휘된다. **두려움, 분노, 상처, 수치, 슬픔** 등 감정의 단어를 최대한 군더더기 없이 말해주면 된다. 감정에 이름을 붙여주면 대개 상대는 신체적 반응을 보인다. 긴장이 풀리면서 한숨을 푹 내쉰다. 마치 여태껏 정체불명의 감정이 어깨를 짓누르고 목을 조였다는 듯이 말이다.

셋째로, 깊이 있게 들으려면 잠정적 자세가 필요하다. 당신은 해답을 모르며, 자신이 던지는 질문의 답조차 모른다. 추리 소설의 탐정처럼 동기를 냄새 맡는 것은 당신이 할 일이 아니다. 아무리 강조해도 지나치지 않거니와 **당신이 남의 인생의 전문가가 아니기 때문이다.** 상대를 가장 잘 아는 사람은 당신이 아니라 본인이다. 문제의 해답은 그 사람 안에 있으며, 좋은 경청이란 당신이 문제를 해결해 주는 게 아니

경청, 영혼의 치료제

라 상대를 도와 답을 찾도록 해주는 것이다. 당신은 화자가 스스로 사고하도록 그를 격려해 주면 된다. 따라서 잘 듣는 사람은 추측을 잘하기를 연습하는 것이다. 당신은 신중하게 질문하고, 감정을 추측하고, 헷갈리는 부분을 보충한다. 그러면서 수시로 되물어("내가 제대로 들었다면 이런 말인 것 같은데… 맞습니까?") 자신이 올바른 방향으로 가고 있는지 **확인한다.**

이유를 묻는 질문이 필요하다

어색한 침묵 속에 음식물 씹는 소리만 들리는가? 머리가 둘 달린 그 괴물, 즉 종교와 정치라는 금단의 화제가 다시금 당신의 추수감사절 저녁 식탁에 달려들어 으르렁거리고 있다. 장성한 성인들로 하여금 귀를 막고 "랄랄랄랄랄랄랄라!!!" 하고 외치게 만드는 화제는 그 외에 별로 없다. 당연히 민감한 주제가 나오면 들으려는 사람은 아무도 없고 다들 저지하기에 바쁘다. 설령 들으려 해도 우리 대부분은 공감하고 화합하는 쪽으로 들을 줄을 모른다. 하지만 나는 명절의 이런 교착 상태에서 헤어나는 길이 있다고 믿는다.

우선 다음 사실부터 인정해야 한다. 우리는 자신의 신학적, 정치적 교리가 순전히 사실과 논리에 기초했다고 믿고 싶지만 사실은 지극히 사적인 것이다. 우리의 이념적 강령 이면에는 정서적 헌신, 자아와 세상에 대한 열렬한 신념, 개인적 경험과 관계 등이 있다. 나의 정치나 종교를 비판하는 사람은 이슈를 비판하는 게 아니라 나를 비판하는 것이다. 세상이 어떻게 돌아가고 삶이―적어도 내 생각에―어떻게 지탱되는가에 대한 나의 기본 신념을 비판하는 것이다.

모든 신학적 이야기에 배후가 있음은 듣는 이로서 다행이다. 사람이 신념을 굳게 신봉하는 것은 어떤 책을 읽다가 거기서 좋은 이념을 만났기 때문이 아니다. 그 사람 안에 이야기가 있어 밖으로 나올 날을 기다리고 있다. 그 이야기를 찾아낼 수 있다면 대화가 완전히 바뀔 수 있다. 어떤 사람이 지옥을 믿는 이유는 어렸을 때 학대당했기 때문이고, 다른 사람이 지옥을 믿지 않는 이유는 사랑하는 비신자 할머니 때문이다. 대개 우리가 뭔가를 믿는 이유는 사랑하는 사람이 그렇게 믿기 때문이다. 자신도 똑같이 믿음으로써 그 사람에게 감사와 의리를 표현하는 것이다.

연막전술과 순환논리를 뚫고 나갈 마음이 있다면 우리는 상대가 왜 그런 신념을 품고 있는지 탐색할 수 있다. 그렇다고 공항의 탐지견처럼 동기를 냄새 맡으려 하거나 발생론적 오류―신념의 기원을 정확히 지적했으면 이로써 그 신념이 거짓으로 입증되었다고 단정하는 논리적 오류―에 빠지는 것은 아니다. 우리의 동기는 호기심과 공감이며, 가장 귀한 동지(同志)는 이유를 묻는 질문이다. 경청하는 사람은 상대의 논지에 반론을 펴기보다 그에게 왜 그렇게 믿는지를 묻는다.

이유를 묻는 질문의 좋은 예를 몇 가지 살펴보자. 다양한 신학적 대화나 사적인 대화에 활용할 수 있다. 뭔가에 대해 열정적인 사람을 보면 거의 언제나 배후에 개인적인 이유가 있다.

• 당신은 왜 그런 신념을 품고 있는가?

경청, 영혼의 치료제

- 그것이 당신에게 왜 중요한가?
- 그것이 당신의 마음에 왜 걸리는가?
- 그것이 당신에게 왜 상처가 되었는가?
- 당신은 왜 그렇게 느껴질까?

다음의 몇 가지 질문에는 "왜"라는 말은 들어 있지 않으나 결국 도달하는 개념은 똑같다.

- 당신은 언제부터 그렇게 믿었는가?
- 당신에게 아주 사적인 것으로 보이는데 그 이유가 무엇인가?
- 당신에게 그런 신념이 형성되는 데 하나님이 어떤 역할을 하셨는가?

진정성 있는 순간에 귀 기울이기

이번 장을 마무리하면서 내가 여태 쭉 암시해 온 사실을 명백히 밝히고 싶다. 우리는 대화에 대한 기준이 너무 낮다. 대화를 사회적 거래, 생각의 교환, 정보의 하치장으로 대할 때가 너무 많다. 대개 우리가 대화에서 얻는 것도 그 기대한 만큼이다.

대화의 실행은 신성한 예술이다. 의미 있는 대화는 하나님이 우리를 지속적으로 구해내시는 일에 꼭 필요한 일부분이다. 그래서 우리는 물리적 공간을 초월하시는 그분이 평범한 대화중에 이따금씩 임재하실 것을 기대할 수 있다. 그분은 대화중인 모든 사람의 지혜를

합한 것보다 더 뛰어난 말씀을 속삭여주실 수 있다.

대부분의 중요한 대화를 기도로 이해하면 어떨까? 우리가 일상 생활의 이면을 탐색하기로 결심하고 잡담의 복도를 지나 신비의 문턱을 넘으면, 단언컨대 우리의 대화는 성령과의 교류 속에서 이루어진다. 내 신학교 시절의 교수 데버라 밴 듀슨 헌싱어(Deborah Van Deusen Hunsinger)는 "우리 모두 안에 신성한 드라마가 숨어 있어 누군가가 들어주기를 갈구하고 있다"고 썼다.[11] 거룩한 대화는 그 신성한 드라마, 그 구속(救贖)의 이야기를 들으려 한다. 이는 우리 영혼에 새겨진, 길을 잃었다가 되찾은 사연이다. 이런 관점에서 볼 때 대화란 하나가 말하고 하나가 듣는 게 아니라 항상 한 분이 더 들으신다. 두세 사람이 예수의 이름으로 들을 때는 그분도 함께 들으신다. 이를 상기하고자 빈 의자를 하나 남겨두는 것도 괜찮은 생각이다.

렉시오 디비나의 실천을 약간 수정하면 콘베르사시오 디비나(conversatio divina), 즉 거룩한 대화의 실천이 나온다. 거룩한 대화는 다음과 같은 신념에 기초한 것이다. 우리가 대화를 예물로 드리면 하나님이 그 속에 임재하시며 대화를 인도하신다. 우리가 드리지 않은 일부 대화에 대해서도 똑같이 하신다. 우리는 타인의 말만 아니라 그 속에서 말씀하시는 그분의 음성도 듣는다. 그분은 인간의 목소리를 통해 말씀하시고 그 목소리에도 불구하고 말씀하신다. 그럴 때 우리는 고집하던 의제를 홀가분하게 내려놓을 수 있고, 대화를 내가 원하는 방향으로 틀려는 욕심도 버릴 수 있다. 마음을 열고 가뿐히 궤도를 벗어나 뜻밖의 방향과 하나님의 우회로로 갈 수 있다.

그런 차원에서 들을 때 내게 다가오는 도전이 있다. 내 앞에 잔뜩 쏟아지는 말 때문에 감정이 범람한다는 것이다. 말마다 다 흡수하거나 똑같은 무게로 대하려 하면 나는 길을 잃고 혼란에 빠진다. 내 목표가 상대의 메시지를 외웠다가 토씨까지 그대로 되풀이하는 게 아님을 나는 배웠다. 최고의 경청은 위성 안테나처럼 정보를 수신하는 경청이 아니라 속을 꿰뚫어 가장 깊고 기본적인 진실 쪽으로 밀고 나가는 경청이다. 거룩한 경청에는 무엇을 붙들고 무엇을 놓을지를 가려내는 분별력이 필요하다. 하나님의 음성을 들을 때 전체 본문 중에서 특별히 내게 주시는 단어에 집중하듯이 대화중에도 나는 특별한 무게로 다가오는 단어나 문구를 듣는다. 모든 단어와 주제에 똑같이 집중해야 하는 것은 아니다. 상대가 대화의 핵심과 거리가 먼 주제로 빠지거나 거기에 시간을 들일 때가 있는데, 그런 내용은 그냥 흘려보내면 된다. 반대로 상대가 가볍게 넘기는 개념이나 감정이 듣는 우리에게 아주 중요한 실마리가 될 때도 있다.

거룩한 대화에서 우리는 반복되는 단어나 주제를 귀담아 듣는다. 상대가 어떤 의문이나 관계나 개념으로 계속 되돌아간다면 분명히 거기에 주목할 가치가 있다. 또 우리는 깊은 감정이 실린 말과 거기에 수반되어 그 감정을 드러내 주는 몸짓 언어와 얼굴 표정에도 주목한다. 참으로 의미심장한 순간은 특정한 단어가 붕 떠서 대화가 진행된 후에도 듣는 이 속에 남아서 울릴 때다. 그런 진정성 있는 순간에 귀를 기울여야 한다. 상대가 우리에게 자신을 드러내는 정말 인간적인 순간이다. 그럴 때 잠깐이나마 가면이 벗겨져 상대의 참모습을 만나게 된다.

대화를 하다 보면 한순간의 영향력이 말의 내용 자체보다 위력적일 때가 많다. 당신의 직감을 믿으라. 상대의 마음이 당신에게 말하고 있고, 어쩌면 하나님도 이를 통해 당신에게 말씀하고 계실 수 있다. 상대의 말이 혼란스럽게 느껴지거든 당신의 혼란을 믿으라. 상대에게 속도를 늦추어 달라고 또는 더 단순한 각도에서 접근해 달라고 부탁하라. 당신의 혼란은 아마도 상대 자신의 뒤엉킨 생각이 메아리친 것이며, 이는 그가 사안의 정곡을 피하고 있다는 신호일 수 있다. 상대의 말을 들으면서 성령의 음성도 들으라. 상대에게 말해줄 진리나 통찰을 들을 게 아니라 꼭 던져야 할 질문을 들으라.

대학 졸업 후의 진로 문제로 고민하던 라이언은 결국 교육 봉사와 선교 사역 중 어느 쪽도 택하지 않았다. 두려움을 묻는 나의 질문을 계기로 자신의 딜레마를 보는 그의 눈이 새로워졌고, 진로의 결정이 사실은 고민의 핵심이 아니라 부수적인 것임도 깨달았다. 그는 두려움에 떠밀려 준비되지도 않은 길로 들어서지는 않기로 했다. 경청하는 교류를 통해 내가 늘 놀라는 것이 있다. 애초의 문제가 전혀 풀리지 않았는데도 상대의 시각이 확연히 달라질 수 있다는 것이다. 그날 라이언과 나는 진로의 결정에는 전혀 진전이 없었으나 그래도 그는 명쾌한 안목과 평안을 얻고 떠났다. 최고의 결정은 평안과 안식의 자리에서 내려지며, 그 자리에 도달하는 데 경청이 도움이 된다.

경청, 영혼의 치료제

7장

우는 사람과
함께 울라

성경 구절을 인용하는 것보다 더 고통 중에 있는 사람의 마음을 빨리 닫히게 하는 일도 드물다. 이 말을 쓰는 순간 나의 집을 에워싸는 "이단 경찰"의 사이렌 소리가 들린다. 물론 성경에는 생명의 말씀이 있고, 하나님이 우리와 함께하신다는 약속은 여태껏 성도들과 부활한 죄인들에게 위안을 주었다. 그러나 성경은 대화를 말살하는 결정타가 될 수도 있다. 성경을 빌미로 사람들의 입을 막고 슬픔과 상처와 우울을 차단할 수 있다. 간혹 어떤 이들이 성경을 이용하는 방식을 보면 그러잖아도 상처 입은 사람에게 하나님이 입 닥치라고 명하시는 것처럼 느껴진다.

이번 장은 두 가지 전제에 입각해 있다. 첫째로, 삶이란 고달프다. 아직 겪어보지 못했다면 조금만 더 기다려 보라. 당신의 삶에 햇살이 화창하다면 마음껏 누리라. 전방에 폭풍이 멀지 않으니 말이다. 둘째로, 많은 이들이 고달픈 삶을 겪는 사람에게 어떻게 반응해야 할지 난감해한다. 우리는 고통스러운 상황의 무게와 감정에 기가 꺾인다. 최고의 선의만으로 부족해 보인다. 우리는 말을 너무 많이 하거나 너무 적게 한다. 엉뚱한 구절을 인용하거나 하나라도 인용하고 싶어 좀이 쑤신다. 엉뚱한 일을 하거나 바른 일도 엉뚱하게 한다. 무슨 말이나 행동을 하든 죄다 빗나가고 만다.

말하기 싫지만 내 경험상 그리스도인들은 고통 중에 있는 사람을 대하는 부분에서 타종교 사람들만 못할 때가 많다. 솔직히 나는 괴로운 순간과 감정을 일부러 그리스도인이 아니라 비그리스도인에게 털어놓은 적이 많다. 후자가 더 잘 들어주리라는 것을 알기 때문이다. 디트리히 본회퍼도 똑같이 개탄했다. "많은 사람들이 들을 귀를 찾고 있지만 그리스도인에게서는 얻지 못한다. 그리스도인들은 들어야 할 때에 말하기 때문이다."[1] 이런 말을 들으면 혼란스럽고 서글퍼진다. 내 생각에는 그리스도인이야말로 어느 누구와도 달리 고통의 불 속에 뛰어들어야 한다. 우리가 따르는 구주께서 지옥에까지 내려가셨으니 말이다(사도신경 라틴어 원문에 그 문구가 있다-옮긴이). 목에 십자가를 걸고 다니는 이들이야말로 누구보다도 고난에 반응할 준비가 잘 되어 있어야 한다. 하지만 고통당하는 사람의 세상 속으로 들어가 나까지 고통을 느낄 위험을 무릅쓰느니 차라리 그 사람 위에 군림하는 편이 훨씬 덜 지저분하다.

동역자에게서 이런 말을 들은 적이 있다. "오늘밤 나는 병원에서 환자와 함께 지낸다. 진리를 말해야 할 때가 왔다." 이런 생각이 기독교계에 두루 퍼져 있다. **설교**가 고난의 치료제이며, 질병이든 이혼이든 실직이든 모든 위기는 확실한 성경적 권면을 요한다는 것이다. 이런 생각에는 문제가 많다. 첫째, 고통의 주인공이 올바른 내용을 믿지 않거나 믿음에 간절함이 부족하다는 전제가 깔려 있다. 그래서 그는 자신의 믿음이 약해서 상황을 바로 보지 못한다는 메시지나 본인에게 뭔가 문제가 있어 이런 고난이 닥쳤다는 메시지를 받게 될 수 있다. 둘째, 고통당하는 이들에게 설교하는 것은 약자를 괴롭히는 일이다. 환부에 진리의 검을 쑤시거나 마취제 없이 수술하는 일이다. 주입식 진리는 결코 아픔을 치유하지 못한다. 셋째, 고통의 상황에 대고 "진리를 말하면" 거리감만 더 커진다. 당신은 설교를 늘어놓거나 꼭 설교처럼 들리는 기도를 해준다. 그러면 상대는 회중석에 갇혀 당신의 걱정에 찬 진리를 꼼짝없이 들어야 한다. 고난당하는 사람은 어차피 왜소하고 고립된 기분이 들 수밖에 없다. 그런 그들에게 설교까지 하면 꾸중을 들은 아이처럼 자신이 더 초라한 외톨이로 느껴질 뿐이다.

닥터 수스(Dr. Seuss)는 고전적인 이야기를 여럿 썼지만 고전적으로 나쁜 충고도 꽤 했다. "끝났다고 울지 말고 그런 일이 있었던 것으로 웃으라."[2] 듣는 당신의 역할은 어떻게든 상대로 하여금 끝났다고 울게 해주는 것이다. 슬픔을 앗아간 녹색 괴물 그린치(Grinch)처럼 되지 말라. 상대의 눈물에 증인이 되어주라. 떨어지는 눈물방울마다 아픔이 서려 있으며, 아픔을 씻어내려면 울어야만 한다.

아파하는 사람은 폭풍 속에 있다. 춥고 축축하고 떨리고 무섭다. 설교와 진부한 말과 충고로 그를 폭풍에서 끌어낼 수는 없다. 폭풍 속에 있는 사람에게 날씨가 화창하다고 말하지 말라. 구름이 걷힐 날이 오겠지만 오늘은 아니다. 그를 폭풍에서 끌어내는 것은 당신의 일이 아니다. 당신의 일은 그와 함께 흠뻑 젖는 것이다.

고통을 슬퍼하고 표현할 길 터주기

듣는 이의 일은 상대의 고통 속으로 들어가는 것이다. 사도 바울은 그 것을 이렇게 단호히 말했다.

> 찬송하리로다. 그는 우리 주 예수 그리스도의 하나님이시요 자비의 아버지시요 모든 위로의 하나님이시며 우리의 모든 환난 중에서 우리를 위로하사 우리로 하여금 하나님께 받는 위로로써 모든 환난 중에 있는 자들을 능히 위로하게 하시는 이시로다. 그리스도의 고난이 우리에게 넘친 것같이 우리가 받는 위로도 그리스도로 말미암아 넘치는도다. 우리가 환난당하는 것도 너희가 위로와 구원을 받게 하려는 것이요 우리가 위로를 받는 것도 너희가 위로를 받게 하려는 것이니 이 위로가 너희 속에 역사하여 우리가 받는 것 같은 고난을 너희도 견디게 하느니라. 너희를 위한 우리의 소망이 견고함은 너희가 고난에 참여하는 자가 된 것 같이 위로에도 그러할 줄을 앎이라(고후 1:3-7).

피할 수 없는 사실이거니와 기독교는 고난당하는 공동체다. 우

경청, 영혼의 치료제

리 신앙의 시조께서도 고난당하셨고, 우리 전통의 주된 상징물은 고통과 죽음을 상기시킨다. 교회의 손발에서 십자가의 흔적을 제하려 해봐도 소용없다. 복음의 표지는 만사형통이 아니라 못과 피다. 다행히 기독교는 **함께** 고난당하는 공동체다. 우리는 서로의 고난에 동참한다. 박한 음식도 함께 참고 견디면 먹을 만해진다. 위로란 꼭 고난에서 건져주는 게 아니라 함께 고난당할 때 찾아오는 무엇이다. 그렇다고 교회가 불의와 빈곤과 압제를 못 본 체한다거나 우리 힘으로 고난을 덜어줄 수 있는데도 거기에 힘쓰지 않는다는 뜻은 결코 아니다. 우리는 고통을 규탄하고 죽음에 격분한다. 그게 본래의 상태가 아님을 알기 때문이다. 그러나 살다 보면 아무리 남의 고통을 덜어주고 싶어도 우리 힘으로 안 될 때가 많다. 사랑하는 이를 사별한 사람의 슬픔을 요술처럼 없애주거나 꿈이 무산된 사람의 우울을 확 걷어낼 수는 없다. 슬픔과 우울도 상대가 치유되는 데 꼭 필요한 부분이다. 교회 공동체를 구성하는 사람들은 고통을 인정하고 현실로 받아들이며 서로의 고통 속으로 들어간다. 우리 주님께서 우리의 고난을 아시기 때문이다. 예수께서 고통 속에 함께하시니 우리도 그리해야 한다.

그런데 우리는 한시바삐 위로를 건네려고 성화가 아닌가? 나는 이것을 **선제 확신**이라 부른다. 나의 확신으로 먼저 공격하여 저쪽에서 묻지도 않은 질문에 답해줄 수 있다면, 어쩌면 나 자신만이라도 불편함을 면할 수 있을지 모른다. 그래서 우리는 어느새 이렇게 말하고 있다.

- "다 괜찮아질 거다."
- "잘 견뎌야지."

- "하나님은 좋으신 분이야."
- "이 또한 지나가리라."
- "곧 차라리 다행이다 싶을 게다."
- "하나님이 주관하시니까."
- "이번 일로 너는 더 강해질 거다."
- "하나님은 네가 감당할 수 없는 시험은 허락하지 않으신다."
- "모든 것을 합력하여 선을 이루시는 하나님이잖아."

내 말투가 유독 종교적 색채를 띨 때는 내가 선제 확신을 내뿜고 있을 소지가 높다. 맞춤형 해답을 내놓거나 입심 좋게 하나님 운운하기에는 고통이란 너무도 심각한 것이다. 처음 원목이 되었을 때 나는 환자를 대할 때마다 얼른 기도로 마치고 싶어 좀이 쑤셨다. 나의 첫 번째 질문은 "좀 어떠십니까?"였고 두 번째 질문은 "기도해 드려도 될까요?"였다. 그러면 흐트러지지 않은 모습을 유지할 수 있었고, 상대의 고통은 잘 연습된 내 기도에 잠식되었다. 내 할 바를 다했다는 생각에 다음 병실로 옮겨갔지만 사실은 내 할 바를 다한 게 아니었다.

고통 중에 있는 사람의 말을 경청하려면 상대에게 슬퍼하고 울고 격노하고 의심할 여지를 주어야 한다. 우리는 상대의 고통을 영적으로 해석하거나 상대의 경험을 신학적으로 다루려고 옆에 있는 게 아니다. 우리의 종교적인 말, 선제 확신, 건성의 대화는 상대에게 주어야 할 공간을 오히려 차지해 버린다. 그러면 우리도 욥의 책망을 피할 수 없다. "이런 말은 내가 많이 들었나니 너희는 다 재난을 주는 위로자들이로구나. 헛된 말이 어찌 끝이 있으랴. 네가 무엇에 자극을 받아

경청, 영혼의 치료제

이같이 대답하는가"(욥 16:2-3). 본회퍼도 그 못지않게 강경하게 말했다. "기독교 공동체마다 명백한 규정을 두어 누구도 생각나는 대로 다 말하지 못하게 해야 한다."[3] 다시 말해서 경청과 침묵이 반드시 같지는 않지만 침묵은 정말 좋은 출발점이다. 어떤 상황은 너무 무거워 침묵으로만 그 무게를 떠받칠 수 있다.

상대의 감정을 축소하고 있다면 우리는 방향을 잘못 짚은 것이다. 남의 감정은 우리가 이래라저래라 할 영역이 아니다. 어떤 감정이든 나라는 타자 앞에서 그대로 느끼게 해주면 된다. 내 표현으로 "적어도 증후군"에 걸리지 말라. 적어도 너는 몸이라도 건강하다. 적어도 한동안은 그녀가 내 곁에 있을 것이다. 적어도 아무개가 겪고 있는 상황만큼 열악하지는 않다. 이런 "적어도"의 말은 고통을 축소한다. 상대의 고통을 그냥 두라. 상황에 따라 그에게 있는 거라곤 고통뿐일 때도 있다.

상대에게 상처를 느끼도록 해주어야 한다. 이는 무서운 일일 수 있으며 특히 날것의 감정이 당신에게 불편하다면 더하다. 당신이 가해자일 경우에는 더 큰 도전이다. 당신은 속전속결로 불쑥 사과할지도 모른다. 사과가 이를수록 상대의 고통을 덜 들어도 되고 자신의 죄책감도 줄어들 테니 말이다! 성급한 사과는 당신을 위한 것이지 상대를 위한 게 아니다. 자신이 가한 고통을 들을 수 없다면 온전한 화해도 없다.

때로 우리는 상대에게 고통을 표현하도록 격려할 뿐 아니라 지금보다 더 강하게 느끼도록 도와주어야 한다. 병원 원목으로 일할 때 내가 깨닫고 놀란 사실이 있다. 종종 나의 역할은 환자들을 다독이는 게 아니라 그들의 상황이 얼마나 고통스러운지를 오히려 상기시키는 것이었다. 그들은 한걸음 내딛어 고통을 말하다가도 도로 한걸음 물러나 이런 상투어를 내놓았다. "인생살이가 다 그런 거지요." 그럴 때 나는 끼어들어 말했다. "예, 그런데 인생살이가 참 고달프지 않나요?" 때로는 우리 쪽에서 아픈 데를 찔러주어야 수문이 열린다. 너무 조심 조심만 하고 있으면 중요한 게 하나도 드러나지 않는다. 나는 그들에게 가장 단순하고 적나라한 방식으로 고통을 슬퍼하고 표현할 길을 터주었는데, 그것은 바로 깊은 감정의 언어다.

고통을 피하려 고통 중에 있는 사람까지 피한다

신경학 연구를 통해 밝혀졌듯이 옆 사람이 슬픔을 표현하면 우리 몸이 저절로 반응한다. 우리 뇌 안에 "거울 신경세포"가 있어 타인의 얼굴 표정과 몸짓 언어를 보면 자동으로 그것을 따라 한다. 상대가 찡그리면 우리 입도 무의식중에 미세하게 찡그려지고, 그 보이지 않는 동작이 실제로 우리 안에 비슷한 감정까지 자아낸다.[4] 상대가 슬프면 우리도 입 꼬리가 처지고 눈물샘이 활성화되면서 슬퍼진다. 이렇듯 우리 안에 원초적 긍휼의 반응이 내장되어 있다. 우리 몸은 타인의 고통을 느끼고 싶어한다.

긍휼로 잘 반응한 입을 굳이 뗄 때, 그때 우리는 일을 망친다. 몸은 상대의 고통을 느끼겠다는데 우리의 나머지 부분은 거기에 역행한다. 고통을 피하는 게 인간의 본성이다 보니 우리는 고통을 피하려

경청, 영혼의 치료제

고 고통 중에 있는 사람까지 피한다. 몸으로 피할 수 없으면 마음으로라도 피한다. 그래서 고통을 고치거나 해결하거나 몰아내거나 고통에서 건져주거나 조언을 베풀려 하는데, 대개는 그럴수록 문제가 더 악화된다.

불안은 고통당하는 사람의 말을 잘 듣지 못하게 하는 치명적인 적이다. 상대가 고통, 질병, 상실, 회의, 내적 갈등, 깨어진 관계 등으로 힘들어하면 그것이 필연적으로 우리 안에도 불안을 불러일으킨다. 상대의 삶과 연약한 모습을 들으면서 거기에 자신의 모습이 겹쳐진다. 서로 가까운 사이라서 둘의 삶이 더 얽혀 있을수록 내 불안의 수위는 더 높아진다. 삶의 방향에 대한 상대의 의문은 그대로 **나의** 의문이 된다. 상대가 아파하면 나의 행복감도 흔들린다.[5]

경청이 가장 어려운 때는 나 자신이 섞여들 때다. 뭔가가 내게 거슬린다면 대개 그것이 이래저래 내 아픈 곳을 찌르기 때문이다. 가까운 사이에서도 그렇고 제법 동떨어진 상황에서도 그렇다. 상대의 회의와 신앙 문제를 듣기가 어려운 이유는 그것이 나 자신의 감추어진 회의를 자극하기 때문이다. 선하신 하나님과 깨어진 세상 사이의 긴장을 품고 살기란 쉬운 일이 아니며, 그 불안 때문에 우리는 서둘러 단순논리식 해답을 찾으려 한다. 우리는 상대와 함께 신비 속에 머물 줄을 모른다. 그러려면 자신의 고통과 의문과 신앙 문제를 대면해야 하기 때문이다.

나는 우리 교회와 제휴한 어느 식량 배급소에서 6개월 동안 상담자로 자원봉사를 한 적이 있다. 매주 며칠 밤씩 고객들이 와서 우리와 대화하다가 기부된 식료품과 옷가지를 가지고 돌아갔다. 마침 현세대 최악의 불황이 한창이라서 고객의 수는 기록을 경신했다. 그들의 사연은 기구했다. 한 남자는 베트남전 참전용사인데 노숙인이었고, 한 할머니는 장애인 아들을 돌보며 식량 배급표로 연명하고 있었다. 추수감사절을 앞둔 화요일에 두 어린 딸을 데리고 온 젊은 엄마도 있었다.

나도 그 자원봉사를 시작하기 6개월 전에 해고된 실직자 신세였다. 업종을 가리지 않고 수십 군데에 이력서를 냈지만 불황기라 경쟁이 치열했다. 저임금 일자리 하나에도 백 명씩 몰려들었다. 식량 배급소에서 자원봉사를 시작한 것은 뭐라도 해야 했기 때문이었다. 매주 만나는 고객들의 상황은 나보다 훨씬 암담했지만 그래도 그 속에 내 모습이 비쳐지는 것은 어쩔 수 없었다. 그들과 대화하다 보면 미래에 대한 나의 가장 깊은 두려움과 하나님에 대한 나의 가장 깊은 회의가 고개를 쳐들었다. 집에 돌아오면 나는 소파에 태아처럼 웅크려 있었다. 그 많은 훈련을 받았는데도 솔직히 고객들을 대하던 나의 경청은 최악이었다. 내가 일을 빨리빨리 할 때는 불안에 쫓기고 있다는 신호인데, 그때도 나는 빨리 대화를 끝내고, 빨리 기도하고, 빨리 상대를 다른 기관에 의뢰했다. 속도를 늦추어야 잘 들을 수 있는데 마음이 불안하면 급히 허둥대게 된다.

불안한 중간지대

고통당하는 사람의 말을 들을 때 우리는 중간지대로 들어선다. 두 벼

202

랑 사이의 공중에서 줄타기 곡예를 하는 것이다. 상대는 고통 때문에 이전의 편안한 자리에서 밀려났으나 아직 새로운 안식처에 도달하지는 못했다. 뒤돌아갈 수도 없다. 이 가슴 아픈 여정이 얼마나 오래 걸릴지, 그 끝은 어디일지 우리는 모른다. 반대쪽 끝이 보이지 않는다. 그래서 가장 진정성 있는 대화일수록 오히려 문제가 풀리지 않을 수 있다. 고통 중에 있는 사람과의 대화가 단막극 드라마처럼 마무리되는 경우는 드물다. 끝날 때 문제가 해결되고, 마음이 완전히 치유되고, 신비가 깔끔히 매듭지어지는 게 아니다.

고통당하는 사람에게 위로가 되어주려면 나도 그와 함께 중간지대를 헤맬 수 있어야 한다. 상대의 고통과 거기서 생겨나는 긴장을 진지하게 대하고, 상대가 처해 있는 지금 이 순간—거기에 담긴 의미와 모호함과 회의와 고통까지 모두—을 진지하게 대해야 한다. 그가 지금 사랑받는 존재이기 때문이다. 상대의 모습 일체는 여과나 편집이나 해결 없이 그대로 중요하다. 경청은 착한 행동이나 바른 교리에 대한 보상이 아니다. 나는 상대가 잘못을 고치거나 말을 똑바로 하거나 내 행동을 믿어주거나 상황을 나처럼 보기를 기다렸다가 그제야 그의 말을 들어주는 게 아니다. 예수께서 그런 식으로 들으셨다면 혼자 지내시는 시간이 많아졌을 것이다.

빛이신 그분 덕분에 우리도 상대의 어둠 속에 함께 있을 수 있다. 이런 경청은 신비와 모호함을 받아들인다. 가장 어렵겠지만 기다림도 품는다. 당장 답을 찾으려 덤비지 않고 능히 의문 속에 머문다. 대화를 내가 원하는 방향으로 유도하지 않으며, 나도 결과를 모른다고 인정한다.

그러나 중간지대는 불안한 곳이다. 대개 우리는 미결 상태를 잘 견디지 못한다. 어서 마지막 페이지를 펴서 결말부터 읽으려 한다. 하지만 이는 상대의 진행 중인 이야기에 대한 예의가 아니다. 우리가 고통당하는 사람을 도와주려고 무의식중에 하는 말이나 행동은 결국 자신의 불안을 달래기 위한 것일 때가 많다. 솔직히 상대가 괜찮아지기를 바라는 이유는 대개 내 기분이 괜찮아지고 싶어서다. 상대가 호전되어 앞으로 나아가기를 바라는 이유도 내 삶이 정상으로 돌아가고 싶어서다. 이렇듯 우리는 대화를 통제하여 자신의 불안을 보상받으려 한다.

남의 고통을 대하다 우리는 자신의 치유 쪽으로 이탈할 수 있다. 어느새 우리 가슴이 답답해지고 속이 불안해진다. 쿵쾅거리는 심장도 진정되었으면 좋겠다. 그래서 우리는 상대의 상황을 기회로 삼아 자신을 달래고 안심시킨다. 하지만 그 과정에서 상대를 놓친다. 그에게 나를 투사하느라 너무 바쁘기 때문이다. 따라서 그런 상황을 향해 감히 입을 열기 전에 이렇게 자문해 보면 좋다. **지금 내가 안심시키려는 사람은 누구인가?** 썩 나쁜 상황은 아니라고 내가 설득하려는 사람은 상대인가 **나 자신인가?** 내 삶을 더 안정시키려고 상대를 문제의 종결 쪽으로 급히 몰아가는 것은 아닌가?

상대의 옷을 입고, 상대의 귀로 듣기

고통에 요구되는 것은 공감이다. **공감**은 문자적으로 "안에서 느낀다"

는 뜻이다. 공감하려는 사람은 최대한 타인의 세상 속으로 들어간다. 이는 상상 속에서 이루어지는 과정이다. 잠시나마 우리는 상대의 옷을 입고, 상대의 삶을 살고, 상대의 생각을 품고, 상대의 귀로 듣고, 상대의 감정을 느낀다. 상대의 상황을 최대한 안으로부터 이해하려는 것이다. 우리는 타인의 생각을 내가 동의하고 찬성하는 부분과 그렇지 않은 부분으로 나누는 게 아니라 잠시나마 내가 그 사람이 **된다**. 윌리엄 유리(William Ury)의 표현으로 상대방 "쪽에 보조를 맞춘다."[6]

확신컨대 공감하며 들을 줄 아는 사람은 누구하고나 어떤 대화든 나눌 수 있다. 때로 우리가 고통당하는 사람을 피하는 이유는 상대가 겪는 일을 내가 직접 당해본 적이 없기 때문이다. 나는 부모가 살아계시니 아버지를 사별한 친구를 도울 수 없다. 나는 건강하니 암 진단을 받은 직장 동료를 돕는 일은 암을 이겨낸 다른 사람에게 넘겨야 한다. 하지만 꼭 타인과 동일한 경험을 해야만 공감할 수 있는 것은 아니다. 오히려 똑같은 일을 겪었다면 화제를 내 쪽으로 돌리거나 내 기억과 고통과 해법을 상대에게 투사하고 싶어질 것이다. 물론 상대가 겪은 고통을 내가 경험적으로 알면 도움이 될 때도 있다. 하지만 살아온 연륜이 웬만큼 되었으면 누구라도 슬픔, 상실, 사별, 수치, 깨어진 관계 등에 공감할 수 있다. 공감하는 사람은 의지적으로 상대의 음지에 들어가 추위 속에 함께 떨며 기다린다.

우는 자들과 함께 울라

나의 부모가 으레 주고받는 농담이 있다. 한 사람이 감격을 표했는데 상대의 반응이 감격에 못 미치면 그 사람은 이렇게 말한다. "흠, 당신이 이 순간을 망쳤군." 예를 들면 이렇다.

> 엄마 "직장에서 올해의 인사고과가 나왔는데 내가 일을 아주 잘하고 있다네요!"
> 아빠 "그럼 앞으로 일하는 시간이 늘어나는 거요?"
> 엄마 "저런, 당신이 이 순간을 망쳤어요."

우리가 순간을 망칠 때는 상대의 어조를 파악하여 거기에 맞추어줄 능력이나 의향이 없을 때다. 순간을 살리려면 성경 본문을 읽을 때와 똑같이 접근하는 게 좋다. 예컨대 요한계시록을 제대로 읽으려면 그 책을 묵시 문학이라는 장르로 보아야 한다. 묵시 문학은 모호한 상징과 초현실적 은유를 써서 역사적 사건과 인물을 묘사한다. 타인의 말을 공감하며 들으려면 그가 하는 말의 "장르"를 파악해야 한다. 즉 말하는 내용과 방식에서 상대의 정서를 감지해야 한다.

장르를 듣는다는 말을 다르게 표현하면 "즐거워하는 자들과 함께 즐거워하고 우는 자들과 함께 울라"(롬 12:15)가 된다. 기쁨은 기쁨을 부르고, 유머는 웃음을 부르고, 슬픔은 슬픔을 부른다. 아파하는 사람에게 냉철한 논리적 질문으로 반응하면 도움이 안 된다. 큰 소리

경청, 영혼의 치료제

로 쾌활하게 말하는 사람에게 착 가라앉은 말투로 가만가만 답하면 김이 빠지다 못해 통제처럼 느껴진다. 남의 말을 본능적으로 잘 반영하는 이들도 있지만 정서적 음치라서 고생하는 이들도 있다. 후자는 상대의 말투에서 단서를 듣지 못하므로 적절히 반응할 수도 없다. 다행히 장르를 듣는 일은 학습이 가능하다. 시늉이나 가식으로는 안 되고, 상대의 감정과 경험을 아는 당신 내면의 그 부위로 들어가야 한다. 당신 내면의 슬퍼하는 부위를 탐색한 적이 없다면 상대의 슬픔도 제대로 들리지 않을 것이다.

당신이 상대의 아픔과 회의와 고민을 진지하게 대해주면 이제부터 그 사람 자신도 그것을 진지하게 대할 가망이 있다. 일부 기독교 진영은 신앙 문제와 회의를 종교적 상투어로 확 쓸어내는 게 워낙 몸에 배어 있어 고통에 수반되는 과정을 어떻게 받아들이는지조차 모른다. 모든 것을 합력하여 선을 이루시는 하나님을 말하지만 우리는 그 구속(救贖)의 과정에 참여할 줄을 모른다. 자신이 고통 중에 있고, 신념이 흔들리며, 생각하고 느끼고 살아가는 방식이 달라졌음을 인정하지 못하기 때문이다. 하나님이 이루시는 선에 우리가 도달할 수 없음은 삶에 닥쳐오는 악을 직면하지 못하기 때문이다. 이제부터라도 우리가 앞장서서 고통당하는 이들의 말을 들어줄 수 있다면, 고통을 은폐하고 경시하는 이런 문화에 변화가 시작될 수 있을 것이다. 신앙 문제로 고민하는 사람을 우리가 책망하지 않으면 아마 본인도 자책을 그만둘 것이다.

울어야 낫는다

나사로가 죽었을 때 예수는 그를 살리셨으나 그전에 먼저 우셨다. 그분이 슬퍼하는 공동체와 함께 우시자 애도하던 이들은 "보라, 그를 얼마나 사랑하셨는가"라고 말했다. 예수는 나사로를 향한 사랑을 눈물로 표현하신 후에야 무덤으로 가서 그를 살리셨다. 고통 속에 들어가신 게 먼저고 치유는 다음이었다. 우리가 고통 중에 있는 사람을 실망시키는 것은 울지도 않고 먼저 치유시키려 하기 때문이다.

신체적, 정서적, 영적 고통이 그토록 아찔한 이유는 우리가 유한한 존재임을 상기시키기 때문이다. 고통은 우리 앞에 죽음을 들이민다. 때로 환자들은 "소생 금지(DNR, do not resuscitate. 억지로 생명 유지를 할 필요 없음-옮긴이)"라는 문건에 서명한다. 이는 환자가 심장마비나 호흡정지를 일으킬 경우 응급구조사가 심폐소생술이나 생명유지장치 같은 "특단의 조치"로 구명을 시도하지 못하게 환자 쪽에서 미리 거부하는 법정 서류다. 우리도 심한 고통 중에 있는 이들을 대할 때 그들이 정서적 DNR에 서명한 것으로 보아야 하지 않을까?

꿈이나 관계나 충천한 자신감을 잃고 나면 고통과 모종의 죽음이 찾아오게 마련이다. 우리는 상대에게 그런 일이 없도록 막아주려는 게 아니다. 성금요일을 건너뛴 채 종려주일에서 부활절로 그를 급히 몰아가려는 것도 아니다. 일이 호전되려면 먼저 충분히 곪아야 하는 경우가 많다. 그래서 우리는 구덩이 위쪽에 초연하게 서서 상대에게 충고의 밧줄을 던지지 않는다. 하나님의 선하심을 옹호하며 열변을 토하지도 않는다. 반대로 우리는 구덩이 속으로 내려가 상대와 함께 운다. 신령이 상한 이들 곁에서 내 심령도 상하게 하며 함께 부활을 기다린다.

다음은 나와 함께 일하던 학생 임원 캐리가 몇 년 전 새라라는 학생과 나눈 대화다.

새라 "나는 쓸모없는 사람이야."

캐리 "아니, 그렇지 않아."

새라 "아무도 나를 사랑하지 않아."

캐리 "아니, 사람들은 너를 사랑해."

새라 "하나님도 나를 미워하셔."

캐리 "아니, 그분은 너를 사랑하셔."

새라 "나는 제대로 하는 게 하나도 없어. 실패자야."

캐리 "아니, 그렇지 않아. 여태까지 네가 이루어 낸 일을 다 봐."

내용만으로는 별 문제가 없어 보인다. 동료 신자라면 마땅히 상대가 어떤 존재인지 일깨워 주고, 그가 약할 때 지지해 주고, 하나님이 멀리 느껴질 때 그분을 대변해 주는 법이다. 사랑하는 사람이 스스로 쓸모없다고 느끼면 우리는 기겁한다. 그래서 바이러스가 침입할 때 백혈구가 달려가듯이 우리도 상대에게 달려간다. 이 대화에서 캐리가 새라에게 한 말은 다 옳다. 하지만 문제가 있다. 캐리는 구덩이에 빠져 있는 새라를 바깥에 서서 들여다보며, 새라를 논리로 감정에서 끌어내려 하고 있다.

인간이 자신의 감정을 토로할 때 사실을 선포하듯 말하는 것은 흔한 일이다. 새라의 말뜻은 "하나님이 나를 미워하시는 것처럼 **느껴진다**," "내가 실패자로 **느껴진다**"였다. 그런데 캐리는 의도는 좋았지만 자신도 모르게 새라의 감정을 무시했다. 새라는 구덩이 속에 있는데 캐리는 위쪽에 서서 그녀를 끌어내려 했다. 이는 정월에 싹눈을 구슬려 꽃피게 하려는 것만큼이나 부질없는 일이다. 캐리는 구덩이 속으로 내려가야 했다. 대화가 이렇게 전개되었더라면 더 좋았을 것이다.

새라 "나는 쓸모없는 사람이야."
캐리 "네 기분이 그렇다니 참 마음이 아프다. 얼마나 괴로울까."
새라 "하나님도 나를 미워하셔."
캐리 "와, 그런 느낌 정말 힘든데."
새라 "나는 실패자야. 제대로 하는 게 하나도 없잖아."
캐리 "마음이 아주 무겁겠구나."

이 경우 캐리는 "진리를 말한" 게 아니라 새라에게 공감하며 그 절망의 구덩이 속으로 함께 내려가고 있다. 그리하여 이제 연약하고 흠 많은 두 인간이 함께 부활을 기다린다. 부활은 하나님만이 이루실 수 있는 일이다.

그러려면 캐리는 새라의 정서적 세계를 입어야 한다. 자신이 겪었던 비슷한 감정과 상황을 되살려야 할 수도 있다. 많은 이들에게 이일이 아주 어렵고 혼란스러운 까닭은 사실상 상대에게 **그 감정 속에 머물도록** 권하는 거라서 그렇다. 상대를 구해내거나 기분을 떠워주는

경청, 영혼의 치료제

것은 당신의 일이 아니다. 그러자니 상대를 끌어내기는커녕 오히려 구덩이를 더 깊이 파는 것처럼 느껴지다시피 한다. 이런 상황에서는 질문에도 신중을 기해야 한다. 어떤 질문은 본의 아니게 상대를 가슴에서 머리로 몰아낼 수 있기 때문이다. 아직 아파하는 사람에게 "전에도 이런 기분이 든 적이 있어?"와 같이 묻는다면 상대의 에너지가 몸에서 뇌로, 감정에서 생각으로 옮겨가는 게 거의 보일 것이다. 그러면 당신은 이미 문제의 핵심에서 비켜난 것이다.

이 책을 향해 외치는 독자들의 반론이 귀에 들릴 듯하다. 그럼 사람을 그냥 절망 중에 놓아두란 말인가? 벗어날 길을 제시하지 말고 상대의 감정 속에 함께 뒹굴란 말인가? 구덩이 속에서 다함께 망하라는 말인가? 나의 답변은 우선 이것이다. 공감의 경청을 통해 어떤 일이 벌어질 수 있는지 알면 당신은 깜짝 놀랄 것이다. 당신은 상대에게 하나님이 그를 사랑하신다고 말만 해주는 게 아니라 그의 고통을 함께 짐으로써 그를 향한 하나님의 사랑을 보여주는 것이다.

진리를 말할 때 가장 중요한 요소는 내용이나 소신이 아니라 타이밍이다. 고통 중에 있는 사람은 우리 쪽에서 먼저 들어주지 않는 한 귀를 열지 않을 것이다. 아무리 성경적인 설교도 엉뚱한 때에 하면 장례식에서 결혼식 설교를 하는 것만큼이나 무용지물이 되고 만다. 진리의 검을 아무 때나 휘두르면 사람들이 방어하거나 침묵한다. 상대의 침묵을 수긍으로 착각해서는 안 된다. 그러나 우리가 사랑하고 들어주면 상대도 벼랑의 반대쪽 끝에 놓인 하나님의 약속을 들을 수 있다. "지금 당신에게 필요한 것은 무엇인가?"와 같은 질문도 받아들일 수 있다.[7] 미래에 대한 생각, 하나님이 가져다주실 새로운 삶에 대한 생각이 드디어 가능해진다.

듣는 사람은 먼저 울고 나서 치유에 나선다.

8장

좋은 경청은
자신을 들어야
시작된다

내 머릿속에 많은 음성이 있다. 예수께서 만나신 귀신들린 사람을 이해할 것 같다. 그 귀신의 이름은 군대였으니 이는 "우리가 많음이니이다." 그는 자기를 지배하는 귀신들에 이리저리 떠밀리며 좌우를 분별하지 못한 채 홀로 혼란과 두려움에 빠져 있었다. 정도는 약하지만 나도 그렇다. 어떤 날은 군대같이 많은 소리가 머릿속에 난무하는 것 같다. 수많은 교관과 병사와 고발자가 있어 서로 뜻이 맞지도 않고 서로 좋아하지도 않는다. 더러는 유독 요란하고 더러는 매혹적이다. 더러는 나의 부모를 닮았고 더러는 멍청이다. 더러는 두 살배기 아이처럼 신경질을 부린다. 더러는 나직이 속삭이고 더러는 소리를 지른다. 나를 즐겁게 할 때도 있고 혼란과 분열에 빠뜨릴 때도 있다. 다수인 것만은 분명하며, 어떤 때는 다 벼랑으로 내달아 바다 속으로 떨어져 버렸으면 좋겠다.

당신은 의사가 나를 침대에 묶거나 약을 더 주어야 한다고 생각할지 모르지만 그전에 알아야 할 게 있다. 많은 음성이 들려오는 사람은 나 말고도 많다. 월트 휘트먼(Walt Whitman)의 말은 유명하다. "나는 모순된 사람인가? 그렇다, 모순된 사람이다. 나는 아주 커서 내 안에 허다한 무리가 들어 있다." 나의 영성 지도자는 자기 머릿속의 많은 소리를 중학교 1학년 교실에 비유한다. 한 아이는 창밖을 내다보고, 한 아이는 질문마다 답하려고 손을 들고, 한 아이는 섹스에 대해 생각하고, 한 아이는 점심시간만 손꼽아 기다리고, 한 아이는 시험 볼 때 부정행위를 하고, 한 아이는 관심을 끌려고 말썽을 피우고, 한 아이는 나머지 모든 아이를 괴롭힌다. 당신은 교사로서 어떻게든 그들을 단속하여 동일한 활동에 집중시키려 한다. 착한 행동에 대한 보상으로 회유할 때도 있고, 그중 하나를 교장실로 보낼 때도 있고, 하나를 앞으로 불러 칠판에 쓰게 할 때도 있다. 어떤 때는 그냥 모두 책상에 엎드려 잠시 조용히 있게 해야 한다.

이렇게 소리가 많다 보니 **분별**에 대한 많은 통찰력 있는 담론이 우리 신앙의 전통에 촉발되었다. 분별하려면 영혼 내면의 움직임—생각, 감정, 충동, 동기, 동요 등 우리 안에 벌어지는 모든 일—에 주목해야 한다. 많은 교사들이 이런 대화를 요한일서 4장 1절의 관점에서 보아왔다. "사랑하는 자들아, 영을 다 믿지 말고 오직 영들이 하나님께 속하였나 분별하라." 로욜라의 이냐시오는 이 본문을 바탕으로 "영분별"의 영성을 개발했다. 분별은 시험이다. 선한 것을 취하고 나쁜 것을 버릴 목적으로 내면의 경험—순전히 "영적인" 것만이 아니라 정서적,

관계적, 신체적인 것까지도—을 체질하는 작업이다. 다음과 같은 급진적 개념도 거기에 들어 있다. 즉 하나님의 음성을 듣고 싶다면 굳이 초현실적이고 추상적인 천상의 영역으로 높이 올라갈 필요가 없을지도 모른다. 어쩌면 우리 자신의 삶을 듣는 데서부터 출발할 수 있다.[1]

많은 음성을 분별하는 일은 다음의 기초에서 출발한다. **당신 안에 벌어지는 일은 중요하며 의미가 있다.** 당연한 말 같지만 어떤 이들은 여기에 반발한다. 내가 그리스도인들에게서 자주 듣는 말이 있다. 영적 성숙에 이르려면 "자기를 망각하고" 모든 관심을 하나님 쪽으로 돌려 나는 쇠하고 그분은 흥하게 해야 한다는 것이다. 범사에 하나님을 영화롭게 하는 게 우리의 목표이긴 하지만 자기의 소멸이 곧 예수를 따르는 길은 아니다. 물론 우리는 지나가는 것들—옛 습성, 옛 생활, 옛 자기—을 벗는다. 그러고 나서 새로운 피조물의 생명을 입어 온전히 살아난다. 그것은 가장 참되고 가장 깊은 자기다. 자기를 망각하는 게 아니라 온전히 자기다워지는 것이다. 2세기의 성 이레나이우스(St. Irenaeus)는 "하나님의 영광은 온전히 살아있는 인간이다"라고 말했다. 마음과 뜻과 목숨과 힘을 다하여 하나님을 사랑하지 않는 한 우리는 온전히 살아있지 못한 것이고, 자신의 마음과 뜻과 목숨과 몸을 잘 알지 않는 한 그 모두를 다하여 그분을 사랑할 수 없다. 나는 그리스도인들이 자기를 아는 부분에서 선도자가 되어야 한다고 믿는다. 장 칼뱅이 《기독교 강요(Institutes)》에서 가르쳤듯이 "자기를 모르고는 하나님을 알 수 없기" 때문이다.

당신의 생각, 감정, 충동, 갈망, 가치관, 열정, 꿈, 반복되는 의문, 몸의 반응은 의미가 있고, 당신에게 가르쳐 줄 게 있으며, 모두 서로 맞물려 있다. 그런 음성을 들어보면 당신의 삶이 어떠한지 알 수 있다. 당신이 골라서 듣는 음성이 당신을 특정한 모습의 사람으로 빚는다. 그런 음성을 피하거나 무시할 수도 있지만 그러면 그것이 부지중에 행동으로 튀어나온다. 몽유병자처럼 무의식의 내면세계에 발맞추어 걷게 된다. 이면에서 작용하는 실체가 늘 가장 지배력이 큰 법이다. 그러니 우리는 자기 내면에서 벌어지는 일에 깨어나자. 그것을 경청하고 존중하여 그것을 통해 자신이 소원하는 모습으로 빚어지자. 파커 파머(Parker Palmer)가 아주 잘 말했듯이 "무엇을 하고 싶은지 내 삶에 말할 수 있으려면 먼저 내가 누구인지 내 삶의 말부터 들어야 한다."[2] 성령이 내주하신다는 교리를 진지하게 대하려면 하나님이 **바깥의** 여러 곳과 말을 통해서만 아니라 우리 **안에서** 말씀하고 계심을 받아들여야 한다. 깊은 세계가 우리 안에 꿈틀대고 있다. 우리는 들을 것인가?

우리 대부분은 내면의 음성에 분별과는 반대로 대응하기 일쑤이며, 내용이 부정적일 때는 특히 더하다. 즉 그런 음성을 무시하거나 입막음하거나 밀쳐내거나 무감각하게 만들거나 음식과 음료로 억누르는 편이 훨씬 쉽다. 냉소적인 순간이면 나는 우리가 자기 내면에 벌어지는 일을 듣지 않으려고 온갖 딴 세상을 지어냈다는 생각이 든다. 우리 문화에 그런 음성을 피할 만한 대안은 무궁무진하다. 주머니 속의 첨단기기는 우리에게 혼자만의 고요한 순간이 전혀 필요 없음을 보장한다. 인터넷상의 끝없는 토론과 논쟁과 대립은 우리의 고뇌를 쏟아낼 배출구가 상비되어 있음을 약속한다. 우리는 오락과 도피와 예능과 과다한 활동과 중독의 산사태에 파묻혀 있다. 일부터 스케줄까지 무엇이든 차고 넘쳐 삶은 꽉 차 있는데 영혼은 외롭다. 알다시피 괴로운 감정을 애써 소화하느니 차라리 음식으로 감정을 억누르는 쪽이 훨씬 구미가 당긴다.

현대 생활의 속도와 활동은 우리가 통제할 수 없는 무소불위의 세력이 아니다. 평화로운 어촌을 노략하는 바이킹처럼 그 세력이 우리 삶에 난입하는 게 아니다. 대개는 우리 쪽에서 그런 산만한 삶을 다행으로 여긴다. 조용히 앉아 있으면 무슨 일이 닥칠지 겁나기 때문이다. 리처드 로어(Richard Rohr)의 지적대로 예수께서 광야로 이끌려 가시니 처음 등장한 것은 들짐승이었다.[3] 어둠 속에 희번덕이는 무서운 눈들이 있다. 그동안 깊이 묻어두었던 우리의 고통, 분노, 애도하지 못한 상실, 두려움, 숨은 죄가 드러날지도 모른다. 이루지 못한 꿈과 소원은 말할 것도 없다. 그래서 우리는 최대한 멀리 부리나케 달아난다. 예수는 그런 음성을 대면하러 광야로 들어가셨건만 우리는 그것을 피해 광야를 벗어나 따뜻하고 어지러운 불빛 속으로 내달린다.

하지만 반론이 나올 법하다. 자기 자신을 듣는 것은 자기에 함몰되는 행위요 자기도취적인 현실 도피의 구실이 아닌가? 나에게 집중하는 것이야말로 교만의 정의가 아닌가? 우리는 자기를 잃고 남을 섬기는 사랑의 사람이 되어야 하지 않는가? 하지만 좋은 경청은 자신으로부터 시작된다. 남의 말을 어떻게 듣는지는 자기 말을 어떻게 듣느냐에 달려 있다. 당신은 자신의 감정을 무시하는가? 그렇다면 남의 감정도 습관적으로 무시할 소지가 높다. 자신의 정서를 분별할 줄 아는 사람이 남의 정서에도 가장 잘 반응한다. 자신의 괴로운 감정을 수용하지 못하는 사람은 고통 중에 있는 사람에게 경멸조의 충고와 종교적 상투어를 내놓기 쉽다. 당신은 자신의 내면세계의 사고와 동요를 속단하고 단죄하는가? 그렇다면 상대가 일껏 용기를 내서 속을 털어놓을 때 그에게 긍휼을 보일 수 없을 것이다. 자기 내면의 음성이 매정할수록 남의 실수와 결점에 대한 반응도 그만큼 매정해진다. 우리는 자신의 불안정한 정서와 불안을 상대에게 투사하기 쉽다.

자신의 삶을 경청하는 궁극적 목표는 자기 발견이 아니라 사랑이다. 남의 말을 긍휼과 온유함과 주의력을 다해 듣고 싶다면 자기의 말도 똑같은 자세로 들어야 한다. 조용한 곳에서 이 작업을 하면 주변이 시끄러울 때도 우리의 강박이 더 누그러진다.

자신의 적나라한 실체를 품는 용기

투명한 구형 유리 안에 겨울 집의 모형을 담아놓은 스노글로브가 있는데 때로 우리 삶은 그것을 마구 흔들어 놓은 상태와 비슷해진다. 그 안에 목가적인 오두막이 있고 굴뚝에서 한 가닥 연기가 행복하게 피어오를지라도 사나운 눈보라 때문에 잘 보이지 않는다. 매들렌 렝글(Madeleine L'Engle)은 "계속 달리고 있으면 존재할 시간이 없고, 존재할 시간이 없으면 들을 시간도 없다"고 했다.[4] 경청하려면 먼저 **존재해야** 하는데 바람이 불고 눈발이 흩날리면 존재하기가 힘들어진다. 그럴 때는 불을 피우고 심호흡을 몇 번 하고 눈발을 가라앉힌 뒤 침묵 속에 앉아 있어야 한다.

로욜라의 이냐시오는 16세기 스페인 출신으로 예수회를 설립했고 지금은 모든 영성 수련의 수호성인이다.[5] 그가 개발한 것으로 알려진 많은 영성 지도 중 가장 중요한 것은 영혼의 정서적 움직임을 주목하고 분별하는 직업에 대한 세세한 가르침이다. 그 자신이 영적 깨달음을 얻은 때도 부득이 고독과 침묵 속으로 떠밀렸던 시절이었음은 우연이 아니다.

이탈리아 전쟁에서 포탄에 맞은 이냐시오는 여러 달 동안 요양하며 책을 읽고 꿈꾸는 고독한 시간을 보냈다. 그가 매일 읽은 책 중에는 기사(騎士)들의 행적을 담은 전기물도 있었고 아시시의 프란체스코 같은 수도사들과 예수의 생애에 대한 경건 서적도 있었다. 고독 속으로 떠밀린 그는 다양한 책을 읽고 사색하며 점차 자기 내면의 감정 변화에 주목하기 시작했다. 위인들의 전기와 활기찬 모험담은 그를 매료했으나 책을 덮고 나면 내면세계가 우울해졌다. 이 땅의 정복이 상대적으로 공허하고 덧없는 영광이라서 서글퍼졌다. 반면에 예수와 성 프란체스코에 대한 책은 읽을 때도 기쁨에 겨웠지만 책을 덮은 후에도 흡족한 마음과 감화가 떠나지 않았다. 이때부터 이냐시오는 자신의 삶 속에 역사하시는 성령을 의식하게 되었다. 그럴 때 경험하는 영속적 기쁨과 사랑과 평안과 자족을 그는 "위안"이라 표현했다. 그는 또 다른 세력의 활동도 감지했는데, 그럴 때 경험하는 영속적 허무와 절망과 불신과 영적 우울은 "메마름"이라 칭했다.

누구나 고독을 실험하면 배우는 사실을 이냐시오도 배웠다. 즉 침묵은 아주 금방 시끄러워진다. 바깥이 조용해도 안에서 왁자지껄해진다. 마침내 우리는 안에서 들려오는 소리를 대면해야 한다. 침묵은 소리를 잠재우는 게 아니라 증폭시킨다. 침묵은 내면세계의 유령도시처럼 무섭고 외롭고 메마를 수 있다. 달라스 윌라드는 우리가 침묵을 싫어함은 정지 상태의 텅 빈 침묵이 죽음을 환기시키기 때문이라 했다. 현대인은 묘지를 눈에 띄지 않는 곳에 조성하거니와 침묵을 피하는 일도 그에 상응하는 내적 습성이다.

침묵을 의지적으로 구하려면 용기가 필요하다. 그 용기로 자신의 말을 듣되 타인의 소음에 방해받지 말고, 동료와 친구에게 확인받지 말고, 공사(公私) 간의 실적에 기대지 말아야 한다. 그 용기로 자신의 연약하고 적나라한 실체를 품어야 한다. 당신의 행동과 감정과 기억과 몸에 자리를 내주면 그것이 당신에게 말할 것이다. 그러려면 그냥 침묵이 아니라 정직한 침묵이 필요하다. 자신의 실상을 있는 그대로 들어야 한다. 각자의 안에 있는 선과 악, 천국과 지옥을 다 들어야 한다. 매리언 라이트 에들먼(Marian Wright Edelmen)의 말이 내게 감화를 준다. "충분히 침묵하는 법을 배워 자기 내면의 참모습을 들으라. 그러면 타인의 참모습도 들을 수 있다."[6]

자신의 삶을 경청하는 비결

침묵과 고독은 자신의 말을 듣기 위한 훈련장이다. 일상생활이 온통 바쁘고 급하다 보니 우리도 다람쥐 쳇바퀴처럼 뱅뱅 돌 수 있다. 의식적으로 그런 자리에서 벗어나 짧은 기간이라도 마음을 다해 들어야 한다. 그러면 삶의 모든 영역에서 느리게 살아가며 경청하도록 자신을 훈련할 수 있다. 내면의 음성이 우리를 가르칠 수 있도록 10-15분 동안이라도 앉아서 청해 들어야 한다.

경청, 영혼의 치료제

자신의 삶을 경청하는 비결은 듣는 즉시 평가하거나 비판하거나 단죄하지 않고 받아들이는 것이다. 당신은 내면의 음성에 발언권을 준다. 그것을 공격하거나 무마하려고 듣는 게 아니라 주목하려고 듣는다. 거실에 앉아 친구의 말을 듣듯이 그것과 함께 머문다.[7] 다정하고 자애롭고 확신에 찬 속삭임과는 친해지기 쉽지만, 자신을 의심하고 유혹하고 비난하는 으르렁 소리에는 반감이 든다. 그러나 나는 이 모든 음성이 우리에게 뭔가 가르쳐 줄 게 있다고 믿는다. 원수를 사랑하려면 내 머릿속의 원수 같은 음성도 사랑할 줄 알아야 한다. 그 매정한 음성을 경멸하기보다 일단 공감을 보이면 어떨까? 아파하는 친구를 대하듯 부드럽게 대하면 어떨까? 부정적인 음성이 부정적으로 말하는 까닭은 상처가 있기 때문이다. 우리는 힘써 그것을 이해하고, 그것이 어디서 기원하여 왜 그렇게 말하는지 알아내고, 심지어 그것과 함께 웃어야 한다. 그러면 그 음성은 우리를 지배하는 위력을 웬만큼 상실한다. 그런 음성을 잠재우려 애쓰는 쪽이 경청하며 부드럽게 묻는 쪽보다 훨씬 효과가 떨어진다. 로어 신부는 "영혼의 작업에 관한 한 우리는 고통의 교훈을 먼저 배우기 전에는 감히 고통을 덜어 내지 않는다"라고 말했다.[8]

머릿속 비판자에 이름 붙이기

이냐시오가 영혼 내면의 정서적 움직임이라는 뜻으로 "영"이라 칭한 것을 나는 "음성"이라 칭한다.[9] 내가 말하는 "음성의 분별"이란 **내면**

의 음성을 듣고 이름을 붙인다는 뜻이다. 음성을 명명하는 일이 중요한 까닭은 이를 통해 그 음성을 이해할 뿐 아니라 어느 정도 통제도 가능하기 때문이다. 윌리엄 유리는 "고대 신화에서 악령의 이름을 대면 악령을 능히 피할 수 있었다"고 지적했다.[10] 음성의 정체를 파악하여 이름을 대면 우리에게 거는 그것의 마법을 깰 수 있다. 음성을 호명하면 그 음성에 맹목적으로 반응하던 데서 의식적인 처리 단계로 넘어갈 수 있다.

머릿속에 들리는 음성에 이름을 붙여보는 것은 유익한 연습이다. 머릿속의 음성을 명명하는 당신이 미친 것 같다면 그 음성이 시키는 대로 하는 사람은 더 미친 것이다. 다음은 내면의 부정적 음성 중 내가 이름을 붙인 몇 가지다.

부모 이 음성은 내가 **마땅히** 어떻게 해야 옳은데 지금 무엇을 잘못하고 있는지를 늘어놓는다. 채소 섭취량이 부족하다고 말한다.

심리치료사 내 주변의 모든 사람의 심리를 분석하고 진단한다. 편리하게 안전거리를 두기 때문에 진정한 친밀함을 피할 수 있고 나 자신을 살필 필요도 없다.

피해자 내게 벌어지는 모든 일은 남의 탓이다. 나는 내 일을 하고 있는데 남이 괜히 상처를 입힌다.

비판자 모든 사람을 마치 영화 보듯 보다가 트집을 잡고 잘못을 지적한다. 특히 상대의 실수가 내 실수와 비슷할 때는 더하다.

변호사 이 음성은 수준급 변론을 작성하여 내 행동을 변명한다. 나를 비난하는 사람이 아무도 없을 때도 그렇다.

<u>비관론자</u> 문제라는 문제는 죄다 터질 것이다. 나는 실직하고, 모든 친구에게 배신당하고, 빗물 배수관에서 객사할 것이다.

<u>구경꾼</u> 발코니에 앉아 구경하다가 아무에게나 빈정대며 놀린다.

<u>중학생</u> 터무니없이 정서가 불안하고 주변을 의식하며 약간 자기도취 증세까지 있다. 남들이 다 자기만 보고 있는 줄 안다.

<u>불량배</u> 다른 모든 음성에게 늘 입 닥치라고 호통친다.

이런 식으로 머릿속 음성에 이름을 붙이면 카타르시스가 된다. 더 구체적으로 머릿속 비판자를, 이를테면 학창시절에 비판을 일삼던 영어 교사의 이름으로 부르면 더 재미있다. 이 연습의 요지는 내면의 음성에 어느 정도 거리를 두는 것이다. 그러면 그 소리가 들려올 때 다르게 반응할 수 있다. 당신은 그런 음성 이상이다. **그런 음성이 곧 당신은 아니다.** 이 사실을 받아들이면 음성들의 습성과 가장 요란하게 말하는 때를 알아낼 수 있고, 그리하여 공감으로 반응할 수 있다.

우리 내면의 음반에서 부정적 소리가 완전히 지워지지는 않을 것이다. 하지만 점차 다른 음성이 우리의 사고와 행동에 더 큰 영향을 미치는 것은 분명히 가능하다. "이는 내 사랑하는 아들이니 너희는 그의 말을 들으라" 하신 하나님의 부르심을 받아들이면 평소 가만 가만 들려오던 사랑과 긍휼의 음성, 다정하고 온유한 음성이 더 또렷해진다. 내면의 음성이 점점 예수와 비슷해지고 멍청이와 달라진다면, 이는 경청하는 삶의 풍요 속에 우리가 들어서 있다는 뜻이다.

감정을 듣는 법

이냐시오 방식의 분별은 다음과 같은 주장에서 혁신적이었고 일부 기독교 진영에는 지금도 혁신적이다. 즉 감정을 영성의 중심에 둘 정도로 진지하게 대해야 한다는 것이다. 그에게 감정이란 하나님의 임재나 그분의 주관적 부재를 나타내 주는 지표다. "네 감정을 믿지 말고 하나님의 말씀을 믿으라"는 신학이 기독교계 일각에 만연해 있거니와 이냐시오에게는 낯선 개념이었을 것이다.

이냐시오가 깨달았듯이 성령의 삶은 감정적 요소가 강하여 사랑과 기쁨과 평안과 소망이 선물로 주어지며, 이는 두려워할 일이 아니다. 감정을 두려워하거나 불편해하면 자칫 신앙의 지성적 측면을 과도히 강조할 수 있고, 자연히 하나님의 깊은 것을 이해하는 부분에서 우리 사고의 위력을 과신하게 된다. 우리는 새로운 피조물이기에 성령께서 새로운 삶을 계속 불어넣어 주신다. 그렇다면 우리의 감정도 고삐 풀린 "정욕"에서 헤어나 구속(救贖)되고 있고, 하나님의 임재와 우리 내면의 상태를 알리는 지표로 변화되고 있다는 뜻이 아닌가? 엠마오로 가던 두 제자는 묘하게 낯익은 손님과 함께했던 시간을 돌아보다가 그분이 말씀하실 때 자신들의 마음이 속에서 뜨거웠다는 사실에 놀랐다. 그렇다면 그리스도인의 영적 삶에서 중요한 부분은 마음이 뜨거워지는 순간에 주목하는 것이다. 그 순간 우리는 혼자가 아님을 알 수도 있다.

계몽주의 이후를 사는 우리는 당연히 지성이 최고라고 주장하

경청, 영혼의 치료제

겠지만 인간은 감정의 지배를 받는 동물이다. 뇌가 가장 발달된 종(種)이 우리 인간이지만, 합리적 사고를 주관하는 대뇌피질 부위는 더 일찍부터 활성화된 감정 반응의 부위를 따라잡기에 늘 바쁘다. 감정을 따라 행동하고 선택하면 그제야 사고가 그 이유를 알아내려 한다. 우리가 감정의 무력한 포로라는 말은 아니지만, 우리 삶과 신앙에 엄청난 역할을 하는 감정을 도외시할 수 없음은 분명하다. 감정은 우리가 어떻게 살고 있으며 관계와 상황의 옳고 그른 부분이 어디인지를 보여주는 내적 지표다. 감정은 행동과 결정의 동인이고 하나님이 우리 마음과 영혼의 상태를 측정하라고 주신 계기(計器)다. 감정을 무시하거나 억누르는 것은 건강하고 성숙한 관점이 아니다. 감성지수(EQ)는 자신과 타인의 감정을 이해하고 적절히 반응하는 능력인데, 많은 심리학 연구로 밝혀졌듯이 삶에 성공하려면 IQ보다 EQ가 더 중요하다.

감정에게 설교하기 전에 먼저 감정을 경청해야 한다. 감정에게 이래라저래라 하기 전에 감정이 이미 하고 있는 일부터 들어보자. 울 때가 있고 웃을 때가 있으며 슬퍼할 때가 있고 춤출 때가 있다. 좀 괜찮지 않아도 괜찮다. 사람들과 광고는 늘 우리에게 이렇게 느껴야 하고 저렇게 느껴서는 안 된다고 지시하는 것 같다. 그러나 자신을 비이성적이라고 꾸짖거나 당위적인 감정을 정해주는 것은 비생산적이다. "당위"는 거의 매번 진정한 경청을 방해한다. 우리는 감정을 비판하거나 치장하거나 수정할 게 아니라 감정이 자유로이 들며나게 해주자.

어떤 그리스도인들은 감정을 광야에서 유혹하던 마귀의 음성으로 보는 것 같다. 그 소리를 막지 않으면 그게 우리를 잘못된 길로 빠뜨린다는 것이다. 오해를 각오하고 말하거니와 당신의 감정의 소리는 사탄의 음성이 **아니다.** 어쩌다 당신이 사탄과 직접 대화하게 되거든 마음껏 그에게 성경 말씀을 투하하여 그의 음성을 본래의 자리인 지옥으로 돌려보내라. 예수께서 광야에서 겪으신 일은 내가 보기에 일상적 정서 생활에 대한 은유로 제시된 게 아니다. 두려움이나 분노라는 당신의 감정은 마귀가 아니며, 당신의 두려움을 듣는 것은 두려움에 지배당하는 것과는 다르다. 당신의 감정을 수술대에 올려놓고 절단할 필요가 없다. 감정을 잘라내면 마음까지 통째로 절단되고 만다.

　　대체로 분별 작업에는 감정과 감성적 사고라는 내면의 음성을 분류하는 과정이 수반된다. 자신의 감정을 듣고 이름을 붙이는 것이다. 가슴보다 머리로 일하는 게 더 편하여 감정 문제에 사고로 대응하는 이들의 경우, 이 과정을 단순화하면 좋다.

　　심리치료사인 한 친구는 권유하기를 성인의 복잡한 방어기제를 뚫고 들어가려면 감정에 대해 어린 아이처럼 단순하게 말하라고 한다. 다섯 가지 핵심 감정인 행복, 비애, 분노, 공포, 수치는 각각 "즐겁다," "슬프다," "화난다," "무섭다," "아프다"로 표현된다. 사역 훈련을 받을 때 내가 속했던 소그룹에서는 몇 달 동안 이런 보석 같은 대화를 나누었다. "상사가 내 일을 못마땅해했을 때 나는 화가 났다." "그 노인이 내 설교를 비판했을 때 나는 상처를 받았다"(이 말은 그 자리에 있던 모든 설교자의 공통된 경험이었다).[11] 꽤나 멋쩍게 느껴질 때도 있었다. 하지만 그 그룹에서 내가 적어도 15년 차이로 최연소였는데, 나보다 20-30세나 많은 분들이 가장 기본적인 감정들을 이해하고 표현하느라 힘들어하는 모습이 인상적이었다. 우리 중에 말솜씨가 좋은 이들은 간혹 그 재능을 살려, 어려서부터 억눌러 온 감정을 감추기도 한다.

이처럼 감정을 듣는 법을 배우는 데는 어색한 대화가 수반되기도 하는데, 그럼에도 그것을 배우는 최고의 동기 중 하나는 안도감이라는 또 다른 감정이다. 경험 중인 감정을 정확한 단어로 표현하면 몸이 그것을 알아차린다. 데버라 밴 듀슨 헌싱어는 "집중"이라는 연습을 권한다.[12] 조용히 앉아 자신의 어떤 경험이나 불편한 문제를 생각하며 잠시 시간을 보내는데, 우선 몸 상태에 주목한다. 대개 몸이 굳어지거나 긴장되거나 명치가 답답해 올 것이다. 이제 현재의 감정을 표현할 정확한 단어를 찾아본다. 여러 단어를 시도하면서 몸이 어떻게 반응하는지 잘 본다. 정확한 단어를 찾아내면 몸의 긴장이 풀리면서 깊은 숨이 새어나올 것이다.

대화중에 상대가 그런 경험을 하는 것을 지켜보면 즐겁다. 내게 영성 지도를 받던 한 남자는 연로한 부모와 관련된 문제로 씨름하고 있었다. 똑같은 생각과 문제로 머릿속이 계속 어지럽기만 할 뿐 아무 만족스런 해법에 이르지 못했다. 내가 보인 반응은 따분할 정도로 단순한 것이었다. "집안의 상황 때문에 몹시 불안한 것 같군요." 감동적인 인용문으로 꼽힐 만한 말도 아니다. 그런데 **불안**이라는 말을 듣는 순간 그의 낯빛이 변했다. 어깨가 축 늘어지면서(어깨가 경직되게 바짝 올라가 있으면 대개 불안하다는 표시다) 눈이 생글생글해졌고 깊은 한숨을 토하면서 온 몸에 긴장이 풀렸다. 극도의 긴장과 그로 인한 무력감에서 일단 헤어나자 그는 결정을 내릴 수 있었다.

감정의 배후까지 파고들기

감정이 가장 잘 들리는 때는 자신과 대화할 때다. 자신과의 대화에서 첫 단계는 단순히 내면에 일어나는 감정을 인정하는 것이다. 감정에 인사를 건넨다. 나도 순간순간 속으로 "어이, 불안이구먼" 하고 말할 때가 있다. 이는 타인과의 대화중에 감정이 끼어들 때 특히 유익하다. 불안이나 상처나 분노 등 내면에 일어나는 감정에 말없이 인사를 건네면 당장 감정의 위력이 어느 정도 누그러진다. 감정의 정체를 아직 정확히 모르겠거든 몸의 미세한 변화에만 주목해도 된다. 그러면 감정이 말이나 행동으로 터져 나올 소지가 줄어든다. 이런 식으로 반사적 반응을 피할 수 있다. 아직 감정에 집중하는 것은 아니며 애써 감정을 무시하거나 묵살하는 것도 아니다. 지금은 그냥 주목하며 잠시 들어줄 뿐이다. 감정을 억압하려 하거나 그런 느낌이 든 자신을 단죄한다면 이는 집중에 해당한다. 그보다 감정에 다정히 인사를 건넨 뒤 진행 중인 대화로 다시 돌아가라.

나중에 시간을 내서 내면에 일어났던 감정을 혼자서나 상담자와 함께 더 철저히 탐색할 수 있다. 이전의 감정이나 충동이나 반응을 깊이 있게 경청할 때는 다음과 같은 질문이 도움이 된다.

- 대화나 경험의 도중에 감정이 일어난 때는 언제인가? 정확한 계기는 무엇인가? 상대가 했던 말이나 행동은 무엇인가?
- 내가 경험한 감정은 무엇인가? 분노, 상처, 실망, 수치 등 어떤 이름

경청, 영혼의 치료제

을 붙이겠는가?

- 내 몸은 그 감정에 어떻게 반응했는가?
- 감정의 강도는 얼마나 되었는가?
- 내가 자주 느끼는 감정인가?
- 그 순간 왜 그런 감정이 들었는가? 나는 거기에 어떻게 반응했는가?
- 이 감정과 연관된 어떤 말이나 기억이 있는가?
- 이 감정의 근원은 무엇인가? 살아오면서 이와 똑같이 느껴졌던 적이 또 언제인가?

감정을 경청하는 일은 과학이나 대조표가 아니다. 기본 개념은 감정의 근원에 이르러 자신이 그렇게 느끼는 이유를 조금이나마 이해하는 것이다. 쉬운 일이 아니다. 감정마다 강도도 다르고 의미의 농도도 다르며, 아주 오랜 고통의 자리에서 비집고 올라올 수도 있다. 심층부에 도달하는 일이 도전이다. 게다가 감정 자체도 다층적이다. 감정은 감정 너머의 무엇, 즉 **필요**를 가리키는 표지판이다. 부정적 감정이 든다는 것은 어떤 필요가 채워지지 않았다는 뜻이다. 모든 부정적 감정의 배후에 긍정적 필요가 있다.

헌싱어는 남의 말을 들을 때든 자신의 말을 들을 때든 감정 파악만으로 부족하다고 말한다. 감정을 탐색하여 그 이면의 **필요**를 찾아내야 한다. 예컨대 "외로움이라는 감정만 파악해서는 정보가 부족하여 행동을 취할 수 없다. 애정을 품고 그 외로움을 탐색하면 배후의 필요가 명확히 드러난다."[13] 그제야 감정 이면의 필요에 근거하여 그 필요를 채우는 행동에 나설 수 있다.

분노는 누구든 건설적으로 다루기가 특히 어려운 감정이다. 가정이나 교회에서 분노가 죄라고 배운 이들은 특히 더하다. 예수께서 성전의 탁자를 둘러엎으실 때 결코 얼굴에 잔잔하고 경건한 미소를 지으셨을 것 같지는 않다. 몇 년 전에 나는 AHEN 원리라는 것을 배웠다. 분노(Anger) 이면에 상처(Hurt)가 있고 그 이면에 기대(Expectation)가 있고 그 이면에 필요(Need)가 있다는 것이다.[14] 분노는 강한 방어 감정으로, 힘든 상황을 헤쳐 나가는 데 도움이 될 수 있다. 그러나 분노는 이른바 "표층의 감정"이기도 하다. 대개 분노가 일차로 드러나지만 심층에 상처나 슬픔 같은 더 취약한 감정이 깔려 있다는 뜻이다. 분노는 우리가 더 안전한 자리에 놓일 때까지 그런 더 적나라한 감정으로부터 우리를 보호해 준다.

분노의 또 다른 목적은 우리를 이면의 깊은 감정 속으로 안내하여 치유의 실마리를 보이는 데 있다. 깊이 파려면 "나는 화가 나 있다"라고 자신에게 말할 수 있어야 한다. 분노를 느끼되 분노에 삼켜지지 않는 것이다. 분노를 통해 이면의 더 깊고 무서운 감정과 필요로 내려가면 그게 가능해진다. 다시 말하지만 이는 자신의 분노에 대해 차근차근 물으면서 그 반응을 듣는 작업이다. AHEN 원리대로 질문하면 도움이 된다. 예컨대 자꾸 늦게 퇴근하는 배우자에게 화가 나 있다면 아래와 같이 풀어나갈 수 있다.

- 지금 나의 감정은 무엇인가? 분노다.
- 분노 이면의 상처는 무엇인가? 아내의 직장보다 내가 덜 중요하게 느껴진다.

경청, 영혼의 치료제

- 상처 이면의 기대는 무엇인가? 아내의 직장보다 내가 더 중요했으면 좋겠다.
- 기대 이면의 필요는 무엇인가? 나는 존중받고 사랑받을 필요가 있다.

이렇게 하면 분노가 순기능을 다하여 당신에게 유익을 끼친다. 피해를 당한 일만 자꾸 되새기며 분노에 갇히지 않게 된다. 일단 자신의 깊은 필요로 내려가면 대책을 취하여 이슈에 대응할 수 있다. 거기까지 가면 상대와의 대화가 한결 쉬워진다. 분노에 대한 대화보다 필요에 대한 대화가 훨씬 더 생산적이다.

건강하지 못한 행동과 습성의 이면에도 채워지지 않은 필요가 있다. 그리스도인들은 죄를 "끊는" 데 많은 에너지를 쏟으며 특히 보수 진영에서 더하다. 이런 어법은 주로 성과 관련하여 쓰인다. 특히 성욕을 "끊어야" 한다는 것이다. 의도는 좋지만 대개 에너지를 쓰는 방향이 잘못되어 있다. 이는 그리스 신화에 등장하는 헤라클레스의 이야기와 비슷하다. 그가 괴물 같은 뱀인 히드라의 머리를 잘라낼 때마다 그 자리에 머리가 두 개씩 더 자라났다. 우리는 혼신을 다하여 갈망을 억압하지만 대개는 그럴수록 갈망이 더 배가된다. 일각수를 생각하지 말라고 하면 일각수가 더 생각나는 법이다. 갈망이 가르쳐 주는 대로 그 갈망의 근원에 다다라야 하는데, 우리는 그러지 않는다. 죄에도 그 나름의 논리가 있으며, 개개의 습성과 행동은 우연이 아니다. 우리 삶의 결핍된 선(善), 빈자리, 채워지지 않은 필요 등이 죄로 표출된다. 빗나간 성욕이나 중독은 대개 외로움에서 비롯되며 다시 그 이면에는 깨어진 관계, 해결되지 않은 고통, 채워지지 않은 사랑과 수

용의 욕구, 좋은 우정의 결핍 등이 있을 수 있다. 때로 자신의 죄를 깊이 있게 경청하면 그 죄를 제대로 끊는 비결이 보일 수 있다.

몸은 답을 알고 있다

어떤 그리스도인들은 "내 몸을 듣는다"는 말에 기겁하여 움찔하겠지만 사실은 움찔하는 것도 몸의 반응이다. 그러니 그 반응도 잘 들어야 할 것이다. 몸을 듣지 않고는 감정도 들을 수 없다. 몸 안에서 감정을 경험하기 때문이다. 답답한 명치, 굳어진 어깨, 어찔어찔한 머리, 무거운 눈꺼풀, 땀에 찬 손바닥 등은 다 감정의 분명한 신체적 신호다. 그러므로 자신의 몸과 단절되어 있으면 감정과도 단절되게 마련이다.

    내 친구 재클린과 나누었던 대화를 잊지 못한다. 그녀는 특이했던 어느 심리치료의 경험을 들려주었다. 치료사의 도움으로 자신의 몸을 보는 관점에 대해 얘기하던 중이었는데 별로 진전이 없었다. 그러자 치료사가 창의적인 방법을 시도했다. 재클린을 자리에 앉게 한 뒤 앞에 빈 의자를 놓고 그곳에 자기 몸이 앉아 있다고 상상하게 한 것이다. 그녀의 지시대로 재클린은 자기 몸에게 말한 뒤 몸의 반응을 잘 들어야 했다. 다음은 재클린이 내게 한 말이다. "이상하기 짝이 없었지만 다른 방법이 다 통하지 않았으므로 한번 해봤어요. 내 몸에게 몇 마디 말을 건넨 거죠. 그런데 몸이 뭐라고 대답했는지 아세요? 묵묵부답이었어요. 할 말이 전혀 없었던 겁니다." 결론인즉 그녀는 자신이 혐오스러워서 여러 해 동안 몸을 묵살하고 무시했다고 했다. 그래서 몸이 목소리를 잃었던 것이다. 재클린은 자기의 중요한 일부분과 격리되어 있었다.

　최근 읽은 글에 따르면 미국인은 역사상 다른 어떤 문명보다도 더 배고픔을 참지 못한다. 우리는 일말의 허기조차 피하려고 온종일 다량의 식사에다 간식까지 먹는다. 조금만 출출해도 필요 이상으로 불안해지고 기분이 요동하기 때문이다. 미국의 비만 문제에서 상당한 원인은 우리 몸에 무엇이 필요하고 필요하지 않은지를 들을 줄 모르기 때문이다. 비만은 성직자들 사이에도 큰 문제다. 우리는 먹어야 할 때와 먹지 말아야 할 때를 모른다. 그냥 충동과 정서적 욕구에 따라 아무 때에 아무거나 먹는 편이다. 우리는 귀가 먹어 몸의 참 신호를 듣지 못한다. 이는 건강상의 문제만이 아니라 영적인 문제이기도 하다. 내게 점점 더 깊어지는 확신이 있다. 당신 영혼의 상태를 알고 싶거든 자신이 어떻게 먹고 마시고 있는지에 주목하라는 것이다.

　건강식으로 소식을 하면 여태 묻어둔 슬픔이나 기타 내면의 숨은 감정이 드러날 수 있다. 예부터 그리스도인들이 금식을 한 데는 그런 이유도 있다. 금식은 하나님이 명하신 일이기도 하지만 금식하면 자기 내면세계의 상태를 더는 무시할 수 없다. 속에서 들짐승이 달려들어도 음식을 던져주어 달랠 수 없고 그대로 대면해야 한다. 리처드 포스터에 따르면 그는 장기간 금식하면 대개 자신을 통제하고 있는 것들을 알게 된다고 했다.[15] 금식은 내면의 음성을 증폭시키는 또 하나의 방법이다.

　우리가 몸의 신호를 들을 줄 모르거나 들을 마음이 없는 것은 대개 육과 영을 둘로 싹둑 갈라놓기 때문이다. 우리는 막연한 영혼의 삶을 가꾸는 일에 비해 육체의 삶은 부수적이라 생각하기 쉽다. 영은 하나님의 영역이고 기도는 천사의 언어인 반면, 육은 그저 불가피한 영역이며 온갖 집요한 욕구로 인간 본연의 일을 방해한다는 것이다. 그래서 우리는 음식이나 잠 같은 "기초적인" 일에 대한 대화를 못마땅해하며 기도나 사명이나 성경 읽는 법처럼 더 "비중 있는" 주제에 치중할 수 있다. 그러나 기독교 신앙의 위대한 전통은 언제나 성육신과 부활을 그 중심축으로 한다. 하나님이 예수라는 몸을 입으시고 한 인간으로서 숨 쉬고 먹고 걷고 사셨다는 기상천외한 개념이다. 하나님이 사람을 변화시키실 때는 언제나 전인을 대상으로 하신다. 심리학 교수 데이비드 베너는 "인간이란 육체적 존재이며 따라서 몸을 진지하게 대하지 않는 모든 영성은 인간을 축소할 수밖에 없다"고 말했다.[16] 예수를 본받는 영성은 하나님의 생명을 인간의 평범한 육체적 일상생활 속에 받아들이며, 우리 몸이 온전히 새롭게 되고 영화롭게 될 그날을 고대한다.

음량이 너무 커져 더는 무시할 수 없게 되어야—즉 고통이 느껴져야—비로소 자기 몸을 듣는 법을 배우는 이들도 있다. 뜨거운 불에 손이 닿기를 기다렸다가 그제야 몸의 신호에 주목하는 것은 바람직하지 못한데, 실제로는 그럴 때가 많은 것 같다. 몸의 부상이나 사무친 슬픔은 우리의 주의를 사로잡고 정서와 영혼과 육체가 서로 얼마나 얽혀 있는지 일깨워 준다. 화이면서 복이기도 한 노화를 통해 우리는 몸의 리듬과 거동과 삐걱거림과 쇠약함에 점차 눈뜬다. "어떻습니까?"라는 물음에 대한 답이 "좋습니다!"에서 "글쎄 관절염이 재발하고 허리까지 아픈데…"로 바뀌는 시점이 언제인지는 모르지만 누구도 그때를 피할 수 없을 것이다. 나도 그때를 알 날이 올 것이다. 요지는 나이가 들수록 몸의 말이 많아져 우리에게 들을 기회를 더 준다는 것이다. 때가 되면 몸 때문에 어쩔 수 없이 들어야 한다. 그러니 지금부터 의지적으로 듣는 게 좋지 않겠는가.

대학 시절 내 룸메이트였던 션은 법률회사에서 해고되고 나서야 자신이 얼마나 지쳐 있는지를 깨달았다. 그는 몇 달째 매주 60시간씩 일했고 회사에 있지 않을 때도 퇴근길에나 저녁 먹을 때나 한밤중에나 뇌를 쉴 새가 없었다. 일자리를 지키려 분투했으나 불황은 수많은 이들에게 그랬듯이 그에게도 단두대처럼 닥쳐왔다. 실직하던 날 오후에 그는 실로 오랜만에 소파에 앉았다. 가만히 앉은 지 몇 분 만에 그는 자신이 기진맥진한 상태임을 깨달았다. 그를 녹초가 되게 한 것은 신체적 피로뿐 아니라 정서적, 정신적, 영적 피로였다. 에너지를 다 쏟아붓고도 아무런 보상이 돌아오지 않을 때 밀려오는 그런 피로였다. 작은 구멍이 난 풍선을 부는 일처럼 말이다.

루스 헤일리 바턴은 이를 가리켜 "위험" 수위의 피로라 했다.[17] 이때는 너무 피곤해서 자신이 피곤한 줄조차 모른다. 회의와 분노, 평소답지 않게 서두르는 행동이 슬슬 나타나는데도 그 이유를 모른다. 그저 몸이 약간 찌뿌둥할 뿐이다. 내가 영성 지도를 받기도 하고 베풀기도 하면서 경험한 바로는, 목사처럼 만성적으로 위험스러울 정도로 피곤한 직업은 별로 없다. 우선 일의 성격이 그렇다. 수백 명을 상대로 영적, 정서적, 관계적 짐을 지도록 돕다 보면 얼마나 진이 빠지는지 정말 겪어보지 않고는 모른다. 게다가 매주 괜찮은 설교까지 작성해야 한다. 이보다 더 은근한 위험은 우리가 자신의 탈진을 신학적으로 정당화하여 오히려 피로를 **예찬한다는** 것이다. 인자께서 머리 둘 곳이 없으셨으니 나도 쉴 틈이 없다는 식으로 말이다! 교회에서 "예수를 위해 몸이 부서지게 일하라"와 같은 말을 들을 때마다 아주 조심해야 한다. "하나님께 열심을 내되" 잘 쉬면서 해도 괜찮다.

탈진을 자랑할 게 아니라 그토록 지쳐서 위험한 때일수록 자신의 몸이 하는 말을 정직하고 진지하게 들어야 한다. 감정을 들을 때와 마찬가지로 몸을 들을 때도 좋은 질문이 도움이 된다. 이런 식으로 시작하면 된다.

- 내게 에너지를 주는 것은 무엇 또는 누구인가? 내 에너지를 고갈시키는 것은 무엇 또는 누구인가?
- 내가 가장 팔팔하게 느껴질 때는 언제인가? 가장 녹초가 될 때는 언제인가?
- 어떻게 하면 잘 쉰 기분이 드는가? 나에게 필요한 잠은 얼마나 되는가?
- 내 몸이 가장 깨어 있어 기도하기 좋을 때는 언제인가? 기도에 도움이 되는 신체 활동이나 몸자세가 있는가?
- 가뿐하게 느껴지고 기운이 나게 하는 음식은 무엇인가? 먹고 나면 몸이 무겁고 나른해지는 음식은 무엇인가?
- 나의 일상적 신체 리듬은 어떠한가? 하루 중 에너지가 최고일 때와 최저일 때는 각각 언제인가? 내 삶의 다양한 요소를 어떻게 그 리듬에 맞추고 있는가?
- 내 마음이 끌리는 대상은 무엇 또는 누구인가? 반감이 드는 대상은 무엇 또는 누구인가? 왜 그런가?

경청, 영혼의 치료제

마지막 질문은 이냐시오가 강조한 "끌림"과 "반감"의 영성에서 유래했다. 그는 우리 삶을 향한 하나님의 인도하심이 그렇게 몸으로 나타난다고 보았다. 특히 여러 대안을 저울질하며 결정을 내려야 할 때 몸의 말을 잘 들어야 한다며, 성령의 열매가 평안과 사랑이므로 하나님이 명하시는 행동에도 평안과 사랑이 따를 것이라 했다. 나는 그렇게까지 완전히 확신할 수는 없다. 하나님의 부르심이 두렵고 몹시 싫게 느껴진 듯한 선지자도 많이 있으니 말이다. 하지만 일반적으로 말해서 우리 몸에 평안이 느껴지면 하나님의 인도하심이라는 강한 신호이며, 힘든 결정을 앞두고 있을 때는 특히 더하다. 아무리 반대로 생각하려 애써도 한쪽 대안에 마음이 강하게 끌리고 다른 쪽에는 반감이 든다면, 몸의 자력(磁力)을 믿어도 괜찮다.[18] 우리는 몸이 이미 답을 알고 있는데도 머릿속으로 끝없이 고민을 거듭하다가 미칠 지경이 될 때가 너무 많다.

어떤 인생의 각본을 따르는가

내면의 음성을 분별하려면 각본이라는 것에 주목해야 한다. 각본이란 우리의 정체와 운명을 이끌어가는 이야기다. 대개 따져보지도 않은 채로 머릿속에 영화처럼 돌아가는 이 내면의 내러티브는 내가 누구이고, 삶이 어떻게 풀려야 하고, 내게 마땅한 대우는 무엇이며, 심지어 하나님이 어떤 분이냐에 관한 것이다. 각본은 대개 어린 나이에 써진다. 내가 어떤 사람이고, 강점과 약점은 무엇이고, 친구와 적은 누구이고, 삶의 성공과 행복을 어디서 찾을지 등을 권위자들이 말해준다. 그중에는 참되고 좋은 이야기도 있으나 그렇지 않은 것도 있다. 불행히도 대개는 허점과 거짓투성이의 각본이 최고의 위력을 발휘한다. 나쁜 노래처럼 그것이 우리 머릿속에 박혀 떠나지 않는다.

- 착해야만 사랑받는다.
- 내게 필요한 안전을 돈이 가져다줄 것이다.
- 성공하려면 남들이 바라는 대로 해야 한다.
- 결혼하고 자녀를 낳아야만 진짜 행복해질 수 있다.
- 나의 가치는 다른 사람들을 돌보는 데 있다.

목회 자문위원인 존 새비지(John Savage)가 제시한 비참한 각본의 예가 또 있다. "자신이 미련하거나 멍청하거나 바보라는 말을 계속 반복해서 들은 아이는 그대로 믿고 내면화할 소지가 매우 높다."[19] 그런 사람은 평생 그 믿음대로 살거나 또는 자신이 미련하지 않음을 악착같이 증명하려 한다. 남들에게도 자신이 그런 모습으로 비쳐지려니 생각하여 그들의 언행을 본의와 무관하게 이 각본대로 해석하기도 한다.

다년간의 심리치료를 거쳐 이제야 마지못해 인정하거니와 내 마음이 목회 사역으로 끌렸던 데는 머릿속에 돌아가던 각본 탓도 있었다. 내가 못났다는 각본이었다. 이런 경우는 나 말고도 많다. 물론 우리는 하나님의 부르심이 그런 보상 심리라는 동기보다 우세함을 인정한다. 그러나 특히 어려서부터 사역에 마음이 끌리는 이들은 깊은 열

경청, 영혼의 치료제

등감 때문일 때가 많다. 사역자보다 훌륭한 직분이 또 있겠는가? 목사로서 성공한다면 나도 마침내 괜찮아지지 않겠는가? 남들을 고통에서 건져줄 수 있다면 내 고통의 해답도 나올 것이다. 큰 무리를 감동시킬 수 있다면 마침내 내 부모의 인정도 얻어낼 수 있으리라. 사역 초기에 주목과 인정을 받으면 자신의 판단이 옳았다고 느껴진다. 그러나 자신의 부족한 모습이 수없이 다시 드러나면(그리되기까지 오래 걸리지 않는다) 종종 환멸과 회의와 탈진이 뒤따른다. 교인들이 아무리 칭찬을 아끼지 않아도 그것으로 당신의 상처가 치유되거나 각본이 고쳐지지는 않는다.

이전의 아담과 하와와 이스라엘처럼 예수도 광야에서 거짓 각본에 맞닥뜨리셨다. 원수가 정확히 어떻게 그분 앞에 "나타났는지는" 자세히 나와 있지 않으나 예수의 머릿속에 하나의 음성으로 말했을 가능성이 있다. 유혹하는 자는 그분이 누구이며 메시아의 통치가 어떤 모습이어야 하는지에 관한 내러티브를 내놓았다. 모름지기 하나님의 아들이라면 권력과 위용으로 통치하고 세상 최고의 요리를 먹어야 한다는 것이다. 숨은 의미는 이렇다. "너는 겸손한 종이 되어 고난의 잔을 마시고 십자가에 죽어서는 절대로 안 된다."

예수께 제시된 유혹의 각본은 바로 앞장에 나오는 세례의 각본과 정면으로 대치된다. 거기서 그분은 사역을 시작하거나 주목받을 만한 일을 하나도 하시기 전에 다른 음성을 들으셨다. "너는 내 사랑하는 아들이라. 내가 너를 기뻐하노라." 유혹의 각본은 "네가 사랑받는 자임을 입증하고, 하나님의 아들이 아니라는 회의를 잠재우고, 너 스스로 공급해야 한다"고 외친다. 세례의 각본은 "너는 이 순간 사랑받는 자이고, 하나님께 받은 정체로 안심해도 되며, 공급은 하나님이 하신다"고 속삭인다. 예수처럼 우리도 어느 쪽 각본을 들을 것인지 각자 정해야 한다. 내가 하나님의 사랑받는 자임을 믿는가, 아니면 그것을 나 스스로 증명해야 하는가? 우리의 첫 조상은 하나님이 다 주지 않고 감추신다고 판정했다. 예수는 자신에게 필요한 것이 다 주어졌다고 판정하셨다.

당신을 일어나게 하는 질문

듣지 않고는 직업도 있을 수 없다. 직업이란 말은 라틴어의 "부름"이란 단어에서 왔다. 부름(소명)이 성립되려면 부르는 이와 듣는 이 모두 있어야 한다. 당신에게 직업이 있다는 말은 어떤 음성이 당신의 마음을 움직였다는 뜻이다. 출세나 사리보다 더 깊은 무엇이 당신을 불렀다.

　소명에 대한 대화는 너무 빨리 직업에 대한 대화로 변한다. 마치 당신의 소명에 은퇴연금까지 곁들여진 것이 곧 직업이라는 듯이 말이다. 전문직 수준에서 소명의 길을 갈 수 있음은 현대 생활의 호사이자 기독교계의 호사였다. 하지만 심지어 사도 바울도 이방인에게 복음을 전하기 위해 천막을 만들어야 했다. 교회 종소리에 시계를 맞추는 사람이 점점 줄어드는 만큼, 부업으로 소명을 부지해야 할 기독교 사역자는 점점 많아질 것이다. 예수의 음성을 따르는 데 대해 경제적 보수를 바랄 수는 없다. 다행히 한동안 그게 가능했을 뿐이다.

　한때 내게 소명의 발견이란 세상의 문제와 결핍에 대한 나의 해

경청, 영혼의 치료제

답과 은사를 발견한다는 뜻이었다. 내가 고칠 수 있는 문제와 구해낼 수 있는 이들만 어쩌다 알아내면 내 소명도 밝혀질 줄로 알았다. 과연 그대로 되었을까? 이제 나는 소명이란 내가 세상에 내놓는 해답이 아니라 질문이라 믿는다. 아마도 부르시는 이는 우리에게 질문을 주시고, 아마도 우리가 추구하는 소명은 그 질문을 듣는다는 뜻일 것이다.

라이너 마리아 릴케(Rainer Maria Rilke)가 한 유명한 말이 있다. "마음속의 모든 해결되지 않은 문제에 인내하라. 잠긴 방과 외국어로 쓰인 책처럼 질문 자체를 사랑하려 하라. 당장 해답을 구하지 말라. 해답이 주어질 수 없음은 당신이 그대로 살아낼 수 없겠기 때문이다. 요지는 모든 것을 살아내는 데 있다. 현재의 의문도 그대로 살아내라."[20] 우리는 주먹 속에 해답을 꽉 움켜쥐고 있을 때가 너무 많다. 그러면 세상과 분리된 채 제자리걸음만 할 수 있다. 왜 아무도 나와 내 결론 쪽으로 오지 않는지 의아해하면서 말이다. 반면에 질문은 활짝 편 손가락 끝에서 균형을 이룬다. 열린 마음으로 새로운 가능성과 발전을 청하고 환영한다. 질문은 당신을 세상과 공동체 쪽으로 떠민다. 당신과 타인을 서로의 삶 속으로 끌어들인다.

언젠가 어느 국제 비영리단체의 간부에게서 들은 말인데 그들의 사명선언문은 "당신을 아침에 일어나게 하는 사명선언문"이라 했다. 나도 아침에 일어나게 해줄 질문을 찾고 있다. 그런 질문 때문에 때로는 밤잠을 이루지 못했으면 좋겠다. 질문을 사랑하여 그대로 살고 싶다. 내 인생이 하나의 살아있는 질문이 되었으면 좋겠다.

사람들은 우리의 질문을 정해주려 하지만 대개는 **그들의** 질문이다. "당위"의 질문을 던질 게 아니라 각자의 질문에 몰두해야 한다.

그러면 많은 불안을 면하고 에너지를 아낄 수 있다. 질문에 등급이란 없다. 당신의 질문은 지극히 사적이므로 자신의 영혼에서 타올라야 한다. 질문은 영혼만큼 깊으며 막상 마주치면 알게 되어 있다. 어찌해야 좋을지 모를 의욕적 열정으로 당신을 사로잡기 때문이다.

소명의 질문은 광범위하고 예리하여 일상의 기본 질문인 일신상의 생존을 초월한다. "나는 어떻게 먹고살 것인가?"는 생존의 질문이지만 "우리 지역사회에서 나는 건강식의 불공정한 분배에 어떻게 대처할 것인가?"는 소명의 질문이다. 우리가 들어야 할 질문은 원대하여 대개 내 힘의 한계를 벗어나고, 하나님을 지향하되 반드시 종교적이지는 않으며, 사랑에서 비롯되어 믿음을 요하고 소망으로 충만하다. 사람마다 질문에 자신의 성품이 반영된다. 나의 질문은 아마 대책 없이 추상적일 것이다. 실무보다 더 빨리 나를 권태에 빠뜨리는 것은 없기 때문이다. 실제적 질문을 마냥 기뻐하는 이들이 나보다 훨씬 많은 일을 이루어 낼 것이다.

예수를 아침에 일어나게 한 질문은 "나는 어떻게 하나님 나라를 이 땅에 들여놓을 것인가?"였던 것 같다. 그것이 그분의 평생의 질문이었다. 이 질문에 이끌려 그분은 거룩한 집에서 평판이 나쁜 가정에까지, 식탁의 상석에서 지극히 작은 자에게까지 어디든 가셨다. 올바른 질문은 당신을 휙 낚아채서 새로운 곳의 새로운 이들에게로 데려간다. 모험 속으로 전진하게 하고, 장애물을 만날 때도 계속 갈 수밖에 없게 한다.

당신을 아침에 일어나게 하는 질문은 무엇인가? 조경사인 내 친구 제시카를 이끄는 질문은 "공공의 공간을 어떻게 공동체가 번성하고 사람들이 모이는 곳으로 설계할 것인가?"이다. 어렸을 때 학대당한 또 다른 친구는 "어떻게 하면 학대 피해자들이 수치심에서 벗어나 자신이 사랑스러운 존재임을 알게 될까?"를 묻는다. 어떤 아버지는 "어떻게 내 자녀를 참 자기가 되도록 도울 수 있을까?"를 묻는다. 현재 나를 앞으로 이끄는 질문은 무엇보다도 "사람은 어떻게 변화되는가?"이다. 이 질문에 떠밀려 작가가 되었고, 다양한 사역에 들어섰고, 기독교 전통의 옛 영성 훈련을 실천했고, 개인 심리치료까지 받았다. 나는 인간이 어떻게 새 사람으로 변화되어 점점 깊이 그리스도의 형상을 닮아가는지 알고 싶은 일념뿐이다.

질문은 유동적이어서 당신의 삶과 관계가 다른 단계를 지날 때마다 질문도 달라진다. 내가 믿기로 소명이란 평생 딱 하나만 받는 게 아니다. 자녀가 다 커서 결혼한 후에는 당신의 질문도 아이가 어렸을 때와는 사뭇 다를 것이다. 30세 때 가슴을 불태우던 질문이 50세에는 소멸할 수도 있다. 예수도 서른 전까지는 목수이셨다. 우리에게 주어지는 질문은 변한다. 질문은 각 장(章)의 시작이지 끝이 아니다. 그래서 우리는 삶의 단계마다 꾸준히 질문을 경청해야 한다.

당신의 삶은 어떤 음악일까

아주 실력 있고 직관적인 작곡가가 있어 당신의 삶을 음악으로 옮길 수 있다고 상상해 보라. 그는 당신의 삶의 속도, 음량, 음정, 박자, 강약, 악장의 변화, 휴지부를 악보에 담아낼 수 있다. 그가 작곡한 교향

곡을 당신은 즐겨 듣게 되지 않을까?

주말 피정에 모인 일단의 사람들에게 그 질문을 던진 적이 있다. 그중에는 고전음악을 전공한 뮤지션들도 있었다. 활기찬 대화가 이어졌다. 먼저 누군가가 "훌륭한 음악의 조건은 무엇입니까?"라고 물었다. 다수가 동의했듯이 오래가는 훌륭한 음악은 복잡하여 주제와 속도와 음량이 다채롭게 변한다. 우리는 훌륭한 곡처럼 전개되는 삶을 원했다. 사람마다 독특하긴 하겠지만 자꾸 되풀이해 들을 만한 삶, 듣는 이에게 감동을 주는 삶을 원했다.

또 하나 일치된 의견은 우리 삶이 항상 좋은 음악의 리듬대로 연주되고 있지만은 않다는 점이었다. 어떤 사람은 자신의 삶이 너무 스타카토—서로 단절된 짧은 음—일변도라고 말했다. 뚜렷한 상관성도 없이 이 활동에서 저 활동으로 급히 옮겨 다닌다는 뜻이었다. 자신의 사생활과 직장생활이 늘 아주 센 포르티시모와 빠른 속도로 전개되어 음과 음이 두루뭉술하게 섞인다고 탄식하는 이들도 많았다. 악장을 끊고 휴지부를 더 자주 더 길게 두어야 한다는 데는 거의 만장일치를 보였다. 고요한 피아노와 느린 아다지오를 더 많이들 동경했던 것이다.

우리 삶이 연주하는 악보는 결국 내면의 음성에서 번져 나오는 메아리다. 연주하는 방식이 사람마다 다르고 삶의 계절에 따라 리듬도 바뀌겠지만, 바깥 생활이 너무 요란하고 혼잡하다면 내면생활도 똑같이 그러할 소지가 높다. 반대로 바깥 생활이 너무 조용하고 느리다면 속에 해결되지 않은 상처와 두려움이 있다는 신호일 수 있다. 자신의 내면에 무슨 일이 벌어지고 있는지 듣고 싶다면 먼저 자신이 영위하는 바깥 생활의 박자와 소리를 들으면 된다.

경청. 영혼의 치료제

9장

설교보다
듣기에 힘써야

교회의 표지판은 대개 비슷하다. 이번 일요일에 와서 "우리가 힘들 때 하나님은 어디에 계시는가?"라는 메시지를 들으라. 이번 주 설교는 "아브라함과 이삭의 숨겨진 이야기"다. 일요일 오전 9시와 11시에 "당신의 하나뿐인 참사랑"에 대해 들어보라. 예상되는 바가 분명하다. 교회에 오는 사람은 들을 것이다. 교회가 할 일은 설교하고 성경을 가르치고 당면 이슈에 대한 하나님의 생각을 전하는 것이고, 당신이 할 일은 우리의 메시지를 듣는 것이다. 우리는 강단이 있고 당신은 귀가 있다.

이 틀이 뒤집어진다고 상상해 보라. 사람들이 설교를 들으러 교회에 오는 게 아니라 교회가 그들의 말을 들어준다면 어떨까? 신자들의 모임이 설교하는 공동체보다 들어주는 공동체로 알려진다면 어떨까? 말하기와 듣기의 권력 역동이 역전된 집단이 바로 교회라면 어떨까? 역방향으로 경청하는 사회를 상상해 보라. 거기서는 평소에 당연히 말하던 이들이 평소에 들어야만 하던 이들의 말을 오히려 들어준다. 내가 꿈꾸는 곳은 윗사람이 아랫사람의 말을 듣고, 어른이 아이의 말을 듣고, 남자가 여자의 말을 듣고, 다수가 소수의 말을 듣고, 부자가 가난한 사람의 말을 듣고, 내부인이 외부인의 말을 듣는 곳이다.

역방향으로 경청하는 사회가 교회에 실현되려면 지도자부터 시작해야 한다. 맨 위에 있는 이들이 저 바닥에 있는 이들처럼 듣기 시작하면 그때부터 우리는 예수처럼 사는 것이다. 모두들 섬기는 리더십 운운하지만 안타깝게도 나는 헌신적으로 듣는 목사와 기독교 지도자를 별로 만나보지 못했다. 물론 경청으로는 유명 목사가 될 수 없다. 순회 경청은 돈벌이가 안 된다. 서두르는 이들이 우리 중에 너무 많아 보이는데 서두름과 좋은 경청은 철천지원수다. 섬기는 지도자가 첫 번째로 할 일은 경청이며, 교회마다 경청의 질은 다분히 지도자들이 경청에 얼마나 헌신되어 있느냐에 달려 있다.

4년 전 나는 대학부와 청년부 사역자를 구하는 어느 교회에서 면접을 보았다. 다음은 그때 오갔던 대화다.

교회 지도자들 "채용된다면 어떤 프로그램들을 시행할 계획입니까?"
나 "솔직히 저는 이미 정해진 틀을 가져다 새로운 곳에 끼워넣고 싶지 않습니다. 프로그램은 앞으로 제가 섬길 사람들의 특정한 공동체에서 유기적으로 흘러나와야 한다고 봅니다. 그들이 누구인지 아직 모르므로 그들에게 맞지도 않을 프로그램을 강행하고 싶지 않습니다. 그래서 제가 맨 먼저 할 일은 청년들과 함께 커피를 마시며 질문

경청, 영혼의 치료제

하고 듣는 것입니다. 그들이 누구이며 이 공동체의 필요가 무엇인지 파악하는 것입니다."

교회 지도자들 "음, 그렇군요. 그 단계에 시간이 정확히 얼마나 소요 될까요?"

나는 채용되지 않았다.

우리의 공동체를 이끄는 이들이 경청을 중시하지 않는다면, 결국 남는 사역과 구조는 다른 정황에서 온 것일 뿐 실제로 우리가 이끄는 사람들에게는 맞지 않을 수 있다. 교회 개척과 관련하여 그런 경우를 자주 보았다. 사람들은 다른 교회에서 크게 성공한 프로그램을 좋은 뜻에서 새로운 공동체에 들여놓지만 결과는 지지부진하다. 신도시의 대형교회에서 큰 성과를 거둔 소그룹 사역은 다양한 인구 집단이 모여 사는 도심의 작은 교회에는 잘 통하지 않을 수 있다. 우리는 현지의 소리를 들을 줄 알아야 한다. 그래야 다른 곳의 사람들이 아니라 실제로 우리가 섬기는 사람들의 삶과 필요에 맞출 수 있다. 교회를 개척하거나 새로운 프로그램을 도입할 때는 한 번만 들어서는 안 되고 계속 들어야 한다. 교회와 지역의 사정이 늘 변하기 때문이다.

경청하는 공동체

내가 꿈꾸는 교회는 경청하는 공동체로 소문난 교회다. 우리의 경청은 다방면이어서 한 귀는 바깥을 향하고 한 귀는 안을 향한다. 경청은 목회 상담이나 교회 행정만큼이나 우리의 사명에 중요한 일부분이 되어야 한다.

안을 향한 경청. 최근에 내가 속했던 교회 공동체는 "경청 초소"라는 것을 운영했다. 교회 지도자들이 구역별로 몇 번씩 시간을 정해서 비워두면 교인들이 와서 교회에 대한 희망과 좌절을 나누는 제도였다. 목사들과 장로들은 듣고 묻는 일만 했을 뿐 일부러 각 경청 초소의 의제를 정하지 않았다. 사람들에게 무엇이든 원하는 대로 털어 놓을 기회를 준 것이다. 경청 처소의 결과로 특별한 결론과 방향이 취해진 기억은 내게 없지만 돌이켜보면 그게 요지였다고 생각된다. 경청 자체가 목표였다. 목사와 장로의 입장에서 경청은 겸손히 마음을 열고 교회 전체를 통해 말씀하시는 성령께 순복한다는 표시였다. 경청 초소는 교인들에게 사랑과 존중을 표하는 수단이었다. 이를 통해 지도자들은 공동체와 사역에서 각 교인이 하는 역할을 인정하고 개개의 목소리를 중시했다.

그렇게 들어주는 교회가 얼마나 드문가 하는 생각도 들었다. 교인들의 말을 들으려면 특별 회의를 소집해야만 하니 얼마나 안타까운 일인가. 교인들과 교회가 그리스도의 형상으로 자라가려면 이런 역방향의 경청은 필수 요소다. 예수의 전복된 나라는 경청으로 표현된다. 예수께서 무리 한가운데에 한 아이를 세우고 하시던 말씀이 생각난다. "누구든지 하나님의 나라를 어린 아이와 같이 받들지 않는 자는 결단코 그곳에 들어가지 못하리라"(막 10:15). 이는 그분이 아이들의 말을 들으라고 어른들에게 주시는 부르심이다. 아이들을 앞에 데려다 놓고 아동용 설교만 할 게 아니라 또한 아이들의 설교를 들으라

경청, 영혼의 치료제

는 것이다.

예수께서 동구 밖 우물가에서 사마리아 여인과 나누신 대화가 내게는 문화의 해로운 추세를 뒤집어 남자는 여자의 말을, 내부인은 외부인의 말을 들어야 한다는 부르심으로 다가온다. 야고보의 권고도 생각해 보라. 그는 잘 차려입고 성전에 들어오는 부자에게 좋은 자리를 내주고 옷차림이 남루한 사람에게는 발치에 앉으라고 한다면 이는 부당한 차별이라고 했다. 반대로 우리는 가난한 사람, 차림새가 단정치 못한 사람, 버림받은 사람, 소외된 사람, 우리와는 달라 보이는 사람에게 자리를 양보하고 우리는 그들의 발치에 앉아 그들의 가르침을 듣는다. 흔히들 말하듯이, 우리 사회의 특정 집단은 목소리가 없는 게 아니라 들어줄 사람이 없을 뿐이다.

연합을 이루기 위한 경청. 규모와 전통을 불문하고 교회마다 소리 높여 연합을 부르짖지만 교회를 연합시키는 것은 정확히 무엇인가? 많은 이들이 연합은 신념의 공유에서 온다고 주장한다. 하지만 공통된 교리에 사활을 거는 공동체일수록 내부인과 외부인을 날카롭게 가르는 경우가 너무 많다. 내부인은 매사에 우리와 똑같이 믿는 사람이고, 외부인은 견해가 다른 사람인데 대개는 틀린 것으로 해석된다. 처음에는 교회 문간에서 신자와 비신자를 가르던 선(線)이 결국은 교회 안으로까지 침투하여 참 신자와 거짓 신자를 나누게 된다.

어느새 우리는 메아리만 웅웅대는 좁은 방 안에 틀어박혀 있다. 주변의 소리라고는 다 남의 입에서 나왔다 뿐이지 우리가 하는 말과 똑같다. 문화 전반의 추세가 그렇다. 빌 비숍(Bill Bishop)이 《대분열(The Big Sort)》이라는 중요한 책에 예증했듯이 미국인들은 갈수록 더 똑같이 생각하고 행동하고 투표하는 사람끼리 지역별로 군집하여 그 속에 에워싸여 살아간다. 나라 전체가 문화적으로나 지리적으로 점점 더 양극화로 치닫고 있는데, 교회들도 비슷한 단일문화의 추세를 따르는 것 같다. 우리는 경험이나 관점이 다른 이들에게 귀를 막는 정도가 아니라 애초에 그들의 말을 들을 일조차 없다.

우려스러운 추세가 아닐 수 없다. 하지만 겉보기에 동질적 공동체라 해서 정말 그만큼 똑같은지는 잘 모르겠다. **단언컨대** 각 교회는 정치적, 신학적, 사회적 견해가 각기 다른 사람들로 가득하다. 그러므로 일차적 이슈는 다양성의 부족이 아니라 다양성에 대한 관용의 부족일 것이다. 견해가 다르거나 내 마음에 들지 않는 말이면 들을 줄을 모르는 것이다. 우리의 각 공동체에는 종종 속에 분노가 들끓는데도 평화를 지키려고 침묵하는 이들이 많다. 갈등을 피하고 싶어서 또는 목소리를 냈다가 당할 결과가 두려워서다. 견해가 다르다는 이유로 사람들이 벌을 두려워해야 한다면 경청하는 공동체가 요원함은 말할 것도 없다.

거의 모든 경우에 성경이 말하는 연합은 교리상의 완전한 일치가 아니라 사랑이다. 교회를 연합시키는 것은 성령의 능력으로 말미암아 우리 사이에 흐르는 사랑이다. 서로 들어주고 각자의 독특한 모습과 사고를 허용할 때 우리는 서로 사랑하는 것이다.

예배 공동체 앞에 선 목사에게서 이런 말을 듣는 게 나의 한결같은 소망이다. "우리는 그리스도의 몸이고 하나님의 자녀이며 성령의 사랑받는 자들입니다. 그렇다고 우리가 다 똑같다는 뜻은 아닙니다. 우리는 똑같지 않습니다. 생각도 다르고, 감정을 느끼는 방식도 다르고, 경험과 관점과 과거와 앞날의 희망도 다릅니다. 선거일에 투표하는 내용도 다르고, 성경을 읽는 방식도 다르고, 하나님을 알고 있는 정도도 다릅니다. 우리 교회는 전 세계 교회가 수천 년간 고백해 온 신경들과 위대한 기독교 전통에 뿌리를 두고 있지만, 사람들의 출신 배경이 다르고 성장하는 속도도 다름을 존중합니다. 각자의 의문과 회의와 고민을 존중하며 결코 그것을 묵살하거나 무시하지 않습니다. 우리를 하나로 묶는 것은 사랑이며 사랑의 요건은 각자 자기다워지는 것뿐입니다. 우리의 목표는 획일성이 아니라 연합이고 우리의 지향점은 인위적 동조가 아니라 진정한 공동체입니다. 따라서 때로 심한 의견 차이가 있겠지만 그래도 우리는 한자리에 남아 계속 이견을 들을 것입니다. 우리의 연합은 서로의 말을 듣는 헌신에 있습니다."

바깥을 향한 경청. 그동안 기독교계의 특권으로 우리는 사람들에게 우리의 메시지를 듣거나 듣는 척이라도 할 것을 어느 정도 기대할 수 있었다. 그러나 이 시대의 교회가 영향력과 위상을 적잖이 잃다 보니 이제 우리는 음량을 높이려는 유혹이 들 수 있다. 구석으로 몰린 교회는 박해받는 소수집단의 심정으로 더 열심히 싸우고 더 크게 설교할 수 있다. 그렇게 소리라도 질러서, 우리의 말을 더는 듣지 않는 문화의 귀가 도로 열리기를 바라는 것이다. 오히려 내 생각에 지금은 교회가 경청할 수 있는 좋은 기회다. 한때 설교자 군단이던 우리가 이제 경청의 최전선에 인력을 배치할 수 있다. 교회가 상대적으로 위력을 잃은 지금이야말로 우리로서는 이웃과 문화가 무엇을 중시하고 원하는지를 들을 수 있는 기회다. "해답을 다 아는 사람들"이 될 게 아니라 남들이 실제로 어떤 질문을 하고 있는지 파악할 수 있다. 지금은 교회가 발언권을 얻어야 하는 시대이며, 그러려면 내가 알기로 먼저 경청하는 것보다 더 좋은 방법은 없다.

여론에 귀를 기울인다

스캇 맥나이트는 내게 말하기를 가장 효과적인 기독교 공동체는 "여론에 귀를 기울여" 주변 문화의 동향을 듣는 공동체라고 했다.[1] 이웃 사랑도 그들이 어떤 사람인지 알아야 할 수 있는 법이다.

대학 시절 나는 로스앤젤레스에서 동쪽으로 50킬로미터쯤 떨어진 도심의 두 교회에 참여할 기회가 있었다. 둘 다 같은 지역사회에 속해 있었고 서로 간의 거리도 8킬로미터밖에 되지 않았으나 동네와의 관계는 극과 극으로 달랐다. 그전의 50년간 그 도시는 막대한 변화를 겪었다. 한때는 백인이 주를 이루었으나 이제 가구의 절대다수가 히스패닉이었다. 두 교회 모두 전에는 번성했으나 교인들이 동네를 떠나 인근 교외로 이주하면서 교세가 줄었다. 그래서 지역의 새로운 인구 구성에 어떻게 적응해야 할지 고민이었다.

두 교회가 인구 이동에 반응한 방식은 판이했다. 한 교회는 주변의 문화적 변화를 무시한 채 안으로 향했고, 동네와는 거의 무관해졌다. 잔류 교인들은 새로 정착한 교외에서 통근하면서 교회의 이웃 동네는 고속도로를 드나들 때만 지나다녔다. 다 좋은 교인들이었지만 새로 나오는 사람을 환대하거나 지척의 이웃과 접촉점을 찾는 데는 별로 관심이 없었다. 현재 이 교회는 매주 예배에 나오는 인원이 15명

경청, 영혼의 치료제

이며, 운영위원회에서 건물을 팔려고 교인들이 죽기를 기다리는 서글픈 사례 중 하나가 되었다.

약간 북쪽으로 인구가 더 밀집된 지역에 있는 두 번째 교회는 다르게 접근했다. 교인들을 내보내 동네를 조사했는데 정보를 수집할 뜻도 있었지만 주로 이웃들을 만나기 위해서였다. 교회는 그들이 누구이고 무엇이 필요하며 관심사와 고충은 무엇인지 알고자 했다. 다시 말해서 경청한 것이다. 그 경청한 내용이 교회를 그리고 사역의 성격을 바꾸어 놓았다. 가장 시급하게 필요한 것은 방과후에 아이들이 지낼 수 있는 안전한 곳이었다. 교회는 방과후 학습지도 프로그램을 출범시켜 인근 대학생들을 봉사자로 모집했다. 나도 그래서 그 교회로 연결되었던 것이다. 학습지도 프로그램은 결국 주민지원센터로 발전하여 멘토링과 지원 활동과 지역사회 조직화 등에 힘쓰고 있다. 지금도 교인들과 원근 이웃들이 아이들과 부모들에게 여러 강좌를 가르치고, 직업 훈련과 취업 기회를 제공하며, 지역 텃밭과 컴퓨터 센터를 운영하고 있다.[2]

여전히 작긴 하지만 현재 이 교회는 다민족 다언어 예배 공동체가 되었다. 지역사회로 귀를 돌려 의지적으로 경청한 덕분이다.

지역사회의 이야기를 듣는다

최근에 나는 미국 월드비전(World Vision)의 도심개발 총책인 마이클 마타(Michael Mata)와 함께 지역사회를 도보로 답사할 기회가 있었다.

마타는 수시로 일단의 사람들을 데리고 동네를 걸으면서 지역사회의 구조와 상징물을 평가하는 법을 가르친다. 이 실천은 다양한 공동체에 쉽게 접목될 수 있으며, 교회와 기타 기독교 단체도 언제든지 실행할 수 있는 일이다. 이는 지역사회의 긴 산책이라는 영성 훈련이고, 지역사회가 들려주는 이야기를 여럿이 함께 듣는 연습이다.

방법은 자신의 동네를 소그룹으로 걸으면서 관찰하고 경험하는 바를 스스로에게 묻는 것이다. 마타는 우리에게 이렇게 자문하게 했다.

- 공간이 어떻게 쓰이고 있는가? 사람을 환영한다는 느낌을 주는 가? 인도나 자전거 도로가 있는가? 창살이나 높은 대문이나 담장이 있는가?
- 주민들이 살고 있는 집은 어떤 형태인가? 주로 주택인가 아파트인가? 보존 상태는 어떠한가? 가구당 거주 인원은 평균 몇 명인가?
- 눈에 띄는 정치적 표지판이나 광고판은 무엇인가? 그 메시지는 어떤 내용인가? 이를 통해 주민들의 특성과 투표 성향과 구매하는 상품의 종류에 대해 알 수 있는 바는 무엇인가?
- 무엇이 들리는가? 주민들이 쓰는 언어는 무엇인가? 아이들이 놀거나 우는 소리가 들리는가?
- 자동차는 어떤 종류인가?
- 눈에 띄는 종교적, 경제적, 정치적 상징물은 무엇인가?
- 누가 보이는가? 주민들의 연령대는 어떠한가? 출신 민족이나 사회경제적 지위는 어떠한가?

- 이곳의 책임자는 누구인가? 경찰이 있는가? 경찰은 환영받는 존재인가 달갑잖은 존재인가?

잘 들으면 동네마다 독특한 내용이 들릴 것이다. 도심의 빈곤층 동네에서 들리는 내용은 부유층 신도시와는 당연히 아주 다를 것이다. 그러나 위의 질문은 조금만 다듬으면 어떤 정황에나 응용될 수 있다. 함께 듣는 과정은 당신의 집단에서 도출되는 결론만큼이나 중요하다.

무엇보다 중요하게 마타는 우리에게 지역사회의 문제점만 볼 게 아니라 희망의 징후를 찾을 것을 강조했다. 어떤 동네에서는 문제와 긴장이 너무 많이 보여 자칫 절망에 빠지기 쉽다. 그래서 그는 우리에게 상상력을 동원해서라도 지역사회의 자원, 재능, 가능성, 강점을 경청하게 했다. 예컨대 공터는 집회 공간이나 공원이나 공동 텃밭으로 활용될 수 있다. 해당 지역사회에 가꾸거나 개발할 만한 자원이 무엇인지 토의하는 과정에서 나는 아테네의 사도 바울이 생각났다. 그 도시에서 많은 종교적 우상과 특히 "알지 못하는 신"에게 바쳐진 제단을 본 그는 그곳의 종교적 혼란을 슬퍼하면서도 또한 그 특정한 우상을 계기로 삼아 그리스도를 전했다. 우주의 절대자, 즉 하나님을 알고자 하는 아테네 사람들의 갈망을 바울은 들었다. 지역사회를 경청하면 이웃의 고통을 알게 되어 슬프기도 하지만 또한 자신의 동네에서 희망과 열린 마음과 영적 갈망의 징후도 찾아낼 수 있다. 선교학자 마이클 프로스트(Michael Frost)의 말마따나 "동네의 말을 경청하라. 이웃을 치유할 길을 이웃이 말해줄 것이다."[3]

우리의 교회와 도시와 동네의 필요는 어마어마할 수 있다. 세상의 문제를 멀찍이서 보면 우리는 속수무책으로 무력감이 들 수 있다. 게다가 삶이 이미 바쁠 대로 바쁘다 보니 다른 활동을 더 보태기도 저어된다. 해결의 열쇠는 지리적 근접성에 있다. 이름과 얼굴을 모르는 목소리도 있지만 당신 바로 앞에 있는 사람도 있다. 테레사 수녀는 "숫자는 전혀 걱정할 게 없다. 한번에 한 사람씩 돕되 늘 가장 가까이 있는 사람부터 시작하면 된다"고 말했다. 타인의 필요를 경청하려고 땅 끝까지 갈 필요는 없다. 무엇을 해야 하고 누구를 도와야 할지 모르겠거든 가장 가까이 있는 사람의 말부터 들으라. 당신이 어디에 있든지 그렇게 하면 된다. 아울러 그 들은 내용으로 인해 자신도 달라질 각오를 해야 한다.

경청이라는 선물

듣는 게 끝이다. 호스피스에서 일할 때 내가 환자 가족들에게 늘 하던 말이 있다. 아무리 반응이 없는 듯 보여도 청각은 살아있으니 환자에게 계속 말을 건네라는 것이다. 영원의 문턱에 다다른 사람은 가족들이 이별의 선물로 들려주는 사랑의 속삭임과 노래를 영혼만큼이나 깊은 곳에서 듣는다.

듣기는 우리가 태어나서 처음 하는 일이자 죽을 때 마지막으로 하는 일이다. 그거야 우리의 선택 소관이 아니지만 그 둘 사이의 모든 시점에는 우리에게 선택권이 있다. 솔직히 경청에는 영화가 없다. 실제로 경청하기보다 경청에 대해 말하는 쪽에 더 영광이 많다. 경청은 신년 벽두에 다짐하는 관계의 훈련이다. 매력이나 카리스마나 박진감이 없다. 남의 말을 잘 들어주어도 상대는 그것을 아예 모를 때가 태반이다.

그러나 당신도 헌신적으로 깊이 경청해 보면 알겠지만 듣기는 말하기보다 훨씬 더 위력적으로 "말한다." 아무리 심오하고 전달력이 뛰어난 설교도 누군가가 내 말을 참으로 들어주었을 때의 경험에 비할 수는 없다. 당신이 들어주었다 해서 사람들이 교회 문간에 줄지어서서 당신과 악수하지는 않는다. 그러나 일만 마디의 진실하고 아름다운 말로도 느긋한 경청만큼 사랑을 전달할 수는 없다.

경청은 선물이다. 하나님이 우리에게 베푸시는 이 선물은 친밀함을 불러일으키고, 우리를 종과 제자로 성장시켜 주고, 끊임없이 배우며 자신을 알아가게 하고, 어린 아이 같은 타고난 경이감을 잃지 않게 하며, 하나님의 임재를 느끼고 인도하심을 확신하게 한다. 하나님이 실제로 우리의 말을 들어주신다니 얼마나 황송한 일인가. 나아가 경청은 그분이 베푸시는 선물일 뿐 아니라 우리가 타인에게 베푸는 선물이기도 하다. 상대가 무슨 말을 하든지 그대로 다 받겠다는 열린 초대다.

당신은 경청의 선물을 받아들이겠는가?

경청, 영혼의 치료제

주

들어가는 말_ 우리는 잘 듣지 못한다

1. David Benner, *Sacred Companion: The Gift of Spiritual Friendship and Direction* (Downers Grove, IL: InterVarsity Press, 2004), 158. (《거룩한 사귐에 눈뜨다》 IVP)
2. John Gray, *Men Are from Mars, Women Are from Venus* (New York: Harper-Collins, 1992). (《화성에서 온 남자 금성에서 온 여자》 동녘라이프)

1장_ 경청이 가진 치유의 힘

1. 헨드릭스의 제자 데일 버크(Dale Burke)가 기록한 말로 다음 웹사이트에 나온다. http://seacoast-church.org/howard-hendricks-quotes.
2. Shane Hipps, *The Hidden Power of Electronic Culture* (Grand Rapids: Zondervan, 2005), 71.
3. Seth S. Horowitz, "The Science and Art of Listening," *The New York Times*, 2012년 11월 9일. http://mobile.nytimes.com/2012/11/11/opinion/sunday/why-listening-is-so-much-more-than-hearing.html?_r=0.
4. Don Ihde, *Listening and Voice: Phenomenologies of Sound* (Albany: State

University of New York Press, 2007), 81.

5. John M. Gottman, *The Seven Principles for Making Marriage Work* (New York: Harmony Publishers, 2000), 45.

6. Scot McKnight, *The Blue Parakeet: Rethinking How You Read the Bible* (Grand Rapids: Zondervan, 2008), 98. (《파란 앵무새: 성경 읽기의 새로운 패러다임》 미션월드)

7. Louise Story, "Anywhere the Eye Can See, It's Likely to See an Ad," *The New York Times*, 2007년 1월 15일. www.nytimes.com/2007/01/15/business/media/15everywhere.html?pagewanted=1&_r=0.

8. Christine Rosen, "The Myth of Multitasking," *The New Atlantis*, 제20호 (2008년 봄): 105-10. www.thenewatlantis.com/publications/the-myth-of-multitasking. 에서 확인 가능.

9. Kendall Paladino, "Mother Teresa Saw Loneliness as Leprosy of the West," *The News-Times (Danbury, CT)*, 2004년 4월 17일. www.newstimes.com/news/article/Mother-Teresa-saw-loneliness-as-leprosy-of-the-250607.php.

10. 다음 기사에 인용된 말이다. Rosen, "The Myth of Multitasking." www.thenewatlantis.com/publications/the-myth-of-multitasking.

11. 다음 책을 참조하라. Skye Jethani, *The Divine Commodity* (Grand Rapids: Zondervan, 2009), 47-52. (《하나님을 팝니다?》 죠이선교회)

12. 다음 책에 인용된 말이다. Ihde, *Listening and Voice*, 7.

13. 같은 책.

14. Walter Ong, *Orality and Literacy* (New York: Routeledge, 1982), 71. (《구술문화와 문자문화》 문예출판사)

15. Hipps, *Hidden Power of Electronic Culture*, 71.

2장_ 하나님은 들으신다

1. Edward Hickman 편집, *Works of Jonathan Edwards*, 제2권 (Edinburgh: Banner of Truth Trust, 1974), 113.

2. 다음 책을 참조하라. Mother Teresa & Brian Kolodiejchuk, *Come Be My Light:*

경청, 영혼의 치료제

The Private Writings of the Saint of Calcutta (New York: Image, 2009). (《마더 데레사 나의 빛이 되어라》 오래된 미래)

3장_ 침묵 속에 말씀하시는 하나님

1. 다음의 탁월한 책을 참조하라. Ruth Haley Barton, *Invitation to Solitude and Silence* (Downers Grove, IL: InterVarsity Press, 2010). (《하나님을 경험하는 고독과 침묵》 SFC)
2. 고전이 된 다음 책을 참조하라. Dallas Willard, *Hearing God*, 확대개정판 (Downers Grove, IL: InterVarsity Press, 2012). (《하나님의 음성》 IVP)
3. Dallas Willard, *The Divine Conspiracy: Rediscovering Our Hidden Life in God* (New York: Harper, 1998), 66. (《하나님의 모략》 복있는 사람)
4. 프랜시스 톰슨(Francis Thompson)의 시 "천국의 사냥개"에 나오는 표현이다(하나님이 우리를 추적하시는 사냥개에 비유된다-옮긴이).
5. 이번 단락은 장로교 목사인 내 친구 커크 윈슬로우(Kirk Winslow)와 나누었던 유익한 대화를 간략히 요약한 것이다.
6. 분명히 토머스 머튼(Thomas Merton)이 어딘가에 한 말인데 도저히 그 출처를 찾을 수 없다.
7. David Benner, *Opening to God* (Downers Grove, IL: InterVarsity Press, 2010), 26. (《기도 숨》 두란노)
8. C. S. 루이스의 《마법사의 조카(시공주니어)》에서 아슬란은 노래를 불러 나니아 나라를 창조한다. 얼마나 별난 사자인가.
9. Henri J. Nouwen, "Moving from Solitude to Community to Ministry," *Leadership Journal*, 1995년 봄호.
10. Willard, *Hearing God*, 42.
11. 다음 책에 인용되어 있다. Willard, *Hearing God*, 175-76.
12. Henri Nouwen, *The Way of the Heart* (New York: HarperOne, 2009), 28. (《마음의 길》 두란노)
13. John Calvin, *Institutes of the Christian Religion*, 제1권, John T. McNeil 편집, Ford Lewis Battles 번역 (Louisville, KY: Westminster John Knox, 1960), 7.4. (《기

독교 강요》 기독교문사)

14. Willard, *Hearing God*.

15. T. S. Eliot, "Ash Wednesday," *The Complete Poems and Plays of T. S. Eliot* (London: Faber and Faber, 2004).

16. Robert Gelinas, *Finding the Groove: Composing a Jazz-Shaped Faith* (Grand Rapids: Zondervan, 2009), 44. 콜트레인의 이야기는 주로 젤리너스의 이 탁월한 책을 참조했다.

17. 같은 책, 45.

18. 같은 책. 오늘밤 느긋한 자세로 앉아 〈최고의 사랑(A Love Supreme)〉을 틀어놓고 하나님의 소리와 함께 밤 속에 심취해 보라. 이 음악이 당신의 삶을 바꾸어놓을 수 있다.

19. Lewis Porter, *John Coltrane: His Life and Music* (Ann Arbor: University of Michigan Press, 2000), 232.

20. Willard, *Hearing God*, 56, 강조 추가. 이쯤 되면 당신이 왜 그의 책이 아니라 이 책을 읽고 있는지 정말 의문이 들어야 한다.

21. 2011년 4월 풀러 신학대학원(Fuller Seminary)의 Raging Waters Conference에서 한 말이다.

22. 바르트의 《교회 교의학(대한기독교서회)》에 나오는 말을 내가 풀어썼다. 그는 더 웅변적이고 훨씬 장황하게 말했다. 지금 그는 분명히 주님과 함께 지내며 더 많은 책을 쓰고 있을 것이다.

23. Nouwen, *The Way of the Heart*, 28.

24. 다음 책에 인용된 말이다. Jerry Sittser, *The Will of God as a Way of Life: How to Make Every Decision with Peace and Confidence* (Grand Rapids: Zondervan, 2004), 87. 《하나님의 뜻》 성서유니온선교회)

25. 같은 책, 90.

4장_ 성경이 우리를 읽는다

1. "매혹적인 권력"이라는 표현과 스타브리지(Starbridge) 시리즈 전체를 인해 수전 하워치(Susan Howatch)에게 감사한다. 그 시리즈 중 특히 Glittering Images는 나를

경청, 영혼의 치료제

영성 지도에 눈뜨게 해주었을 뿐 아니라 읽기에도 스릴 만점이다.

2. Michael Casey, *Sacred Reading: The Art of Lectio Divina* (Liguori, MO: Triumph Books, 1996), 58. 약상자의 비유도 같은 책 47쪽에 나온다. (《거룩한 책읽기》 성서와 함께)

3. 유진 피터슨은 이를 가리켜 발견을 돕는 글쓰기라 했다. *The Pastor: A Memoir* (New York: HarperOne, 2012), 239. (《유진 피터슨》 IVP)

4. Eugene Peterson, *Eat This Book: A Conversation in the Art of Spiritual Reading* (Grand Rapids: Eerdmans, 2009), 24. (《이 책을 먹으라》 IVP)

5. Chris Webb, *The Fire of the Word: Meeting God on Holy Ground* (Downers Grove, IL: InterVarsity Press, 2011), 60. (《하나님이 거하시는 책》 예수전도단)

6. Peterson, *Eat This Book*, 88.

7. Scot McKnight, *The Blue Parakeet: Rethinking How You Read the Bible* (Grand Rapids: Zondervan, 2008), 41.

8. 같은 책, 89.

9. 같은 책, 96.

10. 솔직히 《모비딕》은 이야기가 좀 **적어도** 괜찮다. 열일곱 살 때 읽기 시작한 그 책을 나는 지난주에야 끝냈다.

11. 이냐시오의 기도에 대한 탁월한 대화는 다음 책을 참조하라. Gary Neal Hansen, *Kneeling with Giants: Learning to Pray with History's Best Teachers* (Downers Grove, IL: InterVarsity Press, 2012).

12. Peterson, *Eat This Book*, 91.

13. 이 방법으로 다듬는 데 다음 책이 도움이 되었다. Adele Calhoun, *Spiritual Disciplines Handbook: Practices That Transform Us* (Downers Grove, IL: InterVarsity Press, 2005). (《영성 훈련 핸드북》 IVP)

14. 두 인용문 모두 다음 책에서 따왔다. Christopher Hall, *Reading Scriptures with the Church Fathers* (Downers Grove, IL: InterVarsity Press, 1998), 41. (《교부들과 함께 성경 읽기》 살림)

15. Peterson, *The Pastor*, 71.

5장_ 창조세계가 들려주는 하나님

1. Epistola CVI, 제2부, *The Early English Church*, Edward Churton 번역 (1840년), 324.

2. John Calvin, *Institutes of the Christian Religion*, 제1권, John T. McNeil 편집, Ford Lewis Battles 번역 (Louisville, KY: Westminster John Knox, 1960), 72.

3. 같은 책, 179.

4. 카를 바르트는 예수 그리스도가 "창조세계의 비밀의 열쇠"라 했으나 나는 아예 예수 자신이 그 비밀이라 생각한다. 바르트가 잘 몰랐던 것일까? Karl Barth, *The Doctrine of Creation 3.1, Church Dogmatics* (Edinburgh: T&T Clark, 2004). (《교회교의학: 창조에 관한 교의》 대한기독교서회)

5. 이렇게 말씀과 세상을 연결시키고 동방박사 이야기를 해석해 준 레이튼 포드에게 감사한다. 그의 탁월한 다음 책을 참조하라. Leighton Ford, *The Attentive Life: Discerning God's Presence in All Things* (Downers Grove, IL: InterVarsity Press, 2014). (《하나님을 주목하는 삶》 새물결플러스)

6. Augustine, Confessions, R. S. Pine-Coffin 번역 (London: Penguin, 1961), 제10권 6장, 212. (《참회록》 생명의 말씀사)

7. Richard Foster, *Sanctuary of the Soul: Journey into Meditative Prayer* (Downers Grove, IL: InterVarsity Press, 2011), 141. (《묵상 기도》 IVP)

8. 다음 기사에 인용된 말이다. Trent Gilliss, "On Beauty: Places to Play and Pray," *On Being*, 2013년 10월 6일. www.onbeing.org/blog/on-beauty-places-to-play-and-pray/6015.

9. 궁금할까 봐 말이지만 안경을 벗고 묵상하며 걷다가 움직이는 자동차 앞으로 발을 내딛은 경우는 네댓 번밖에 없다.

10. 다음 책에 인용된 말이다. John E. Smith, Harry S. Stout & Kenneth P. Minkema 편집, *A Jonathan Edwards Reader* (New Haven, CT: Yale University Press, 2013), 7-8.

11. Janna Levin, "The Sound the Universe Makes," TED 강연, 2011년 3월. www.ted.com/talks/janna_levin_the_sound_the_universe_makes.html.

12. Rob Bell, "Why We Should Care About Advent," *Relevant Magazine*, 2010년 11월 29일. www.relevantmagazine.com/god/deeper-walk/features/23640-

why-advent.

13. Eugene Peterson, *Christ Plays in Ten Thousand Places: A Conversation in Spiritual Theology* (Grand Rapids: Eerdmans, 2008), 67-69. (《현실, 하나님의 세계》 IVP) 이번 소단원 전체는 이 책의 영향을 많이 받았다. 나는 이런 내용을 스스로 생각해 낼 만큼 똑똑한 사람이 못 된다.

14. 같은 책, 51. "아침마다 깨어보면 우리가 창조하지 않은 세상이 있다"고 한 피터슨의 말을 살짝 고쳤다.

15. 롭 벨은 마즈힐 성경교회(Mars Hill Bible Church)에서 "생태계를 중시하시는 하나님"이라는 시리즈의 일부로 이 주제에 대해 훌륭한 설교를 했다. 이번 소단원은 그의 개념에 힘입었으나 그의 책들의 이상한 행간 띄우기는 따르지 않았다.

16. 같은 설교 시리즈.

17. Ford, *The Attentive Life*, 22.

18. 다음 책의 머리말을 참조하라. Phyllis Tickle, *The Divine Hours: Prayers for Summertime* (New York: Image, 2006). 성무일과에 대한 현대의 자료 중 내가 제일 좋아하는 책이다. 성무일과는 앱으로도 출시되어 있다.

19. Henri Nouwen, *A Cry for Mercy* (New York: Image, 2002), 43. (《자비를 구하는 외침》 한국기독교연구소)

20. 나는 이것을 다음 책에서 배웠다. Christine Valters Paintner, *Water, Wind, Earth, and Fire: The Christian Practice of Praying with the Elements* (Notre Dame, IN: Sorin Publishers, 2010).

21. 내가 이런 개념을 얻은 것은 미국 내 광우병 사례의 가능성을 다룬 드라마 〈웨스트 윙(The West Wing)〉의 한 회차를 통해서였던 것 같다. 다행히 현실화되지는 않았지만 레오(Leo)와 C. J.와 제드(Jed)는 그 일로 한 시간 동안 충돌한다. 좋은 프로그램이니 그 회차의 시청을 권한다.

22. 다음 책에 나오는 말이다. C. S. Lewis, *The Problem of Pain* (New York: Harper-Collins, 2014). (《고통의 문제》 홍성사)

23. The Green Bible (New York: Harper, 2006), I-36.

24. 로마서 8:22-23. 헬라어 어근은 "스테나조(stenazo)"로 탄식한다, 신음한다는 뜻이다.

25. 전국복음주의협회의 탁월한 간행물인 *Loving the Least of These*를 참조하라. www.nae.net/lovingtheleastofthese. 복음주의자들이 서서히 이 분야를 자각하

고 있음은 다행한 일이다.

26. John Vidal, "A Great Silence Is Being Spread Over the Natural World," *The Guardian*, 2012년 9월 3일. http://m.guardian.co.uk/environment/2012/sep/03/bernie-krause-natural-world-recordings?cat=environment&type=article.

6장_ 경청하는 존재가 되려면

1. "주변 사람들의 마음을 듣는다"는 표현은 다음 책에서 처음 접했던 것 같다. Norm Wakefield, *Between the Words: The Art of Perceptive Listening* (Grand Rapids: Revell, 2002).

2. 히브리어 원문을 음역하면 "레브 쉐마(lev Shema)"다.

3. 다음 책에 그 내용이 자세히 다루어져 있다. Deborah Van Deusen Hunsinger, *Pray Without Ceasing: Revitalizing Pastoral Care* (Grand Rapids: Eerdmans, 2006).

4. H. Jackson Brown, *The Complete Life's Little Instruction Book* (Nashville: Thomas Nelson, 2000), 116.

5. 이 말을 했다는 사람이 내가 본 것만도 742명쯤 되는데 놀랍게도 성 프란체스코는 아니다.

6. Dietrich Bonhoeffer, *Life Together* (New York: HarperOne, 2009), 93. 《성도의 공동생활》 복있는 사람)

7. 장로교회에서는 이런 일이 더 드물다.

8. 이 기도는 성 프란체스코가 쓴 것으로 보이지 않으며 20세기 초에야 처음 등장했다. 성 프란체스코가 썼다는 글은 왜 다 사실이 아닐까?

9. Wakefield, *Between the Words*, 49.

10. 그의 작품 《에덴의 동쪽(민음사)》에 톰 해밀턴이 "좋은 귀"의 주인공으로 등장하는 데 나중에 그는 자살한다.

11. Hunsinger, *Pray Without Ceasing*, 52.

7장_ 우는 사람과 함께 울라

1. Dietrich Bonhoeffer, *Life Together* (New York: HarperOne, 2009), 97.
2. 닥터 수스가 한 말이 아닐 수도 있다. 그의 말로 널리 알려져 있으나 구체적인 출처는 없다. 어쩌면 본래 성 프란체스코가 한 말일지도 모른다.
3. Bonhoeffer, *Life Together*, 97.
4. 더 깊은 내용은 다음 책을 참조하라. Daniel Goleman, *Social Intelligence: The New Science of Human Relationships* (New York: Bantam Books, 2006). (《SQ 사회지능》웅진지식하우스)
5. 다음 책에 불안과 경청을 탁월하게 논한 단락이 나온다. Deborah Van Deusen Hunsinger, *Pray Without Ceasing: Revitalizing Pastoral Care* (Grand Rapids: Eerdmans, 2006), 80.
6. William Ury, *Getting Past No* (New York: Bantam, 1993), 52. (《혼자 이기지 마라》 스몰빅라이프)
7. 헌싱어는 "감정에만 치중하고 근본적으로 무엇이 필요한지 파악하지 못하면 그저 자신의 비참한 감정을 되새김질하는 덫에 빠질 수 있다"고 했다. Hunsinger, *Pray Without Ceasing*, 64.

8장_ 좋은 경청은 자신을 들어야 시작된다

1. "자신의 삶을 듣는다"라는 표현은 제목도 그대로인 다음 책에 나온다. Frederick Buechner, *Listening to Your Life* (San Francisco: HarperSanFrancisco, 1992).
2. Parker Palmer, *Let Your Life Speak: Listening for the Voice of Vocation* (San Francisco: Jossey-Bass, 1999), 4. (《삶이 내게 말을 걸어올 때》 한문화)
3. 다음 책에 인용된 말이다. Ruth Haley Barton, *Invitation to Solitude and Silence: Experiencing God's Transforming Presence* (Downers Grove, IL: InterVarsity Press, 2010), 43. (《하나님을 경험하는 고독과 침묵》 SFC)
4. Madeleine L'Engle, *Walking on Water: Reflections on Faith and Art* (Colorado Springs: Waterbrook, 2001), 13.
5. 나는 죽어서 사흘 주말의 수호성인이 되고 싶다.

6. Marian Wright Edelmen, *The Measure of Our Success: A Letter to My Children and Yours* (New York: HarperPerennial, 1993), 70.

7. 이것이 "마음챙김"처럼 들린다면 우연이 아니다. 다음 책을 읽어 보라. Jon Kabat-Zinn, *Full Catastrophe Living: Using the Wisdom of Your Body and Mind to Face Stress, Pain and Illness* (New York: Delacorte Press, 1990). (《마음챙김 명상과 자기치유》 학지사)

8. Richard Rohr, *Everything Belongs: The Gift of Contemplative Prayer* (New York: Crossroad, 2003).

9. "영(spirit)"이라는 말을 들으면 나는 《크리스마스 캐럴》의 에브니저 스크루지를 찾아온 세 유령이나 흔히들 술집에서 주문하는 술이 저절로 떠오른다(spirit이란 단어에 그런 뜻도 있다-옮긴이). 술집에서 술을 너무 많이 주문하면 한밤중에 그 세 유령이 찾아올지도 모른다.

10. William Ury, *Getting Past No: Negotiating in Difficult Situations* (New York: Bantam, 1993), 39. 문맥상 저자가 불공정한 협상 전술에 대해 말하는 대목이다.

11. 젊은 신학생 시절에 내가 교회에서 처음으로 가르친 강좌는 비유에 관한 강좌였다. 두 번째 강의를 내 딴에 아주 잘 마쳤는데 한 노신사가 앞으로 다가왔다. 다른 사람들은 다 밖으로 나가고 있었다. 그의 눈빛이 반짝이기에 내 탁월한 은사를 확인해 주려나 싶어 칭찬을 들을 준비를 했다. 그는 씩 웃더니 몸을 바짝 기울이며 말했다. "주머니에 손을 넣고 가르치면 안 되지." 그래서 나는 그의 손에 들려 있던 지팡이를 홱 쳐내고는 도망가 버렸다(농담이다).

12. Deborah Van Deusen Hunsinger, *Pray Without Ceasing: Revitalizing Pastoral Care* (Grand Rapids: Eerdmans, 2006), 86.

13. 같은 책, 95.

14. 내가 AHEN을 처음 접한 것은 지인 캐라 지머먼(Kara Zimmerman)의 트위터를 통해서다. 인터넷을 검색해 보았으나 하나도 나오는 게 없다. 그러니 내가 알기로는 캐라가 만들어낸 작품이다. 아주 잘했다. 훌륭하다.

15. Richard Foster, *Celebration of Discipline*, 20주년 기념판 (San Francisco: HarperSanFrancisco, 1998), 55. (《영적 훈련과 성장》 생명의 말씀사)

16. David Benner, "Toxic Spirituality," 개인 블로그, 2012년 10월 20일. www.drdavidgbenner.ca/toxic-spirituality.

17. Barton, *Invitation to Solitude and Silence*, 60.

경청, 영혼의 치료제

18. 물론 그 끌리는 내용이 성경의 원리와 교회의 역사적 고백에 일치한다는 전제 하에 그렇다.

19. John Savage, *Listening and Caring Skills in Ministry* (Nashville: Abingdon, 1996), 120. (《심층 경청 기술》 베다니출판사)

20. Rainer Maria Rilke, *Letters to a Young Poet* (Seaside, OR: Merchant Books, 2012), 21. (《젊은 시인에게 보내는 편지》 지식의 숲)

9장_ 설교보다 듣기에 힘써야

1. 2010년 3월에 캘리포니아 주 어바인의 한 식당에서 나눈 대화다. 그전에 스캇에게 경청에 대한 책을 쓰는 중이라고 말했었는데 그는 이런 말을 해주었다. "정말 도전적인 집필 주제일세. 자네가 경청을 주제로 한 단행본을 쓴다고 내 아내에게 말했더니 아내가 그러더군. '듣기만 해도 따분하네요.'" 오늘의 내가 있음은 멘토들에게 받은 격려 덕분이다.

2. 이 공동체의 이름은 포모나 호프(Pomona Hope)다. 다음 웹사이트를 참조하라. www.pomonahope.org.

3. Michael Frost, "How to Listen to Your Neighborhood," 2012년 4월 19일. www.vergenetwork.org/2012/04/19/michael-frost-how-to-listen-to-your-neighborhood. 그는 "환자의 말을 경청하라. 환자가 진단을 말해줄 것이다"라고 한 윌리엄 오슬러(William Osler) 박사의 말을 빌려온 듯 보인다.